供给侧视角下的中国货币政策

CHINA'S MONETARY POLICY

BASED ON SUPPLY SIDE PERSPECTIVE

李 琼——著

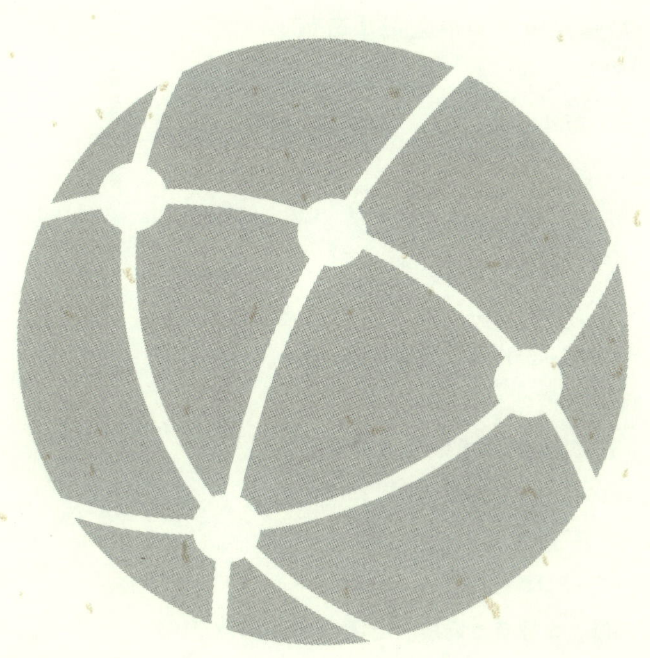

中国财经出版传媒集团

经济科学出版社
Economic Science Press

图书在版编目（CIP）数据

供给侧视角下的中国货币政策/李琼著．--北京：
经济科学出版社，2022.5
ISBN 978-7-5218-3689-9

Ⅰ.①供… Ⅱ.①李… Ⅲ.①货币政策-研究-中国
Ⅳ.①F822.0

中国版本图书馆 CIP 数据核字（2022）第 088560 号

责任编辑：杨 洋 卢玥丞
责任校对：李 建
责任印制：王世伟

供给侧视角下的中国货币政策
李 琼 著
经济科学出版社出版、发行 新华书店经销
社址：北京市海淀区阜成路甲 28 号 邮编：100142
总编部电话：010-88191217 发行部电话：010-88191522
网址：www.esp.com.cn
电子邮件：esp@esp.com.cn
天猫网店：经济科学出版社旗舰店
网址：http://jjkxcbs.tmall.com
北京季蜂印刷有限公司印装
710×1000 16 开 14.5 印张 220000 字
2023 年 1 月第 1 版 2023 年 1 月第 1 次印刷
ISBN 978-7-5218-3689-9 定价：58.00 元
（图书出现印装问题，本社负责调换。电话：010-88191510）

序　言

2015年11月10日，习近平总书记在中央财经工作领导小组会议上指出："适度扩大总需求的同时，着力加强供给侧结构性改革，着力提高供给体系质量和效率，增强经济持续增长动力，推动我国社会生产力水平实现整体跃升"。此后，"供给侧改革"这一概念迅速成为中国经济领域最受关注的话题，习近平总书记和李克强总理多次在会议上强调供给侧改革的重要性。供给侧改革是中国经济面对增长速度换挡期、结构调整阵痛期、前期刺激政策消化期"三期叠加"的复杂局面的必然选择，是引领中国经济持续增长的重大创新，是经济新常态下中国宏观经济管理必须确立的战略思路。

供给侧改革需要一系列精巧的政策设计。货币政策作为调控宏观经济的主要手段之一，对供给侧改革的效果和完成程度起到了举足轻重的作用。随着货币总量不断增加，货币政策工具对宏观经济的作用越来越小，甚至已经无法达到预定的政策效果。所以，在供给侧结构性改革过程中，货币政策如何引导生产要素合理流向实体经济，增强对实体经济的有效支持，促进产业结构升级，是一个值得深入探讨的课题。

面对当前经济结构性失衡，基于总量调控的货币政策亟须转型。在此背景下，本书探讨货币政策调控工具的创新，以期为供给侧结构性改革灵活精准地化解各项矛盾提供思路；探讨货币政策传导机制的疏通办法，以期高效实现供给侧结构性改革的货币政策目标；探讨货币政策调控体系的完善，以期为供给侧结构性改革提供保障。

本书分为两个部分。第一部分从供给侧视角探讨货币政策传导渠道及其有效性，包括本书的第一章、第二章、第三章、第四章和第五章。

第一章以"价格之谜"现象为切入点，提出货币政策"信贷—成本"

渠道设想。与传统的货币渠道和信贷渠道不同,“信贷—成本”渠道的存在可能在短期内恶化“通胀—产出”之间的权衡关系,削弱货币政策的实施效果,从而产生“价格之谜”现象。本章对全书写作的背景、选题目的和意义进行介绍,并对国内外相关理论和实证文献进行梳理。

第二章构建货币政策“信贷—成本”渠道的理论模型。在金融市场不完全的假设前提下,将劳动市场引入货币政策理论体系中,用一个包括金融中介的新凯恩斯模型为货币政策“信贷—成本”渠道的存在提供理论支撑。在该模型中,总需求和总供给都受到货币政策的影响,厂商对银行贷款的依赖使总供给对银行利率变动比较敏感,中央银行的政策利率和商业银行向厂商收取的违约风险溢价也都影响总供给。该模型显示:即使存在灵活价格假定,当考虑到成本渠道时,货币政策的产出效应也可能大于价格效应,货币政策是非中性的,而且成本渠道的存在会增大反通货膨胀政策的社会成本。

第三章从现实角度解释我国是否存在“信贷—成本”渠道起作用的前提条件。金融中介在企业融资活动中作用重大,金融机构信贷条件的可控性和企业运营资本的重要性是“信贷—成本”渠道有效的理论前提。在这三个理论前提下,本章分别从银行间接融资占优、银行贷款依赖者的存在、寡头垄断的银行业市场结构和营运资本重要性四个方面论证了我国经济金融环境基本满足“信贷—成本”渠道发挥传导货币政策作用的条件。

第四章验证“信贷—成本”渠道在我国的存在性。利用结构向量自回归模型和脉冲响应函数分析了货币政策对产出和价格的作用。分析结果显示:“信贷—成本”渠道的存在削弱了需求渠道对物价的影响,强化了对产出的影响,“价格之谜”在逆周期货币政策实施后至少会持续1年以上的时间,政策当局要提高货币政策决策的前瞻性和预见性,采取更丰富的政策工具来冲销政策带来的成本效应。

第五章是货币政策“信贷—成本”渠道效果分析。通过对劳动市场的分析发现,我国存在一个较大的劳动供给的工资弹性,这是成本渠道产生显著供给效应的必要条件,而该弹性与劳动和消费的跨期替代弹性、消费需求的收入弹性和劳动的产出弹性都有联系,表明微观经济主体的行为特征是影响供给效应的主要因素。通过货币政策效果的城乡比较,发现由于城乡之间的产业结构、金融结构、收入水平和消费结构等方面的差异，农村总供给对利率的变动更敏感，城市总需求对利率的变动更敏感，货币政策作为总需求管理手段在城市地区的传导效率更高。这些分析为解读“价格之谜”提供了经验支撑。

前五章得到的主要结论包括：(1) 成本渠道在理论和实际上都是存在的，而且成本渠道的存在使得货币政策对产出的影响大于对价格的影响，货币政策并非中性；(2) 紧缩性的货币政策在短期内不仅对抑制物价没有作用，反而可能会成为通货膨胀的“助推器”；(3) 银行要求的风险溢价会显示出独立的成本效应；(4) 信贷市场在货币政策成本渠道中发挥着重要作用；(5) 显著的成本效应与产业结构、金融结构、收入水平和消费结构有关。

本书的第二部分从结构调整的角度探讨货币政策的传导机制和有效性，包括本书的第六章、第七章和第八章。

第六章以行业非对称性视角研究了我国货币政策对制造业的影响。本章以货币政策非对称性的产业效应为出发点，对产业非对称性效应进行实证检验。根据禀赋特征不同选择了制造业中的三个细分行业作为研究对象，建立 VAR 模型，采用脉冲响应函数和方差分解进行实证分析，验证了货币政策存在行业非对称性效应。从市场因素、要素密集度因素、对外依存度因素和所有制形式等四个方面对行业非对称性效应进行解释，提出了提高货币政策行业效应的建议，如保持中央银行的独立性、实行差异化的货币政策、进一步扩展我国金融市场的融资渠道及加强货币政策与其他政策的协调作用等。

第七章探讨结构性货币政策理论和我国结构性货币政策的实践。从结构性货币政策工具和目标、传导渠道及其政策效果等方面构建结构性货币政策理论框架。从传统货币政策存在不足、传统货币政策效果减弱、经济结构调整需要、基础货币投放需要等四个方面阐述我国实施结构性货币政策的必要性，比较不同结构性货币政策工具的特点，总结归纳定向降准、常备借贷便利、中期借贷便利及补充抵押贷款等多种结构性货币政策在我国的实践情况。

第八章探讨了结构性货币政策的产业非对称性效果。本章将传统货币政策和结构性货币政策纳入一个分析框架，对比分析不同政策组合的产业非对称效应。通过梳理传统货币政策和结构性货币政策的产业非对称效应的形成机制和影响因素，回顾2007～2018年我国货币政策与产业发展状况，发现第二产业对货币政策最敏感。本章以定向降准为例，建立VAR模型，通过脉冲响应结果发现货币政策对第二产业的影响最大且持续性强。运用34个工业行业的面板数据对比分析传统货币政策与加入定向降准后政策组合的非对称效果。结果发现，第一，无论是传统货币政策还是货币政策组合，在工业行业间确实存在非对称效应。第二，传统与结构性货币政策组合有利于促进货币政策由数量型为主向价格型为主转变，突出市场化利率的政策引导作用，但在工业行业内部结构调整的效果并不太明显。本章从三个方面提出政策建议，即：实施定向补充机制，提高货币政策组合的针对性和前瞻性；健全金融市场组织基础，疏通货币政策传导渠道；完善结构性货币政策操作，促进产业结构转型升级。

本书对供给侧结构性改革进程中的货币政策工具、货币政策传导机制和效果进行研究，以期利用货币政策合理引导金融资源配置，加快产业结构转型与发展，推动供给侧结构性改革。但是，国内外宏观经济形势瞬息万变，承担总量和结构双重调整任务的货币政策如何精准发力是一个常谈常新的课题。本书的研究内容是在本人博士毕业论文的基础上形成的，仅仅是本人在过去一段时间的些许思考。由于水平有限，文中难免会有不妥之处，恳请各位专家学者批评指正。本书的任何遗漏和错误概由本人负责。

我的研究生吴雅兰、方羽和董雪参与了本书第六章、第七章和第八章的撰写工作，李林蔚、王世浩和陈烨宁参与了文稿校对工作，在此表示感谢。本书得到教育部人文社会科学研究规划基金项目资助，项目编号17YJA790048，项目名称：供给侧视角下结构性货币政策治理过剩产能的机理及有效性研究。本书的出版得到湖北工业大学经济与管理学院领导和同事的热情帮助，同时经济科学出版社为本书的出版做了十分艰辛且细致的编校工作，表现出优秀的敬业精神和专业素质，在此一并表示谢意！

李　琼

2022年4月

第一章

货币政策“信贷—成本”渠道

第一节 问题的提出

传统的经济理论一般认为紧缩性的货币政策可以通过抑制需求来降低通货膨胀，但自1998年中国人民银行（以下简称“中央银行”或“央行”）对货币供应量进行间接调控以来，物价水平总是在一段时期内呈现出与利率同方向变化的趋势。这一价格反常现象早在20世纪80年代中期就引起了金融理论界的重视，艾伦·布林德（Alan S. Blinder）作为当时的美联储副主席就曾指出，如果通过提高利率来对付通货膨胀，货币政策大约在1年半内对通货膨胀几乎没有什么影响。长期以来理论界只是通过这一现象来说明货币政策的时滞问题，认为较长的外部时滞影响了货币政策有效性①，主要的研究也集中在从经济结构和经济主体行为等方面讨论产生时滞的原因，以期通过掌握时滞分布来预测货币政策发生作用的时间并提高货币政策的效果。然而这些研究都建立在传统的货币政策需求传导渠道的基础之上，认为“货币渠道”和“信贷渠道”受阻影响了货币政策的实施效果，提出的政策

① 外部时滞是自中央银行改变货币政策到货币政策对经济发生影响所耗费的时间，外部时滞分为三个阶段，即中期时滞、决策时滞和作用时滞。

建议也主要是疏通需求渠道的一些措施，几乎没有考虑货币政策对总供给的影响。早在1970年美国国会议员帕特曼就开始关注货币政策的供给效应，他指出在不考虑长期影响的前提下，由于利率影响了企业的生产成本，通过提高利率来对付通货膨胀无异于“火上浇油”，这一观点早期被称为“赖特·帕特曼效应”（wright patman effect）。随后的一些研究更加深入地从总供给方面分析货币政策对经济的作用，提出了货币政策的成本效应（Blinder，1987；Fuerst，1992；Christiano & Eichenbaum，1992；Christiano，Eichenbaum & Evans，1997；Farmer，1984）。

中国人民银行自1996年开始正式将货币供应量设定为我国货币政策的中介目标，并在1998年取消对商业银行的贷款规模管理后，开始利用存款准备金制度和公开市场操作等间接工具对货币供应量进行间接调控。进入21世纪以来，间接调控工具得到更加广泛而灵活的开展。随着我国利率市场化进程和汇率制度改革的不断推进①，运用价格型工具对宏观经济进行调控逐步受到货币当局的重视，这为中央银行将利率和汇率作为货币政策中介目标创造了条件。纵观我国近年来逆周期货币政策的实施，无不采用数量型调控和价格型调控等多管齐下的政策手段，但实施效果都不尽如人意，我国2003～2010年以来实施的货币政策效果充分说明了这一点。

图1－1是1999～2011年我国物价水平和利率的走势，从图1－1中可以看出，物价水平随利率提高而上升，随利率降低而下降。2003年我国宏观经济出现过热趋势，中国人民银行采取上调存款准备金率，调高再贴现和再贷款利率等综合措施回收银行体系过剩流动性，加强货币信贷总量调控，而2004年下半年消费者物价指数（CPI）同比增幅仍超过5%，中央银行在2004～2006年间连续加息3次也没有能够减缓物价上升的速度。2007年我国提出将稳健的货币政策转向从紧的货币政策，15次上调存款准备金率，6

① 1993年《中共中央关于建立社会主义市场经济体制改革若干问题的决定》和《国务院关于金融体制改革的决定》最先明确利率市场化改革的基本设想。1995年《中国人民银行关于“九五”时期深化利率改革的方案》初步提出利率市场化改革的基本思路。2000年9月21日实行外汇利率管理体制改革，放开了外币贷款利率；300万美元以上的大额外币存款利率由金融机构与客户协商确定。2002年3月将境内外资金融机构对中国居民的小额外币存款，纳入人民银行现行小额外币存款利率管理范围，实现中外资金融机构在外币利率政策上的公平待遇。

次上调金融机构存贷款基准利率。如此从紧的货币政策并没有很快稳定物价水平，CPI 至少在 20 个月内跟随利率同步上涨，从 2006 年 7 月的 101.2% 一直上涨到 2008 年 4 月的 108.2% 才开始下降。为了应对次贷危机对国内经济带来的冲击，防止通货紧缩，2008 年 9 月我国进入适度宽松的货币政策时期。2008 年下半年五次下调存贷款基准利率，四次下调存款准备金率，然而物价水平至少在 12 个月内紧随扩张性的货币政策同步下降，直到 2009 年 10 月才止跌回升。

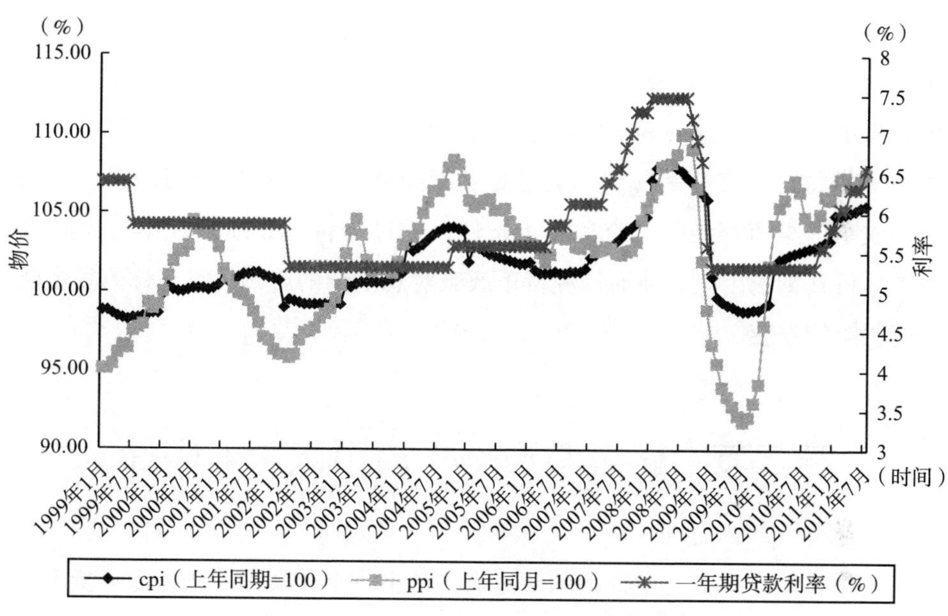

图 1－1 1999～2011 年价格和利率走势

资料来源：历年公布的《中国统计年鉴》和中国人民银行官网。

面对这一现象，人们必然会对我国货币政策的有效性产生怀疑，因为从货币政策实施到政策效果显现往往需要 1 年甚至更长的时间。黄达（2008）[①] 指出，如果货币政策的大部分效应能够较快地表现出来，中央银

① 货币政策从制定到获得主要的或全部的效果，必须经过一段时间，这段时间叫作时滞，如果收效太迟或者难以确定合适收效，则货币政策本身能否成立也成了问题。

行就可以根据初始的预测值，考察政策是否生效，并对政策的取向和力度做相应的调整，使政策能够更好地实现预期目标。假定政策的大部分效应需要较长的时间才能够体现出来，而在这段时间内，经济形势会发生很多变化，那就很难证明货币政策的预期效应是否能够实现。既然提高利率在短期内并不会起到抑制通货膨胀的作用，那么 2010 年 10 月以来我国新一轮从紧的货币政策是否会成为“成本推进型”通货膨胀的助推器？如果只有长期才能够显示出政策效果，那么短期内造成物价与利率同方向变化的原因又是什么？

紧缩性的货币政策不但没有导致物价水平下降，反而伴随着利率水平上升，这一现象在 1992 年被西姆斯（Sims）称为“价格之谜”（price puzzle）。西姆斯的研究发现，“价格之谜”不仅存在于美国，英国、法国、德国和日本同样存在这一现象。从这一现象出发，本书揭示货币政策传导机制中一个独立的“信贷—成本”渠道对实际经济变量的作用机理，探讨“信贷—成本”渠道存在的理论和现实条件，通过评价“信贷—成本”渠道的效果分析其影响因素，从而探究货币政策对总供给的影响，将其称为货币政策的供给侧效应。

第二节　研究假设——货币政策非中性

货币是中性还是非中性的问题是经济学中一个传统的论题，也是货币理论中的核心内容，如果货币因素不能改变实际资源配置，货币就是中性的；如果能改变实际资源配置，货币就是非中性的。经济生活中影响实际资源配置的因素很多，必须从理论上分析诸多因素的作用及其间的关系，构建相应的理论模型，才能够探讨货币是中性还是非中性的。

货币数量论和古典经济学派从重视实物因素的传统出发，认为货币是中性的，他们将货币看成外生于实际经济的一层面纱，强调货币的交易媒介功能，忽视货币作为价值贮藏手段的作用，更无视货币在配置资源方面的作用，相信市场机制能够使实际资源配置达到瓦尔拉斯均衡，在这样的状态下，货币因素不能影响实际资源的均衡配置。凯恩斯经济学反对货币中性的观点，认为货币是非中性的，因为在现代金融制度下，市场行为主体不仅保持货币余额，而且还拥有以货币计价的金融资产和金融负债。当货币数量变动引起价格总水平变动时，币值相应变动，即使从市场经济整体来看债权和债务相互抵消，但从各个行为主体来看对债权人和债务人的影响却完全不同，所以货币冲击会影响实际资源配置。凯恩斯主义学派认为货币扰动具有实际效应依赖于名义刚性假定，既定价格水平下缓慢调整的名义价格或工资使得总需求变动影响产量。如果货币是非中性的，货币政策也应该是非中性的，非中性的货币政策认为货币因素在影响价格的同时能够影响产出和收入。货币主义者弗里德曼明确表示货币政策分为短期非中性和长期中性，他认为在5~10年（短期），货币变动会影响产出，另外，在几十年间（长期）货币增长率则主要影响价格。理性预期学派进一步发展了货币主义学派的主张，认为货币政策无论在短期还是长期都是无效的。

学界对货币及货币政策的中性与非中性的问题至今没有一致的意见，各种理论流派根据不同假设推出截然不同的结论。货币政策传导机制是货币当局运用货币政策工具实现货币政策最终目标的作用途径、过程和机理，这表明货币政策作用于实际经济的途径不止一条，不同途径发挥作用的过程和原理也各不相同，货币政策传导机制的差异将导致其对实际经济作用效果的差异，所以，从理论上讲，货币政策传导机制效应的研究中蕴涵的假设前提是货币政策非中性。实际中，既然要研究货币政策对实体经济的效果，首先需要假定货币政策是非中性的，其次在论证过程中还需从理论和实证的角度来解释这一假定的合理性。

第三节　货币政策传导理论及文献回顾

从货币政策工具的实施到货币政策目标最终实现之间的作用过程和机理便是货币政策传导机制。由于货币政策最终目标涉及宏观经济的总体发展，中央银行实施货币政策工具不可能直接影响最终目标，因此在货币政策工具与最终目标之间引入中间变量，考察这些中间变量的变化过程和变化效果就成为研究货币政策传导机制的主要内容。然而，由于考察的中介变量不同，经济学界对货币政策传导机制理论一直存在分歧，他们运用理论分析方法概括出经济运行的客观内在联系，从不同角度去提出理论假设，证实货币政策对总体经济运行的作用路径，从而得到不同的货币政策传导渠道。总的来看，根据货币政策作用的对象不同，可以将货币政策传导渠道分为需求型传导渠道和供给型传导渠道。

一、需求型的传导渠道

尽管凯恩斯学派采用结构模型、货币主义学派采用简化模型对货币政策传导机制得到了不同的结论，但他们仍一致认为货币政策可以通过某种中介变量来改变支出和总需求，所以，货币政策和财政政策一样，一直被认为是总需求管理手段。

西方货币政策传导机制理论主要分为两类，即货币渠道和信贷渠道。传统理论被称为“货币观点”，该理论认为货币政策的传导只是通过货币途径完成。这种观点假定金融资产只能以货币和债券两种形式表现出来，银行贷款是债券的一种形式，和债券是可以相互替代的。当泰勒等经济学家坚持认为有足够的实证证据表明利率水平通过改变筹资成本对消费支出和投资支出产生了重要作用时，利率途径就成为了传统货币政策传导机制理论的主要渠道。但货币主义学派批评凯恩斯主义者仅关注利率这一种资产价格，忽视了其他众多资产的价格。他们指出，除了债券外，其他资产的价格也可以发挥货币政策传导途径的作用。此时，汇率途径、资产价格途径和货币供应量途径等都受到广泛关注。随着信息经济学的发展，“信用观点”成为另一种逐步完善起来的理论，马赫什和罗默（Miron & Romer，1994）认为货币政策可以通过影响银行信贷的可得性来改变投资，并最终影响产出。信贷渠道的假设前提与货币渠道不同，该理论认为金融资产不仅包括货币和债券，还包括银行贷款，银行贷款是一种不同于债券的金融资产，与债券不能完全相替代，信用观点包括银行信贷渠道和资产负债表渠道。

从各渠道传导过程看，利率渠道是凯恩斯 IS－LM 模型中最为关键的传导机制，该渠道认为在货币政策传导过程中，利率发挥着重要作用。货币供给量扩张或者收缩后，公众的流动性偏好发生变化并影响利率水平，通过利率影响投资支出和消费支出，最终引起产出的变动。随着中央银行越来越重视利率作为货币政策工具的作用，经济学家们对利率传导渠道研究也进一步深入。1993 年，斯坦福大学的约翰·泰勒对美国等西方七国进行了实证研究，发现各国的实际利率与其投资支出和消费支出都呈显著的负向关系，表明利率水平通过改变筹资成本对消费支出和投资支出产生了重要作用，并提出了著名的“泰勒规则”①，泰勒认为在所有影响物价水平和实际产出的因素中，利率是能够与物价水平和实际产出保持长期稳定相关关系的唯一变量，那么，货币当局就应该将调整实际利率作为主要操作方式。

罗纳德·麦金农（Ronald Mckinnon，1985）和奥伯斯特费尔德·罗格夫（Obstfeld Rogoff，1996）将汇率因素纳入货币政策传导机制的理论框架中，分析了货币政策通过汇率变化而影响进出口和实际产出的过程。货币供给量变化后，本国实际利率水平下降，降低了本币相对于外币的吸引力，本币的贬值使得本国商品相对于外国同类商品更加便宜，会导致净出口的增加，进而总产出水平也会相应增加。一国货币在国际市场的价格表现为汇率，汇率的作用可以看作是利率传导机制的一个特例。

资产价格渠道指出当货币供给产生变化时，原来处于均衡状态的各个经济主体的资产组合会重新调整，实体经济也会受到这一调整过程的影响，重新实现新的均衡。詹姆斯·托宾创立了一种用于解释货币政策，通过股票价值来影响经济机制的理论，称为托宾 q 理论，比较典型地分析了货币政策的资产价格渠道。企业市价与企业重置成本之间的比值就是托宾 q 值。货币供给减少导致利率上升，由于证券价格与利率之间的反向关系，股票价格会下降，企业市值减少并低于重置价格，托宾 q 值小于 1，此时，企业可以在资本市场上通过并购等方式扩大规模，减少实物投资，产出下降。当货币供给增加，托宾 q 值大于 1，企业就会通过发行股票或债券等方式筹资并扩大投

① 泰勒规则，也就是积极的利率反馈机制，当通货膨胀发生时，央行将名义利率提高到比通货膨胀更高的水平上，使实际利率增加，从而减缓总需求，减轻通货膨胀压力。

资，扩张生产规模，最终增加产出。托宾 q 理论考虑的是一般的所有者权益，还适用于住宅市场。

货币供应量传导渠道强调在短期中，货币是非中性的，实际产出对货币供应量的变动比较敏感。早期的研究并没有对货币供应量传导渠道进行具体的过程分析，被凯恩斯学派批评为“黑箱”。针对这一情况，货币学派的代表人物弗里德曼（Friedman，1983）深入解释了货币供应量传导观点，认为由于劳动力市场上的工资合同短期内来不及调整，而且价格的适应性预期存在时滞，所以，当货币供应量增加时，产出在短期内会增加。然而，投资支出的扩大会使借贷资本需求增加，当名义利率上升时，投资和产量就会下降，企业将减少商品生产和供给，价格水平进一步升高，只有当新增的货币量全部被价格吸收完毕，货币供应量传导过程才会结束。此时，新的均衡会出现，货币供求将在更高的名义收入水平上重新恢复均衡。

凯恩斯学派和货币主义学派作为传统的经济学派，都认为“货币渠道”是传导货币政策的主要途径，其中，凯恩斯学派采用结构模型，强调利率对投资和总产出的影响，主张“货币价格”途径，而货币主义学派则采用简化模型，强调货币供应量对总产出的直接影响，看重“货币数量”途径。然而，两者都以完全信息为假设前提，都认为完善的金融市场是货币渠道发挥作用的前提条件，在这样的环境中，金融资产能被完全替代，金融市场仅靠价格，即利率便能够完全出清。然而，即便是在一个相对成熟的金融市场中，信息不对称问题仍然存在，所以，现实条件与货币渠道的假设前提有很大差异。正是在这样的背景下，经济学家们开始探讨不完全金融市场中的货币传导机制，银行贷款渠道理论在 20 世纪 80 年代应运而生并引起广泛关注。

由于不满意传统利用利率来解释货币政策对耐用资产支出的影响，许多经济学家利用金融市场存在的信息不对称问题来解释货币政策的传导机制，这种解释被称为信用途径观点。信贷传导渠道认为在不完全的金融市场中，信息不对称、合约成本等问题在实际经济运行中普遍存在，银行在分散风险、降低交易成本、减轻信贷市场上不完全信息而带来的逆向选择和道德风险等方面发挥着特殊而重要的作用，正是因为银行的这种特殊角色，才使得特定的借款人只有通过银行才能借到需要的资金，因此信贷构成了货币政策传导的重要渠道。

1988 年，伯南克和布林德（Bernanke & Blinder）扩展了传统的 IS – LM 模型，在考虑贷款供求的情况下，构建了 CC – LM 模型，该模型包含货币渠道和信贷渠道，并利用该模型论证了信贷供给在货币政策传导机制中的重要作用。一些企业在信息不对称条件下存在对银行贷款的依赖性，因为它们难以在公开市场上获得资金盈余者提供的资金，而银行在评估、筛选贷款申请人，以及贷款使用的监督方面所拥有的专业技术知识，使得银行可以向这些企业提供贷款，中央银行就可以通过货币政策操作改变银行准备金规模，从客观上控制商业银行提供贷款的能力，使银行贷款供给发生变化，从而影响那些依靠银行贷款的企业和个人的可获资金数量和成本，进而影响它们的支出水平，改变社会总需求（Bernanke & Blinder，1992）。1993 年，卡什亚普（Kashyap）通过分析指出紧缩的货币政策会使厂商融资更加困难，因此，独立的“信贷渠道”可能是存在的。1995 年，伯南克和格特勒（Bernanke & Gertler）对信贷渠道做了深入研究，将其按存量和流量的标准区分为银行贷款渠道和资产负债表渠道。银行贷款渠道分析了货币政策如何通过影响银行的准备金和存款，以及银行可供借贷的资金数量和价格来作用于实体经济，资产负债表渠道则分析了货币政策如何通过影响借款人可供抵押的资产净值来作用于实体经济。货币政策的银行贷款途径作用如下：扩张性的货币政策会增加银行的准备金和存款，从而增加银行可供借贷的资金，因为许多借款人的活动都依赖于银行贷款，所以贷款的增加必然会导致更多数量的投资或消费。资产负债表渠道的作用如下：扩张性的货币政策会导致资产价格上升，进而增加企业净值，企业净值的增加会减少逆向选择和道德风险问题，又会刺激投资支出和总需求的增加。

信贷途径在货币政策传导机制中之所以非常重要，是因为实证研究表明，信贷市场的不完善的确会影响企业雇佣员工和支出等方面的决策，而且小企业比大企业更容易受到货币紧缩政策的影响（Gertler & Gilchrist，1994）。信贷渠道最重要的理论支持是不对称信息理论，只要这一理论是成功的，以不对称信息理论为基础的信贷途径也应该成为货币政策重要的传导机制。

然而，信贷渠道也有其局限性，具体表现在：（1）信用渠道假设企业是依赖于外部融资的，尤其是银行贷款，这一假设更符合中小企业的实际情况，因为他们主要依靠银行贷款来经营，而大企业的自我融资能力较强，还可以通过发行股票和债券进行融资，银行可贷资金规模的变化对这些企业不能形成显著的影响。（2）随着金融管制的放松，金融创新和信用工具的日渐发达，银行信用的替代物纷纷出现，传统的银行贷款业务有减少的趋势，信用渠道的作用可能会减弱。

尽管货币渠道和信贷渠道发挥传导作用的条件和效应不同，但两种观点基本是一致的，只是在贷款和债券的替代程度上的认识有所不同，“货币观点”认为贷款和债券可以完全替代，而“信贷观点”认为两者不能完全替代。两种观点都认为货币政策是总需求管理政策，强调货币政策通过各种途径改变投资支出或者消费支出，影响总需求进而作用于宏观经济，所以“货币渠道”和“信贷渠道”都被称为需求型的传导渠道。然而，需求型的传导渠道的重要特征在于价格黏性与工资黏性这一假定，如果价格和工资是灵活变动的，需求管理手段将会失效。

二、供给型的传导渠道

弗里德曼曾经说过无论货币变化与经济变化之间存在如何连贯的关系，也无论货币自主变化的证据多么强有力，都无法相信货币变化是经济变化的根源，除非能够详细地描述二者之间联系的机制。这说明人们对货币政策影响经济运行的方式和机制仍然存在许多疑问。传统的货币观点和信贷观点都认为紧缩性的货币政策会使通货膨胀和实际产出下降，然而，正如前面所描述的一样，大量的实证研究却发现事实并不是这样的，西姆斯在 1992 年的研究发现，为说明这一问题提供了经验证据。尽管“价格之谜”现象持续的时间比较短，而且在统计上也不是十分显著，但足以对传统的货币政策传导理论产生冲击。对于“价格之谜”的解释通常有两种：一是传统的传导途径没有有效测度货币政策冲击中没有预料到的部分，因为在对货币政策传导机制的研究中广泛使用的 VAR 模型不能准确度量和估计货币政策中的前瞻性变量，这需要更新的实证分析方法；二是货币政策传导渠道的“黑箱”中尚有未被揭示的独立的传导途径，最新的贡献主要在于强调成本渠道产生的供给方效应对于货币政策传导的重要作用，在受到货币政策冲击后，如果存在成本渠道，价格或通货膨胀与名义利率就可能出现同方向变动的趋势。

在传统宏观经济理论和政策实践中，货币政策通常被视为需求管理政策，其对总供给的影响则一直被忽略。从实际情况看，货币政策通过价格调节或者数量调节，既可以影响总需求也可以影响总供给。紧缩性的货币政策使利率上升，收缩投资减少总需求的同时，也提高了企业资本的使用成本和生产成本，总供给也由于生产者激励约束的变化而受到影响。

有一些关于宏观经济总均衡模型的例子，精确地分析了货币政策通过营运资本成本的变化而导致供给方效应的机理。法默（Farmer，1984）、布林德（Blinder，1987）、克里斯蒂安诺和艾兴鲍姆（Christiano & Eichenbaum，1992），以及克里斯蒂安诺、艾兴鲍姆和埃文斯（Christiano，Eichenbaum & Evans，1997）的研究全都始于假设，即在取得销售收入前，企业必须借款融资支付生产要素的报酬。在大部分模型中，名义利率的提高会导致生产成本的增加，所以通货紧缩通过对供给施以影响从而导致产出下降。值得注意的是某种程度的刚性会导致货币的非中性，如果物价和总资产调整迅速，那么货币政策对利率没有显著影响，所以总需求和总供给都不会改变。

古德哈特（Goodhart，1986）指出如果运营资本是企业生产和分配必不可少的一个组成部分，就会得到一个被企业家们广泛认同的观点，即支付在运营资本上的利率会影响生产成本，那么紧缩性的货币政策不仅通过总需求而且通过总供给共同影响总产出。货币当局调控货币政策时，企业面临的利率和信用约束发生改变，不仅使企业以固定资产投资为主的长期生产能力受到影响，而且其以运营资本的投资为主的短期生产能力也同样受到影响。早在2001年，巴斯和拉米（Barth & Ramey）就对货币政策“成本渠道”进行了解释，指出除了传统的总需求渠道外，货币政策还会通过生产成本来影响经济。他们认为企业需要卖掉产品才能获得收入，在此之前，如果企业需要支付生产要素的报酬或者支付工资就必须从金融中介借入资本，名义利率就会成为生产成本的一部分进入企业的生产函数中，影响企业的生产和定价，最终还会影响物价和产出。紧缩性的货币政策通过提高短期利率不仅可以减少总需求，减少产出并降低通货膨胀（以下简称“通胀”）水平，而且还会增加企业的借贷成本，所以，借贷成本成为影响企业定价的重要因素，企业会通过提高产品价格的方式来抵消通货膨胀的影响，同时减少产出。在需求方效应和供给方效应的共同作用下，货币政策冲击会放大对实际产出的影响，当高的借贷利率提高了企业生产成本时，成本推动型的通货膨胀最终形成。所以，货币政策成本渠道可以表示为：紧缩性的货币政策会使银行贷款利率上升，如果企业无法找到银行贷款的替代品，其营运成本会提高，生产规模收缩，总供给减少的同时产品价格提高。

成本渠道的作用依赖于传统的利率渠道和信贷渠道而存在，并影响最优货币政策的执行效果。在银行主导型的市场结构中，“信贷观点”认为金融中介通过信贷配给改变可贷资金供给，进而影响投资和消费。大量的实证证据显示对于许多内部积累不足而且被限制进入公开市场融资的小公司来说，银行贷款是首选的或排他性的外部资金来源（Bernanke & Gertler，1995）。然而信用渠道发挥作用必须受到传统货币政策需求传导假设——价格黏性的限制（Eichenbaum，1994）。与信贷渠道一样，成本渠道强调信贷市场在货币政策传导过程中的重要作用，但与“信贷观点”不同的是即使在灵活的价格假定下，成本渠道一样可以通过信贷市场发挥作用。乔杜里、霍夫曼和沙伯特（Chowdhury，Hoffmann & Schabert，2006）采用一个存在金融摩擦的 VAR 模型，通过引进货币政策的供给方效应，即公司的借贷成本，改变了基本的凯恩斯模型框架，证实了价格刚性条件下成本渠道的存在影响了货币政策冲击的传导，模型显示利率作为生产成本出现在菲利普斯曲线中。拉文那和沃尔什（Ravenna & Walsh，2006）在没有名义刚性的假设下得到同样的结论。

信贷市场不仅是货币政策传导的信贷渠道而且还是重要的成本渠道，金融中介向借款人收取的贷款利率成为决定生产成本的重要因素。奥利弗·许尔塞维格，埃里克·梅耶尔和蒂莫·沃尔默斯豪瑟（Oliver Hülsewig，Eric Mayer & Timo Wollmershauser，2009）指出，银行根据对未来政策利率的预期来调整银行贷款并通过经济调整扩大最初的货币冲击，这一操作暗示出银行对利率的调整具有黏性，而且银行业在传播和扩大货币政策扰动中扮演着非常重要的角色。在一个垄断竞争的市场结构中，如果只有少数银行根据基准利率的变化调整其贷款利率，那么货币政策对贷款利率的影响就是滞后的，贷款利率的调整是黏性的，外部融资成本就成为影响产品价格变化的重要因素。然而，银行平滑贷款利率的行为会削弱成本渠道的传递效果，减轻货币政策冲击对企业的影响，割裂的信贷市场导致货币市场利率变动到信贷利率变动的不完全传递，帮助解释了货币政策冲击后通货膨胀的滞后调整。2009 年，考夫曼和沙勒（Kaufmann & Scharler）定量分析了金融中介机构在货币政策成本渠道中的作用，研究发现对于一个标准的金融系统而言，成本渠道在货币政策对产出和物价冲击的传导过程中所扮演的角色是有限的，成本渠道的存在影响通胀的动态路径，但产出的变化基本上完全受到总需求渠道的影响。

企业的融资需求会受到货币政策的影响，企业投资对现金流的敏感性和弹性在货币紧缩时期会增加，当企业受到融资约束时，其对现金流的敏感性比没有受到融资约束的企业更高。如果考虑信贷渠道，由于大多数中小企业更依赖于银行信贷资金，紧缩货币会对这些企业产生较大的负面影响，利率提高不仅增加了企业的债务负担，而且减少了企业的现金流并恶化企业的资产负债表，企业可供抵押的资产减少，最终通过影响企业净值来影响企业贷款和投资支出。如果考虑成本渠道，短期内，企业无法为营运资本找到替代资源，信用条件成为边际成本的重要部分，企业根据边际成本来最终决定产品的价格和产量。成本渠道的作用受到企业借入运营资本能力的制约，还会随着金融市场的发展而不断变化。

探讨货币政策成本渠道的一个重要意义在于探讨其对货币政策理论的冲击及其存在的条件。

从理论上讲，成本渠道的存在对货币当局制定和执行货币政策有着重要参考意义，成本效应的大小还会影响宏观经济稳定政策的实际效果。拉文那和沃尔什在 2006 年的研究发现，成本渠道在决定价格和产出变化中发挥着重要作用，没有理由拒绝成本渠道存在的假设条件。他们在推导存在成本渠道时货币当局的福利损失函数的过程中指出，当名义利率直接决定企业的边际成本时，成本渠道是必然存在的，他们在一般均衡模型框架下考察了存在成本渠道时的内生成本推进型通货膨胀产生的机理，并指出成本渠道对政府支出、生产率及偏好的冲击，都会影响中央银行最优货币政策的制定，使其在执行货币政策时陷入稳定物价和产出缺口的两难选择。2009 年，欧里尔顿（Eurilton）在一个新凯恩斯分析框架内考虑货币当局目标函数的内生性本质，评价了货币政策对宏观经济的波动性和福利的供给方效应，指出当成本渠道发挥作用时，货币政策对总供给的影响取决于利率传导的程度和价格刚性的程度。同年，廖萨和特斯塔（Liosa & Tuesta）研究了理性预期均衡的稳定性和货币政策的确定性，他们在一个新凯恩斯分析框架内分析了以预期为基准的货币政策反应函数，指出成本渠道的存在是增加执行不同货币政策规则的不确定性和不稳定性的主要原因，一个可行的办法是加强货币当局执行最优货币政策承诺的可信度。蒂尔曼（Tillmann，2009）指出了在不确定条件下，中央银行将成本渠道引入货币政策模型的重要政策含义。他认为中央银行总是追求稳健型的货币政策，当货币政策模型面临外部冲击和扰动而存在不确定性时，中央银行往往实行扩张性的货币政策，大力调整利率以减小扰动对经济的损害，而利率政策应对扰动的有效性使实施效果会受到成本渠道的影响，成本渠道的存在也使得货币政策承诺更加不可信。

从 21 世纪开始，大量的实证文献证实了成本渠道的存在性，经济学家们分别采用企业、行业和宏观层面的数据证明了成本渠道不单只是一个理论上的推测而已。2001 年，巴斯和拉米采用 VAR 方法对美国的行业数据进行分析，发现很多行业在货币紧缩时期都显示出产出下降和物价—工资比率的上升，这为从成本渠道角度解释“价格之谜”的成因提供了经验上的证据。同时，巴斯和拉米利用美国宏观经济数据验证了货币政策存在显著成本渠道效应的结论，还发现 1959 ~ 1979 年的成本渠道效应比 1983 ~ 1996 年其间更加显著，这一时期也显示出货币政策冲击对产出有着显著且长久的影响。乔杜里、霍夫曼和沙伯特（Chowdhury，Hoffmann & Schabert，2006）扩展了新凯恩斯—菲利普斯曲线，研究了七国集团中成本渠道和通货膨胀之间的动态关系，为成本渠道提供了充足的经验证据，通过估计发现，包括欧元区成员国在内，成本渠道在各国的表现都不尽相同，其主要原因可能是由于各国金融市场的结构存在差异。美国、英国、法国和意大利等国的金融市场是以市场为主导的，金融市场竞争比较充分，货币政策扰动通过成本渠道能够快速影响企业获得营运资金的成本，企业因此会比较迅速地调整产量和价格，那么，以期通过上调利率来实现抑制通胀的政策效果会因为成本渠道而被削弱。而德国和日本的金融市场是以银行为主导的，金融市场缺乏竞争性，金融中介机构受到严格监管，成本渠道传导货币政策冲击的速度比较慢，效果也并不明显。2006 年，盖奥蒂和塞基（Gaiotti & Secchi）对意大利 2000 家制造业企业进行调查，利用 1988 ~ 2001 年的大样本面板数据，采用 GMM 回归方法，发现利息支出是企业生产边际成本的重要组成部分，货币政策通过总供给效应影响宏观经济，并对短期内价格随利率上升而上涨这一现象作出了合理的解释。蒂尔曼（Tillmann，2008）和亨泽尔（Henzel，2009）在一般均衡的框架内用最小路径法估计了欧洲大陆国家和美国的成本渠道，发现成本渠道的存在能够解释这些国家通货膨胀的变化，货币紧缩后通货膨胀继续升高的假设是成立的。2009 年，考夫曼和沙勒的研究发现欧洲大陆国家和美国都存在成本渠道效应，但成本渠道效应只是货币政策传导机制中一个相对较小的要素，由于金融结构的差异使得成本渠道效应在欧洲大陆国家没有在美国那么显著。

大量的实证证据支持货币政策传导机制中存在成本渠道的观点，但主要的实证研究都是针对发达国家而开展的，近年来，发展中国家总成本渠道的作用及其效应大小等问题也开始受到学者的广泛关注。杨小军（2010）以利率政策为核心，选取 2006 ~ 2008 年的月度数据，运用 VAR 模型的脉冲响应函数研究了我国统一的货币政策对工业部门不同行业的产出效应和价格效应，着重探讨石油和天然气开采业等八个工业行业对利率政策冲击的反应，研究结果显示，中国的货币政策存在明显的行业效应，并导致其“价格之谜”现象在行业层面上非常明显，而利率政策的变化确实能够对行业层面的“价格之谜”现象给予合理的解释。

对于“价格之谜”现象，中国学者更多的研究是从需求渠道角度加以解释的。李相栋（2009）通过比较美国、日本、中国和欧元地区利率政策的价格效应，指出利率政策对价格的影响并不明显，并且还表现出很大的国际差别。各地的产业结构、经济发展模式、金融市场发达程度与货币政策操作特点的不同，利率变动对价格的传导过程也存在很大的不同，如美国的消费传导渠道更强一些；欧元地区由于欧洲中央银行更强有力的反通胀口号与措施，公众预期渠道更强一些；日本的净出口渠道则更显著一些；而中国作为新兴市场经济体，则主要通过投资渠道和净出口渠道发挥作用。进一步分析发现，利率政策价格效应面临若干因素的制约，所以不能够把利率调整作为稳定价格水平的唯一手段。张晓晖（2010）利用 1998 ~ 2007 年的季度数据就我国利率政策作用的时滞效应进行了经验分析，指出我国的利率政策不能起到立竿见影的效果，其对价格的影响至少存在 1 个季度的时滞。

钟正生（2008）以价格黏性和经济参与人的后视行为作为微观基础，用通货膨胀惯性解释了货币政策时滞存在的原因。通货膨胀惯性是指在受到随机扰动因素冲击后，通货膨胀偏离其长期均衡水平的趋势，这一趋势会持续很久，持续时间越长，通货膨胀惯性越强。高通货膨胀惯性会削弱货币政策调控的效果，提高中央银行反通胀的社会成本，中央银行承诺在较长时期内钉住一个稳定的名义锚（通货膨胀目标制）是降低通货膨胀惯性的有效途径。

综上所述，已有的研究从理论和经验上证实了成本渠道的存在性，并用货币政策成本渠道传导机制解释了两个重要的经验主义谜团。第一个是提高利率物价水平在短期内会上涨，即西姆斯提出的“价格之谜”；第二个是公开市场上短暂而微小的变动会对产出产生巨大而持续的影响，尽管伯南克在 1995 年已经从信贷渠道角度解释过这一现象，但不可否认对产出的放大作用也是货币政策供给方效应和需求方效应共同作用的结果。

如果这两个经验主义谜团在我国依然存在，那么货币政策成本渠道就为解释这些谜团提供了一条思路。因为企业营运资本对银行信贷资金的依赖性是成本渠道发挥作用的前提，所以，本书将产生供给方效应的渠道称为“信贷—成本”渠道。接下来的章节将结合信贷渠道和成本渠道为解释这些谜团提供一些理论基础，将之运用于我国的实践中，探讨“信贷—成本”渠道存在的前提条件，并对之进行效果评价。

第四节 本章小结

本章在货币政策非中性假定前提下，以“价格之谜”现象为切入点，从需求和供给两个方面梳理货币政策传导理论。“货币观点”和“信贷观点”认为货币政策是总需求管理政策，强调货币政策通过各种途径改变投资支出或者消费支出，影响总需求，进而作用于宏观经济。“信贷—成本”渠道认为当货币政策改变企业资本的使用成本和生产成本时，总供给也由于生产者激励约束的变化而受到影响。如果同时考虑总需求和总供给效应，货币政策的效果有待评价。

第二章

货币政策“信贷—成本”渠道的理论模型

货币政策成本渠道依附于信贷渠道而存在，所以，以金融中介为主要融资方式的信贷市场在货币政策“信贷—成本”渠道中发挥着重要作用，本书用一个包括金融中介的新凯恩斯模型来解释货币政策传导的需求效应和供给效应，劳动市场被引入这个模型，金融中介根据其对货币政策的预期来决定信贷供给。模型参考了拉文那和沃尔什（Ravenna & Walsh，2006）、罗伯特·坦博里尼（Roberto Tamborini，2009）提出的“信贷—成本”（credit-cost channel）模型，但引入了更丰富的外生变量来解释金融机构的行为。进一步的，本章具体阐释了模型的货币政策含义及“信贷—成本”渠道发挥作用的条件。

第一节　经济系统描述

经济体中包括三个竞争性市场，即劳动市场（生产产品的唯一投入要素）、信贷市场和最终消费市场（产品生产）。家庭、厂商、商业银行和中央银行构成了一个封闭的经济体。经济由大量同质厂商和大量同质家庭组成，厂商和家庭都是价格的接受者。

经济沿着时间 t，t+1，…，有次序的进行，生产产品需要 1 期时间，当销售完所有产品并偿还所有债务后，厂商可以开始下一次生产。厂商在 t 时期生产的产品将在 t+1 时期销售，形成 t+1 期的供给，他们的收益是不确定的。厂商从事生产的唯一要素是劳动力投入，而由于投入与产出的时间不一致，厂商必须通过借款来事先支付生产要素价格，即工人工资。

商业银行吸收家庭存款的总利率（利率加 1）是 R_d，向中央银行借入准备金的总利率是 k，向企业提供贷款的总利率是 R_t，并面临企业的违约风险。中央银行作为唯一的政策当局，通过政策调节货币市场利率。

在 t+1 期，厂商将生产的产品卖给消费者，并偿还贷款，开始下一轮生产。

一、家庭

假设没有直接融资，私人企业的利润都用于企业主的消费，家庭没有初始财富。

家庭向厂商提供劳动以获取工资收入，其消费构成了对产品的需求，没有消费的收入以存款形式持有①，构成下一期消费的来源，由于存在流动性约束，家庭不借钱消费。因此，C_{ht+1}就要受到 t 期存款的约束，并不能超过 D_{ht}/P_{t+1}，存款 $D_{ht}=R_dD_{ht-1}-P_tC_{ht}+W_tN_{ht}$。家庭的选择包括在每个生产周期提供的劳动数量（$N_{ht}$，$N_{ht+1}$，…），以及在生产结束后的消费数量（$C_{ht+1}$，$C_{ht+2}$，…），下标 t 表示时间。

家庭效用与劳动和消费相关，代表性家庭最大化其效用函数的期望值：$U=\sum_{t=0}^{\infty}e^{-\rho t}u(C_t, N_t)$，其中 ρ 是贴现因子。其瞬时效用函数可以表示成：

$$\max_{C,N}U_{ht}=U(C_{ht}, N_{ht})=\frac{C_{ht}^{1-\sigma}}{1-\sigma}-\frac{N_{ht}^{1+\eta}}{1+\eta} \qquad (2-1)$$

这是不变替代弹性的效用函数（CES），σ 和 η 分别为消费和劳动供给

① 胡尔塞维格等（Hülsewig O. et al.，2019）指出没有消费的部分还可以现金形式持有，假定现金的名义报酬是 R_c，那么 $R_c=R_d$，所以在本章中假定家庭均以存款形式持有未消费的收入。

的相对风险规避系数，是消费和劳动替代弹性的倒数。

满足：$U'(C_{ht})=C_{ht}^{-\sigma}>0$，$U''(C_{ht})=-\sigma C_{ht}^{-\sigma-1}<0$

$$U'(N_{ht})=-N_{ht}^{\eta}<0,\ U''(N_{ht})=-\eta N_{ht}^{\eta-1}<0$$

$$\text{s. t.}\begin{array}{l}P_{t+1}C_{ht+1}\leqslant D_{ht}\\ D_{ht}=R_d D_{ht-1}-P_t C_{ht}+W_t N_{ht}\end{array}\tag{2-2}$$

家庭消费不能超过已有的存款，但可以减少当期消费将更多的资源留到下一期消费。家庭基于某个时点上劳动市场和信贷市场上的所有可得信息作出关于消费和劳动的决策，即 E_t 是基于信息集 Ω_t 的预期，定义 $E_t\Pi_{t+1}=E_t(P_{t+1}/P_t)=1+\pi_{t+1}$表示预期的通胀水平。如果货币政策的变化是永久性的，那么 $E_t[\Pi_{t+1+s}\mid\Omega_t]=\cdots=E_t[\Pi_{t+1}\mid\Omega_t]$，为简便起见，省略 Ω_t。

由式（2-2）得：

$$\frac{P_{t+1}}{P_t}C_{ht+1}\leqslant R_d\frac{D_{ht-1}}{P_t}-C_{ht}+\frac{W_t}{P_t}N_{ht}\tag{2-3}$$

将 W_t/P_t 写成 w_t，表示实际工资，式（2-3）可以写成：

$$E_t\Pi_{t+1}C_{ht+1}\leqslant R_d\frac{D_{ht-1}}{P_t}-C_{ht}+w_tN_{ht}\tag{2-4}$$

引入松弛变量 x，则：

$$E_t\Pi_{t+1}C_{ht+1}+x-R_d\frac{D_{ht-1}}{P_t}+C_{ht}-w_tN_{ht}=0(x>0)\tag{2-5}$$

构造拉格朗日函数：

$$L=U_{ht}+\lambda\left(E_t\Pi_{t+1}C_{ht+1}+x-R_d\frac{D_{ht-1}}{P_t}+C_{ht}-w_tN_{ht}\right)\tag{2-6}$$

$$\frac{\partial L}{\partial C_{ht+1}}=\frac{\partial U_{ht}}{\partial C_{ht+1}}+\lambda E_t\Pi_{t+1}=0\tag{2-7}$$

$$\lambda=-\frac{\partial U_{ht}}{\partial C_{ht+1}}\Big/E_t\Pi_{t+1}\tag{2-8}$$

$$\frac{\partial L}{\partial C_{ht}}=\frac{\partial U_{ht}}{\partial C_{ht}}+\lambda=C_{ht}^{-\sigma}+\lambda=0\tag{2-9}$$

$$\lambda=-C_{ht}^{-\sigma}\tag{2-10}$$

$$\frac{\partial L}{\partial N_{ht}}=\frac{\partial U_{ht}}{\partial N_{ht}}-\lambda w_t=-N_{ht}^{\eta}-\lambda w_t=0\tag{2-11}$$

$$N_{ht}^{\eta} = -\lambda w_t = C_{ht}^{-\sigma} w_t \qquad (2-12)$$

家庭效用最大化的一阶条件满足：

$$-U'(N_t) = w_t E_t^{-1}(\Pi_{t+1}) U'(C_{t+1}) \qquad (2-13)$$

$$N^{s'}(w_t) > 0$$

$$U'(C_{t+1}) = E_t^{-1}(\Pi_{t+2}) U'(C_{t+2}) \qquad (2-14)$$

$$N_{ht}^{s'}(E_t \Pi_{t+1}) < 0$$

式（2－13）给出了家庭的最优劳动决策。劳动供给取决于真实工资、预期通胀水平和消费，家庭在 t 时期的劳动是为了在 t＋1 期消费，更高的 w_t 意味着 t＋1 期可以消费更多，在激励效应的作用下，家庭愿意提供的劳动增加，所以 w_t 与 N_{ht} 正相关①。由式（2－13）和式（2－14）可以得到 $U'(N_t) = \frac{w_t}{w_{t+1}} E_t^{-1}(\Pi_{t+1}) U'(N_{t+1})$，该式描述了劳动供给的跨期替代问题，即通胀率上升时，当期劳动的效用减少，所以家庭部门会减少现在的劳动付出，而增加未来的劳动。

综上，可以将劳动供给函数表示为：

$$N_{ht}^{s} = N^{s}(w_t,\ E_t\Pi_{t+1}) N^{s'}(w_t) > 0,\ N^{s'}(E_t\Pi_{t+1}) < 0 \qquad (2-15)$$

接下来考察消费函数。家庭消费不能超过其真实存款，由于存在收入效应，家庭在 t＋1 期的消费与 d_t 正相关，其中 $d_t = D_t/P_t$。价格水平对消费的影响由两部分构成，即真实收入效应和跨期替代效应。根据 $E_t(D_t/P_{t+1}) = E_t(d_t/\Pi_{t+1})$，较高的 $E_t\Pi_{t+1}$ 表示真实收入减少，家庭减少当期消费，$E_t\Pi_{t+1}$与家庭消费负相关，这是真实收入效应。而根据式（2－14），较高的 $E_t\Pi_{t+1}$减少了未来消费的效用水平，家庭将减少未来消费，而增加现在消

① 传统劳动经济学对劳动供给模型做出了几个假定：(1）假定一个人把时间用于工作或者享受闲暇。(2）假定一个人有一个不变的小时工资率，而且在这个工资率下能够按照自己的愿望提供尽可能多的工作时数。(3）假定人们追求效用最大化，而且闲暇消费和物品消费都具有递减边际效用（霍夫曼，1989）。在这些假定下，会出现四种情形的劳动力供给曲线，即无限弹性的劳动供给曲线、向上或向下倾斜的劳动供给曲线、无弹性劳动供给曲线、向后弯曲劳动供给曲线。个人愿意供给的劳动量是收入效应和替代效应这两种相反力量作用的结果。实际工资的提高使得闲暇变得更加昂贵，从而引致劳动供给的增加，这是工资的替代效应。同时，如果劳动供给不变，工资提高使得收入水平上升，又会导致对闲暇和各种物品的需求增加，这是工资变化的收入效应。工资变动是增加还是减少劳动供给，取决于替代效应和收入效应的相对强度。

费，这是消费的跨期替代效应，$E_t\Pi_{t+1}$与家庭消费正相关。由此，可以将消费函数表示为：

$$C_{ht+1}=C(d_t,\ E_t\Pi_{t+1})C'(d_t)>0,\ C'(E_t\Pi_{t+1})<0 \text{ or } C'(E_t\Pi_{t+1})>0 \tag{2-16}$$

由于未来的不确定性，家庭对当期消费的评价比未来消费更高，当真实收入减少时，家庭更愿意减少未来消费而不是当前消费，所以，通常情况下，$C'(E_t\Pi_{t+1})>0$。

二、厂商

首先，厂商 j 于 t 期开始生产的产品，并于 t+1 期销售数量为 Q_{t+1}的产品，其生产收益是不确定的。生产成功的概率是 q，失败的概率是 1-q。

其次，对于所有厂商 j，$E_t(\tilde{P}_{jt+1})=P_{t+1}$，$P_{t+1}$是市场出清的真实价格。假定所有厂商的预期都是理性的，$\tilde{P}_{jt+1}$就是厂商的真实收益，当厂商面临成本等不确定事件时，$\tilde{P}_{jt+1}$可能与 P_{t+1}不一致。

贷款给企业的人需要花费一定的核实成本才能够掌握企业的真实收益情况，金融市场上的信息不对称问题使得企业无法通过直接金融市场获得资金，而是通过银行进行间接融资①。对于一笔贷款，如果生产成功，企业获得收益 $\tilde{P}_{jt+1}Q(t)_{t+1}$，而且 $\tilde{P}_{jt+1}Q(t)_{t+1}\geq L_tR_t$，企业在 t+1 期需要偿还 L_tR_t，如果生产失败，$\tilde{P}_{jt+1}Q(t)_{t+1}<L_tR_t$，企业在 t+1 期需要偿还抵押品价值 $\tilde{P}_{jt+1}Q(t)_{t+1}$。假定债务合同没有破产成本，厂商 j 在每一期的期望收益为：

$$E_t\{Z_{jt+1},\ \cdots,\ Z_{jt+s},\ \cdots\}$$

$$E_tZ_{jt+s}=E_t(\tilde{P}_{jt+s})Q(t)_{jt+s} \quad s=1,\ 2,\ \cdots \tag{2-17}$$

---

① 米什金指出，与直接融资（即企业通过金融市场直接从贷款人手中获取资金）相比，间接融资（有金融中介机构参与的融资）的重要性要大出数倍，银行是企业外部资金最重要的来源。

厂商的劳动投入为 N_{jt}，名义工资为 W_t，厂商需要向银行借钱支付工资，即 $L_t^d = W_t N_{jt}$。假定厂商在每一期生产时间内生产同质产品，而且劳动的边际产品递减，那么：

$$Q(t)_{t+1} = Q(N_{jt})Q'(N_{jt}) > 0,\ Q''(N_{jt}) < 0 \tag{2-18}$$

$$\begin{aligned} E_t\Pi_{jt+s} &= q(E_t(\tilde{P}_{jt+s})Q(t)_{jt+s} - W_{t+s-1}N_{jt+s-1}R_{t+s-1}) + \\ &\quad (1-q)(E_t(\tilde{P}_{jt+s})Q(t)_{jt+s} - E_t(\tilde{P}_{jt+s})Q(t)_{jt+s}) \\ &= q(E_t(\tilde{P}_{jt+s})Q(t)_{jt+s} - W_{t+s-1}N_{jt+s-1}R_{t+s-1}) \end{aligned} \tag{2-19}$$

q 是企业生产成功的概率，R_t 是银行贷款的名义利率加 1，表示单位贷款的本息和，实际利率 $r_t = E_t(R_t/\Pi_{t+1})$。厂商销售完前期产品后开始下一期生产，其跨期利润最大化问题就独立成单期问题，厂商 t 时期真实利润最大化的一阶条件是：

$$Q'(N_{jt}) = \Gamma_t = w_t r_t \tag{2-20}$$

一阶条件表明厂商会雇佣劳动直到劳动的边际产量等于 $w_t r_t$，那么劳动需求和产出就可以写成：

$$N_{jt}^d = N^d(\Gamma_t)N^{d'}(\Gamma_t) < 0 \tag{2-21}$$

$$Q(t)_{jt+1} = Q(N^d(\Gamma_t))Q'(N^d) > 0 \tag{2-22}$$

三、商业银行和中央银行

罗伯托·坦博里尼的“信贷—成本”模型尽管分析了风险溢价的独立成本效应，但并没有细致分解风险溢价的影响因素。为了考察金融体系在“信贷—成本”渠道中的作用，本书将反映金融系统特征的指标，如银行管理成本、保留的准备金数量和银行数量等变量引入模型中，丰富了风险溢价的构成要素。

经济体系中有 M 家银行（如商业银行一样的存款类金融机构），存贷款市场处于不完全竞争状态，商业银行可以决定市场贷款利率和贷款规模，贷款需求是 L_t^d，存款需求是 D_{ht}，$L^{d'}(R_t) < 0$，$D'(R_d) < 0$。银行具有相同的单

位贷款管理成本 v，企业项目成功的概率为 q。项目成功时，商业银行收益为 $R_tL_{bt}^s$；项目失败时，商业银行仅能获得抵押品价值 $\tilde{P}_{jt+1}Q(t)_{t+1}$。假定商业银行的准备金率为 r，银行的准备金为 $RR = r \times D_{ht}$，银行还可以向中央银行借入资金 B 来支持其资产业务，所以 t 时期商业银行的资产与负债是：

$$L_{bt}^s + RR = D_{bt} + B \tag{2-23}$$

银行贷款的期望收益 $E_tZ_{bt+1} = qL_{bt}^sR_t + (1-q)\tilde{P}_{jt+1}Q(t)_{t+1}$，其净利润为 $E_t\Pi_{bt+1} = qR_tL_{bt}^s + (1-q)\tilde{P}_{jt+1}Q(t)_{t+1} - vL_{bt}^s - R_dD_{ht} - k \times B$，那么，利润最大化的一阶条件是 $R_t = \dfrac{R_d + v(1-r)}{q(1-r)}$。

如果考虑商业银行体系的利润最大化，则一阶条件是：

$$R_t = \frac{R_d + v(1-r)}{Mq(1-r)} = \frac{R_d}{Mq(1-r)} + \frac{v}{Mq} \tag{2-24}$$

式（2-24）表明，商业银行贷款利率与存款利率、银行管理成本和银行保留的准备金正相关，与项目成功概率和银行数量负相关。可以将这五个因素分为两类，一类是政策利率，另一类是风险溢价。存款利率 R_d 是货币当局控制的基准利率，可以作为政策利率①，而银行管理成本、保留的准备金数量、项目成功概率和银行数量都会影响银行向借款人收取的风险溢价。所以式(2-24）表达了市场贷款价格和政策利率之间的关系，如果用 k_t 表示政策利率，ρ_t 表示风险溢价，那么 $R_t = k_t + \rho_t$。

贷款利率提高，一些相对安全的项目变得无利可图，风险较低的企业被排斥出信贷市场（Stiglitz & Weiss，1981），申请贷款的项目的平均成功概率变低，也就是说贷款的平均质量会变差，贷款风险变大。商业银行保留的准备金越多，银行贷款的利率越高。银行贷款的管理成本越高，贷款利率越高。银行数目越多，银行贷款利率越低。可见，银行系统自身的行为特征也是影响贷款价格的重要因素，如果银行向借款人收取的风险溢价发生变化，即使政策利率保持不变，贷款价格也会相应改变。

---

① 按照无套利原则，存款利率 R_d 应该同政策利率 k_t 相等（Freixas G. & J. C. Rochet，1997）。

第二节 宏观经济均衡和货币政策效应

综合考察上述三种市场，可以得到一般均衡条件，即：

劳动市场：

$$N_{ht}^{d}(\Gamma_t) = N^s(w_t,\ E_t\Pi_{t+1}) \tag{2-25}$$

信贷市场：

$$L_t = N_t W_t$$

$$L_{bt}^{s} + RR = D_{bt} + B$$

$$r_t = k_t + \rho_t \tag{2-26}$$

产品市场：

$$Q'(N_{jt}) = \Gamma_t = w_t r_t$$

$$Q(t)_{jt+1} = Q(N^d(\Gamma_t)) = C(d_t,\ E_t\Pi_{t+1})$$

$$E_t\Pi_{t+1} = E_t(P_{t+1}/P_t) = 1 + \pi_{t+1} \tag{2-27}$$

为简便起见，省去下标。

下面来考察货币政策对真实工资、真实产出和通货膨胀水平的影响。

假设代表性企业具有 Cobb - Douglas 生产函数，$Q(t)_{t+1} = AN_t^{\alpha}K_t^{\beta}$，$\alpha$ 是劳动的产出弹性，β 是资本的产出弹性，即$\frac{\partial Q}{Q}\Big/\frac{\partial N}{N} = \alpha$，$Q'(N_{jt}) = \Gamma_t = w_t r = A\alpha N_t^{\alpha-1}K_t^{\beta}$，用 $Q_N = \frac{\partial Q}{Q}\Big/\frac{\partial N}{N}$来表示弹性，则 $N_\Gamma = \frac{\partial N}{N}\Big/\frac{\partial \Gamma}{\Gamma} = \frac{1}{\alpha-1}$。

$$\delta N^d = \frac{\partial N}{N} = \frac{\partial N}{N}\Big/\frac{\partial \Gamma}{\Gamma} \times \frac{\partial \Gamma}{\Gamma} = \frac{1}{\alpha-1} \times \left(\frac{\partial w}{w} + \frac{\partial r}{r}\right) = \frac{1}{\alpha-1} \times (\delta w + \delta k - \delta \pi) \tag{2-28}$$

$$\delta N^s = N_w^s \delta w + N_\pi^s \delta \pi \tag{2-29}$$

此外，家庭消费变化由两部分构成，即收入效应$\left(C_D = \frac{\partial C}{C}\Big/\frac{\partial D}{D}\right)$和跨期替代效应$\left(C_\pi = \frac{\partial C}{C}\Big/\frac{\partial \pi}{\pi}\right)$，即：

$$\delta C_{t+1} = \frac{\partial C}{C} = \frac{\partial C}{C}\Big/\frac{\partial D}{D} \times \frac{\partial D}{D} + \frac{\partial C}{C}\Big/\frac{\partial \pi}{\pi} \times \frac{\partial \pi}{\pi}$$

$$= \frac{\partial C}{C} \Big/ \frac{\partial D}{D} \times (\delta d - \delta \pi) + \frac{\partial C}{C} \Big/ \frac{\partial \pi}{\pi} \times \delta \pi$$

$$= C_D \times (\delta d - \delta \pi) + C_\pi \times \delta \pi \tag{2-30}$$

$\delta N^s = \delta N^d$，根据式（2－28）和式（2－29），可以得出：

$$\delta N^s = N_w^s \delta w + N_\pi^s \delta \pi = \frac{1}{\alpha - 1} \times (\delta w + \delta k - \delta \pi) = \delta N^d \tag{2-31}$$

$$\delta Q = \delta C$$

根据式（2－30），进一步得出：

$$\delta Q = \frac{\alpha}{\alpha - 1}(\delta w + \delta k - \delta \pi) = C_D \times (\delta d - \delta \pi) + C_\pi \times \delta \pi = \delta C \tag{2-32}$$

如果银行用借入资金来满足准备金需求，那么：

$$L = D, \ \delta d = \delta w + \delta N^d \tag{2-33}$$

根据式（2－30）、式（2－31）、式（2－32）、式（2－33），可以得到：

$$\delta w = \frac{N_\pi^s(\alpha - C_D) + C_\pi - C_D}{\alpha(N_w^s - N_\pi^s)(1 - C_D) - C_\pi(1 + N_w^s(1 - \alpha))}\delta k \tag{2-34}$$

$$\delta \pi = \frac{N_w^s(\alpha - C_D) - C_D}{\alpha(N_w^s - N_\pi^s)(1 - C_D) - C_\pi(1 + N_w^s(1 - \alpha))}\delta k \tag{2-35}$$

$$\delta Q = \frac{C_\pi N_w^s - (N_w^s - N_\pi^s) C_D}{\alpha(N_w^s - N_\pi^s)(1 - C_D) - C_\pi(1 + N_w^s(1 - \alpha))}\delta k \tag{2-36}$$

从式（2－34）、式（2－35）、式（2－36）可以看出，当宏观经济达到均衡时，政策利率的变动会改变真实工资、真实产出和预期的通货膨胀。如果货币政策只影响总需求，那么政策利率与真实产出和通胀水平负相关。如果货币政策同时存在需求和供给效应，那么政策利率与真实工资、真实产出和通胀水平都是负相关，而且其对产出的影响大于对价格的影响，即 $dw_t/dk_t < 0$，$dQ(t)_{t+1}/dk_t < 0$，$d\pi_{t+1}/dk_t < 0$，而且 $|dQ(t)_{t+1}/dk_t| > |d\pi_{t+1}/dk_t|$。

若上述条件成立，要满足以下条件：

$$\alpha < C_D < 1 \tag{2-37}$$

$$C_\pi < \frac{\alpha(1 - C_D)}{1 - \alpha} \tag{2-38}$$

$$N_w^s > \frac{C_D(1 + \alpha N_\pi^s)}{\alpha(1 - C_\pi) - C_D(1 - \alpha)} \tag{2-39}$$

不等式（2-37）和式（2-38）可以满足 $dw_t/dk_t<0$，$dQ(t)_{t+1}/dk_t<0$，$d\pi_{t+1}/dk_t<0$ 的要求，不等式（2-39）可以满足 $|dQ(t)_{t+1}/dk_t|>|d\pi_{t+1}/dk_t|$ 的要求。

美国经济学家弗里德曼的持久收入消费理论认为，消费者的现期收入不是消费的主要决定因素，消费主要取决于消费者的持久收入，而且与持久收入之间保持比较稳定的关系。根据前文的假设，家庭不借钱消费，其消费来自上一期的存款，所以存款可以被视为持久收入，C_D 可以解释为消费需求的收入弹性。曼昆和坎贝尔（Mankiw & Campbell，1991）提出的 λ 模型中用 $1-\lambda$ 描述消费的收入弹性，然后用大量不同国家的数据估计了 λ 的值，得出 $1-\lambda$ 等于 0.7，可以认为 $C_D=0.7$。C_D 越小，货币政策的供给方效应越显著，对产出的影响越大，对价格的影响越小。

C_π 度量消费的跨期替代弹性，测度居民家庭对其收入在当前消费与储蓄之间分割比例的决策，取决于该家庭对当前消费所获效用与未来消费所获得效用的评价和比较，与消费者对商品消费的相对风险规避程度成反比。C_π 越小，家庭当期消费对预期通胀并不敏感，货币政策的产出效应越明显。

劳动市场中 N_π^s 表示劳动供给变动对预期通胀的弹性，用来描述劳动供给的跨期替代效应，与消费者对闲暇消费的相对风险规避程度成反比，N_π^s 越小，说明劳动者没有形成前瞻性的价格预期，或者无法根据未来价格预期而做出相应的劳动和闲暇替代的决策，此时，成本渠道的作用越明显。

N_w^s 表示劳动供给的工资弹性，一个较大的 N_w^s 是成本渠道产生较大产出效应的必要条件。从式（2-39）可以看出，N_w^s 的门槛值与 N_π^s、C_π 和 C_D 正相关，与 α 负相关，N_w^s 的门槛值越小，N_w^s 的实际值超过门槛值的可能性越大。也就是说，消费和劳动的跨期替代弹性越小，消费需求的收入弹性越小，劳动的产出弹性越大，货币政策的供给效应越明显。

第三节　“信贷—成本”模型的解释

“信贷—成本”模型的成本效应不仅解释了货币政策对产出的影响大于

对物价影响的原因，而且还可以解释货币政策引起总需求和总供给的共同变化，以及对宏观经济产生的长期影响。

下面考察货币政策变化的整个经济调整过程。假定初始经济处于均衡状态，t 时刻劳动市场和信贷市场都是开放的，中央银行此时提高政策利率，如提高 1 年期贷款利率或者同业拆借利率。商业银行需要优先考虑到风险溢价后调高贷款利率，然后企业根据实际利率和实际工资的相对变化作出生产决策（见图 2－1 和图 2－2）。

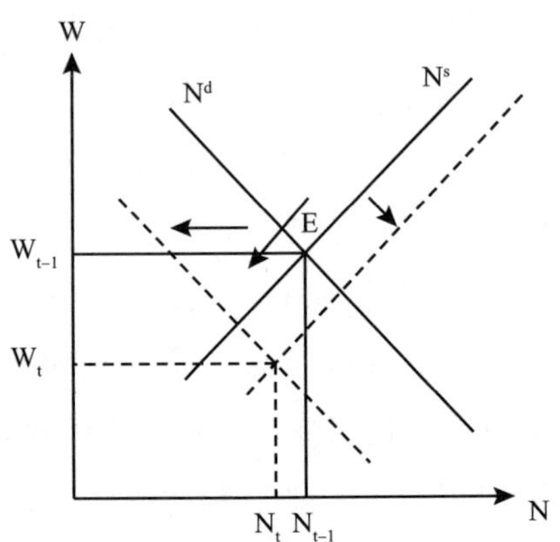

图 2－1　劳动市场对利率上调的反应

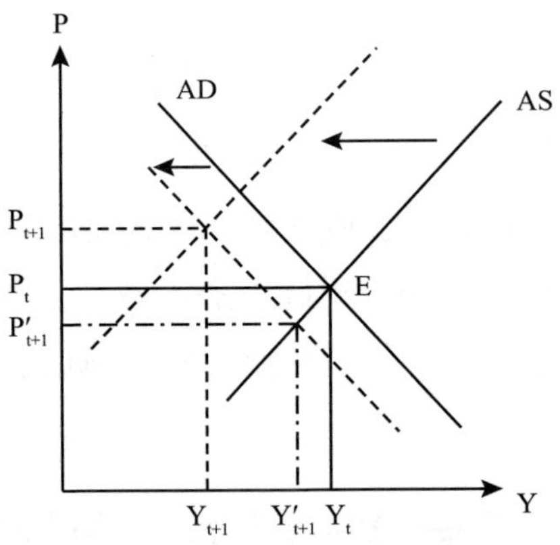

图 2－2　产品市场对利率上调的反应（价格粘性）

一、劳动市场

由假设可知，企业将根据预期的真实利率决定劳动需求，直接影响下一期的总供给。市场均衡时中央银行提高政策利率 k_t，企业预期更高的 R_t 会降低通货膨胀水平，这意味着企业面临更高的真实贷款利率，并提高企业真实的单位生产成本 Γ_t，企业因此而减少当期的劳动需求 N_t^d，劳动需求曲线向左移动，真实工资水平降低。

面对更低的真实工资水平，家庭的劳动供给量减少（$N^{s'}(w_t)>0$），并沿着劳动供给线向左下方移动。而较低的通胀预期使得当期劳动的效用水平提高，家庭选择增加当期劳动供给，劳动供给线向右下方移动（$N^{s'}(E_t\Pi_{t+1})<0$）。因此，中央银行改变利率导致劳动供给和劳动需求共同变化，并共同决定未来的竞争性工资和就业量。

当 N_w^s 很大，劳动供给曲线的斜率很小时，真实工资的小幅下降会引起劳动供给沿着劳动供给线大幅减少，而如果 N_π^s 很小，劳动者或者没有形成物价下降的预期，或者难以调整当期的劳动决策，劳动供给线向右下方位移的幅度不大，此时，真实工资的下降不能抵消真实贷款利率的上升，企业将面临更高的真实单位生产成本，进而减少劳动投入，减少产量。在这种情况下，劳动需求减少的幅度大于劳动供给增加的幅度，真实工资和就业量都会下降。

二、产品市场

总供给曲线描述了在各个既定价格水平下，厂商愿意提供的产品数量，短期总供给曲线是水平的（凯恩斯总供给曲线），长期则是垂直的（古典总供给曲线），其具体形状取决于产品市场和劳动市场的不同运行条件。在工资并非完全可伸缩的条件下，总供给曲线向右上方倾斜，如果是灵活工资假定，总供给线是垂直的。

总需求曲线描述了在给定价格水平下，家庭愿意购买的产品数量。在既定的收入条件下，由于存在真实余额效应，价格水平提高使得家庭持有的财富可以购买的消费品数量下降，从而减少消费，所以价格水平与家庭的消费支出负相关，总需求曲线向右下方倾斜。

市场均衡时，中央银行提高政策利率 k_t。由于单位生产成本提高，企业减少当期劳动投入，导致下一期的产出水平减少，总供给曲线向左上方移动，这就是货币政策变动产生的供给效应。此外，家庭面对劳动市场上较低的工资水平和就业量会减少当期存款，直接导致下一期的消费降低（孙凤，2001）①，减少总需求，总需求曲线向左下方移动，这与传统的货币政策需求效应是一致的。最终，供给和需求共同决定了产品市场在下一期新的均衡。由于供给和需求对货币政策的反应都是反向的，所以，总产量下降是毫无疑问的，而且比单独考虑需求效应时下降幅度更大。

因为“信贷—成本”模型并不强调价格粘性假定，即使在灵活价格假定下，货币政策对供给的改变也会使产出发生更大波动（见图 2-3）。

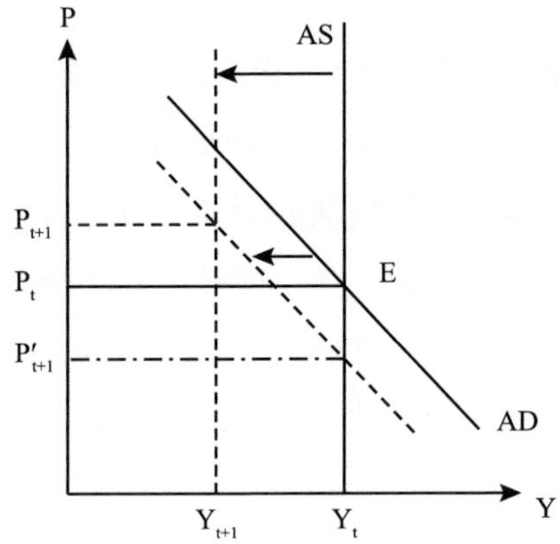

图 2-3 产品市场对利率上调的反应（完全价格弹性）

考虑到货币政策的供给效应后，物价水平取决于总供给和总需求对利率变动的敏感性，如果总需求减少的幅度大于总供给减少的幅度，价格水平会

① 孙凤指出，各种消费储蓄理论均强调收入对消费的决定性作用。从消费储蓄理论的发展轨迹来看，早期的理论（绝对收入假说、相对收入假说等）认为消费是现期收入的函数，而货币政策的变化能够直接带来现期收入的增减变化，因此，货币政策对居民消费的刺激效应比较显著；随后的理论（持久收入理论、生命周期理论等）更注重居民消费的长期安排，货币政策对消费的影响主要是通过改变居民对未来收入的主观贴现率和金融财富值而得以实现的；最新的消费储蓄理论（预防性储蓄理论、缓冲库存储蓄理论等）更强调了不确定性对消费储蓄的影响。

下降，但下降的幅度小于没有考虑供给效应的情形。如果总供给减少的幅度大于总需求减少的幅度，价格水平反而会因真实利率的上升而上升，这就是我们看到的“价格之谜”现象。

一个较小的 C_D 意味着家庭消费对收入变动不敏感，较小的 C_π 则表示家庭的当期消费对价格变动也不敏感，所以，当利率提高时，预期收入的下降和预期通货膨胀水平的下降都不会导致家庭消费大幅度的下降，也就是说伴随着利率提高，总需求减少的幅度比较小，总需求缺乏利率弹性。较大的 α 意味着劳动对产出的贡献比较大，劳动市场相对于资本市场更加重要，那么劳动投入量就成为决定供给水平的关键因素，当劳动投入随利率提高而减少时，总供给会减少。

第四节　“信贷—成本”模型的货币政策含义

通过考察产品市场、劳动市场和信贷市场的均衡条件发现，当真实利率上升的幅度大于真实工资下降的幅度时，“信贷—成本”渠道会发生作用，那么，旨在抑制通货膨胀的利率管理政策很可能导致价格水平的上涨。即使在灵活价格假定下，价格调整也可能是滞后的，成本渠道的存在使货币政策对产出的影响大于对价格的影响，所以，货币政策并非中性。

在供给效应和需求效应的共同作用下，中央银行调节经济的活动对物价影响较小，对产出影响较大，紧缩性的货币政策缩小了产出缺口，但通胀水平只会缓慢下降，若中央银行想迅速夺取反通胀战争的胜利，就必须牺牲更多的经济增长。所以，成本渠道削弱了货币政策的调控效果，增大了央行反通胀政策的社会成本。

信贷市场一方面通过信贷配给来改变借款人的资金可得性，影响总需求，另一方面又通过信贷成本改变借款人的生产成本，影响总供给。可见，信贷市场在传导货币政策作用的过程中是非常重要的。既然需求效应和供给效应都依赖于信贷市场，那么，要维持低而稳定的通胀水平，中央银行还应该以信贷市场为目标，以显示公众对信贷指标变动的反应。

值得注意的是，商业银行对借款人收取的风险溢价构成了贷款价格的一部分，马尔库奇和夸利亚雷洛（Marcucci & Quagliariello，2005）的经验研究证明了风险溢价是逆周期的，即经济扩张时风险溢价减小，经济紧缩时风险溢价增加。那么，即使政策利率不发生变化，紧缩时期风险溢价的增加也会增加贷款价格，从而引起生产成本增加。显然，风险溢价的存在放大了货币政策对宏观经济的影响，而风险溢价又取决于银行市场结构、银行管理成本和金融监管部门要求的准备金，所以中央银行在考察货币政策效果时也需要考虑银行部门的运行情况。

第五节　本章小结

本章在新凯恩斯框架下提出了货币政策的“信贷—成本”模型，该模型并不强调工资和价格黏性，模型中货币冲击不仅会改变总需求，而且还会改变既定生产水平条件下私人经济可利用的资源数量，从而改变总供给，进而对经济形成真实冲击①。

这个模型包括三个代理人（厂商、家庭和银行）和一个中央银行，劳动市场、信贷市场和产品市场都是有竞争性的，所有相关的名义合约和价格是弹性的，厂商在收入不确定条件下开展生产，需要事先借款来支付要素报酬。金融市场上的信息不对称问题使得厂商只能通过银行进行间接融资，家庭无法借钱提前消费。模型的核心在于厂商依赖于银行贷款（信贷渠道）可能使总供给对银行利率很敏感（成本渠道），中央银行的政策利率和商业银行向厂商收取的违约风险溢价都会影响总供给。因此，在平衡状态下，贷款利率由一个政策利率和商业银行要求的风险溢价构成，该风险溢价与银行部门自身的运行情况有关。

“信贷—成本”模型中，即使存在灵活的价格假定，需求和供给仍受到

---

① 真实经济周期模型认为技术冲击和政府购买等真实扰动是产出波动的主要原因，而传统凯恩斯模型中，产出变动的主要原因是货币扰动和其他总需求扰动及名义价格和名义工资的缓慢调整。

货币政策的影响。当考虑到成本渠道时，货币政策的产出效应会大于价格效应，即货币政策对价格的调整是有限的，引起价格微小变动的政策可能导致产出的剧烈波动，所以，货币政策并非中性。模型强调了银行部门的重要性，银行作为连接货币政策和供给效应的纽带，其向借款人收取的风险溢价会显示出独立的成本效应。模型指出：旨在抑制通货膨胀的利率政策很可能导致物价水平的上涨，由于成本渠道的存在削弱了货币政策的调控效果，所以货币当局还应该将信贷市场的相关指标作为货币政策的中介目标。

模型还得出了更大产出效应的必要条件，即较小的消费和劳动的跨期替代弹性、较小的消费需求的收入弹性、较大的劳动工资弹性和劳动产出弹性可以显示出更显著的货币政策的供给效应。

第三章

我国“信贷—成本”渠道的前提条件分析

第二章从理论上分析了“信贷—成本”渠道运作的机理及其存在的条件，在证明“信贷—成本”渠道在我国的存在性之前，本书首先分析“信贷—成本”渠道发挥传导货币政策作用的基本条件，通过分析我国当前经济金融制度和微观主体行为的特点，探讨“信贷—成本”渠道前提条件在我国的存在性。因为成本渠道依赖于信贷渠道，所以成本渠道的存在首先要以信贷渠道为条件。

第一节 “信贷—成本”渠道有效性的理论前提

无论是新古典还是新凯恩斯的宏观经济模型都在研究某种市场不完善性的宏观经济含义（Blanchard，2000），20 世纪 80 年代早期开始的对信贷市场和金融中介问题的重新关注为宏观经济学寻找微观基础提供了一个全新的视角。由于信贷市场在资源配置中的重要性，以及作为金融中介的银行在货币政策传导中的作用，信贷渠道成为了传导货币政策的重要途径（Bernanke & Blinder，1988）。

新凯恩斯主义学派强调信贷配给在货币政策传导中的作用及信息不对称问题，指出货币政策信贷渠道发挥主要作用的前提条件至少有两个。

（1）存在不完全的金融市场和信息不对称，厂商和外部资金供给者之间由于非对称信息产生委托—代理问题，金融中介在企业融资活动中起重要作用。非对称信息使间接融资成为金融市场上主要的外部融资手段。在不对称信息条件下，不完全的金融市场由于缺乏广泛的监督而存在道德风险、逆向选择和“免费搭车”问题，而金融中介机构不仅可以降低交易成本、分散风险、缓解信息不对称带来的逆向选择和道德风险问题，而且通过专门技术获得监督贷款使用的全部好处，还能防止“搭便车”问题。非对称信息使银行贷款与其他融资来源之间无法完全替代。由于外部资金供给者难以获得贷款人的全部信息，所以信贷市场上存在“配给”现象，只有组织完善、规模庞大的大公司才能进入直接融资市场为其经营活动筹资，而个人和缺乏严密组织的小公司很难通过发行可流通的债券或股票来融资，他们只能通过金融中介筹资。而且，由于信贷市场利率低于均衡利率，信贷资金需求远远超过信贷资金供给，所以并不是所有的资金需求都能得到满足，银行与其客户之间的信贷往往具有关系型借贷的特征。大量的经验证据显示，在外部资金来源上，银行贷款是企业首选的融资方式，对于许多缺少内部积累而且无法进入公开市场融资的小公司来说是最有可能的选择（Bernanke & Gertler, 1995）。正是因为存在大量银行依赖型的企业，他们除银行贷款外无法获得其他替代性的融资渠道，因此货币政策调整才能够影响借款人的借款成本和支出决策。

（2）中央银行的货币政策能够比较有效地改变金融机构信贷供给和银行贷款利率。众所周知，中央银行不仅可以通过公开市场操作和法定存款准备金等政策来影响商业银行的准备金，还可以通过回购协议、央行票据、窗口指导等方式影响商业银行贷款能力。尽管银行信贷资金供给的规模最终取决于商业银行自身的意愿，但中央银行作为“最后贷款人”仍可以对商业银行的贷款规模进行调节。中央银行还可以通过再贷款和再贴现政策来改变短期利率，当商业银行负债成本发生变化后，银行贷款利率也随之变动。

然而，信贷渠道一直受到货币政策传统需求效应的限制，仍然要求黏性价格作为一个必要条件。与信贷渠道一样，成本渠道仍强调信贷市场在货币政策传导过程中的重要作用，但与“信贷观点”不同的是，即使在灵活价格假定下，成本渠道一样可以通过信贷市场发挥作用。

此外，成本渠道还需要不同于信贷渠道的前提条件，即运营资本是企业在生产和分配中必不可少的一个组成部分，企业在取得收入之前必须借款去支付要素报酬，那么支付在运营资本上的利率就会影响生产成本。由于企业依赖于银行贷款，所以银行贷款利率的改变会导致生产成本的变化，从而产生供给效应。

第二节 “信贷—成本”渠道发挥作用的经济金融环境

一、间接融资比重大

我国经营性金融机构包括政策性银行、商业银行、证券机构、保险机构、信用合作机构和非银行金融机构等①。每年金融体系要将几万亿元甚至几十万亿元资金在储蓄者和具有生产性投资机会的借款人之间进行转移，如果通过近距离观察金融结构就会发现，间接融资比直接融资的重要性大出数倍。图 3－1 的饼图反映了 1991～2010 年，我国非金融部门如何通过外部资金为其运营融资。贷款融资为金融机构的本外币贷款总额；股票类包括可转债融资，但不包括金融机构的股票融资；企业债券类包括企业债、公司债券、可分离债、集合票据、短期融资券和中期票据；国债类包含财政部代理发行的地方政府债券。

① 中国人民银行将我国金融机构按地位和功能分为三大类，第一类是中央银行，第二类是金融监管机构，第三类是经营性金融机构。

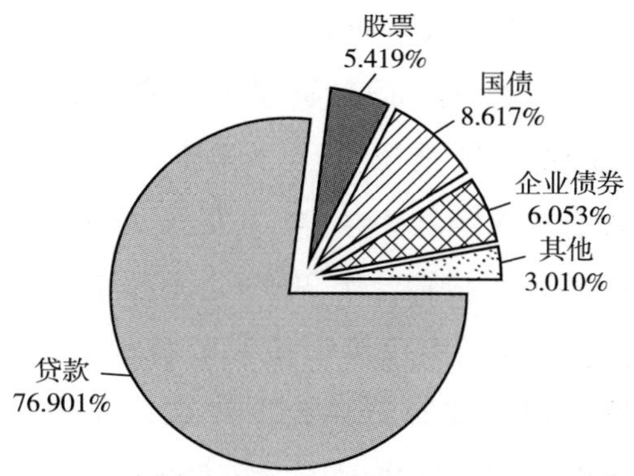

图 3－1　1991～2010 年我国非金融部门的外部资金来源构成比例

注：我国非金融机构部门是指居民、企业、政府部门。
资料来源：历年公布的《中国货币政策执行报告》和《中国金融年鉴》。

从图 3－1 中可以看出，直接融资（即企业通过金融市场直接从贷款人手中获取资金）并不是非金融部门最主要的外部资金来源。20 世纪 90 年代初期以来我国资本市场快速发展，尽管已经取得了显著成果，但从总体上来看，我国通过股票市场和债券市场的直接融资比重仍然偏低，1999～2010 年通过股票和债券进行的融资比例仅为 23.1%，这一比例远低于美国[①]。与此形成鲜明对比的是资金需求者和资金供给者之间通过资金中介机构间接实现资金融通的间接融资的比重却高达 76.9%，银行贷款成为非金融部门最重要的外部资金来源，银行在企业融资活动中发挥着最重要的作用。

图 3－2 用同样的方法，对 1991～2010 年的数据进行比较。从图 3－2 中可以看出，尽管近年来非金融部门直接融资数额大幅增加，但其增长速度远远低于银行贷款，在大部分年份中，银行贷款融资一直是股票的 10 倍，是债券的 5 倍。1995 年以前，由于资本市场刚刚起步，直接融资份额占比极少，国内非金融部门 90% 以上的外部资金源自银行贷款。1998 年后，为了抵消东南亚金融危机对国内经济的不利影响，我国实施积极的财政政策，1998～2002 年其间国债比重大幅上升，尽管信贷比重有所下降，但仍然超过 60%。2005 年股票市场进行股权分置改革以来，恢复了新

① 美国企业的外部资金来源中，股票和债券占到 40% 左右（米什金，2007）。

股发行制度，股票融资的规模逐渐扩大，尽管比例有所提高，但仍然较低。2010 年国内非金融机构部门融资总量达到 111136 亿元，贷款、企业债、国债和股票融资的比重分别为 75.2%、10.5%、8.8%、5.5%，国内金融机构新增贷款规模约为 7.95 万亿元人民币，约占整个国内金融市场融资总量的 75%，尽管低于 2009 年 80% 的水平，但仍是直接融资额的 4 倍。而且，我国资本市场中债券市场发展比较滞后，结构不合理，企业债券规模有限，政府债券比重过高，说明政府支配的资源较多。而企业通过债券市场的融资量不大，企业债券市场发展明显滞后，截至 2007 年，企业债券融资规模才超过政府债券，达到总融资量的 10.5%。这些数据表明，自 1991 年资本市场发展以来，我国融资格局中，以股票和债券为主要形式的直接融资比例一直很低，而以贷款为主要形式的间接融资比例却一直居高不下，而且呈现出直接融资比例逐渐下行、间接融资比例逐渐提高的趋势。

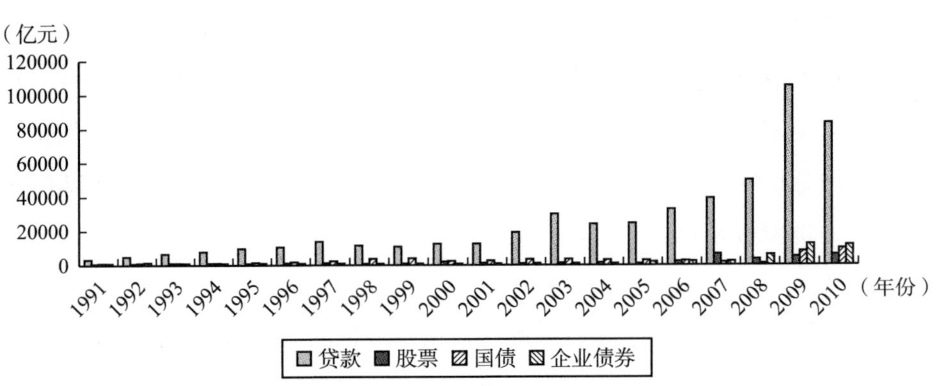

图 3－2　我国非金融部门的外部资金来源：1991～2010 年的比较

注：国内非金融机构部门是指居民、企业、政府部门。
资料来源：历年公布的《中国货币政策执行报告》和《中国金融年鉴》。

长期以来，我国存在大量的中小企业，它们的异质信息很难标准化后传递给资本市场，所以间接融资在我国显得尤为重要——非金融部门外部融资结构中，银行贷款占有主导地位，债券和股票的市场容量相对较小。银行业是我国金融业的主体，银行贷款是我国间接融资中最主要的融资形式，无论是在资产规模方面还是在与实体经济的联系方面，银行体系均是我国金融体系中的主导，信贷市场也成为规模最大、对经济运行影响最大的金融市场。由此可见，现阶段我国金融市场仍然是以银行主导型为特征的，银行体系作为融资主导的地位并没有发生根本性变化，银行信贷市场仍然是满足我国资金需求的重要场所。

二、资金需求者对银行贷款依赖性强

根据啄食顺序假定[①]，企业规模越大，运转越良好，知名度越高，市场可以获取的有关企业业务活动的信息越丰富，就越可能通过发行证券来筹集资本。这一假定解释了为什么中小企业无法通过证券市场这样的直接途径来融资，而只能依赖于银行和金融中介机构等间接途径来融资。科尔等（Cole et al.，1996）通过实证检验证明，不仅在日本、德国等具有银行主导型金融体制的国家中，银行贷款满足了中小企业主要的外部资金需求，而且在美国、英国等以证券市场为主导的国家，其中小企业也主要依靠商业银行获得外部资金。

由于我国资本市场发展时间不长，其发育还很不完善，企业直接融资的比重较小，而且对我国大多数企业尤其是中小企业而言，进入资本市场融资不是一件容易的事情。为了帮助国有大中型企业解困，我国开始发展资本市场，但是监管当局为资本市场制订了较高的准入门槛，通过资本市场发行股票或债券进行直接融资对于大多数资金需求者尤其是中小企业来说是非常困难的，银行贷款成为满足其融资需求的主要方式。2005 年，我国修订并颁布的《中华人民共和国证券法》（以下简称《证券法》）中严格限制了企业公开发行债券的利率，还规定：净资产低于人民币 3000 万元的股份有限公司和净资产低于人民币 6000 万元的有限责任公司都无法公开发行公司债券，而且，企业发行债券时要求最近三年平均可分配利润足够偿付企业债券一年的债息，累计发行债券余额不能够超过 40% 的公司净资产。《证券法》还规

① ［英］米什金著．郑艳文译．货币、银行和金融市场经济学［M］．北京：北京大学出版社，2011：180.

定具备健全且运行良好的组织机构、具有持续盈利能力和良好的财务状况、最近三年财务会计文件无虚假记载、无其他重大违法行为的公司才能够公开发行新股。申请股票上市的股份有限公司必须满足以下条件：国务院证券监督管理机构已经核准股票公开发行；人民币3000万元是公司股本总额的最低限；公开发行的股份达到公司股份总数的25%以上；最近三年无重大违法行为，财务会计报告无虚假记载等。

我国企业即便是在创业板融资也要受到相当大的限制。《首次公开发行股票并在创业板上市管理暂行办法》是在2009年5月由中国证监会发布的，该办法规定，企业首次公开发行时经营业绩必须满足以下条件：企业两年以来连续盈利，最近两年净利润累计等于或者高于1000万元人民币，最近一年营业收入等于或者高于5000万元人民币，最近一期期末的企业净资产规模等于或者高于2000万元人民币，公开发行后总股本等于或者高于3000万元人民币。然而，绝大多数中小企业所需资金额度小，发行证券各项费用成本高，而且无法满足上述发行证券的门槛，资金需求只能求助于股票和债券市场之外的间接融资，尤其是银行贷款。

不仅非上市公司需要银行贷款为其融资，银行信贷也是上市公司重要的外部资金来源，一方面上市公司为了满足存货和原材料等营运资本需求需要银行提供流动性资金，另一方面也有诸多条件限制了上市公司再融资的需求。配股和增发新股是我国上市公司首次公开发行以后最主要的权益融资方式，上市公司在1997年进行配股是不受限制的，而1997年以后中国证券监督管理委员会（以下简称“证监会”）限制了上市公司的配股规模。1997年证监会规定收益率达到10%以上才能够配股，最近三个会计年度连续盈利，距上次配股时间超过一年，每次配股比例不超过配售股份前股本总额的30%①。1997年以后，上市公司股权再融资的主要方式逐步转变为增发新股，上市公司中能获得配股资格的越来越少，所获得的配股筹资额也大幅减少。证监会于2002年7月制订了《关于上市公司增发新股有关条件的通知》，该通知对上市公司增发新股作出了如下具体规定：最近一个会计年度

① 资料来源：中国证监会《关于1996年上市公司配股工作的通知》。

加权平均净资产收益率至少等于或者高于10%，最近三个会计年度加权平均净资产收益率至少等于或者高于10%，对于完成重组后首次申请增发新股的上市公司，其最近一个会计年度和最近三个会计年度的加权平均净资产收益率要等于或者高于6%；上市公司通过增发新股募集的资金量不能超过该公司上个会计年度末经审计的净资产值，公司总股份的20%是该公司增发新股股份数量的上限。证监会于2006年5月发布了《上市公司证券发行管理办法》，该办法对拟发行证券的上市公司的组织机构、信息披露、财务状况、筹资数量及盈利能力等方面的要求做了更为详尽的限制性规定。

尽管很多学者认为我国上市企业普遍存在股权融资偏好①，然而严格的融资条件却只能让极少数企业获得配股或增发的机会。2010年全年增发的上市公司不到100家，配股的上市公司不足20家，而2009年只有10家，可见，股权融资方式只能解决极少部分企业的资金需求②。2007年，屈耀辉和傅元略的实证研究发现，股权融资偏好和优序融资理论在我国上市公司中得不到经验上的支持，尽管规模庞大和成长性高的上市公司更偏好于权益融资，但从筹资频率上看，我国上市公司在融资时总是优先选择短期借款、长期借款和内源融资，较少选择增发新股、配股、发行债券等融资方式。从外部融资方式选择上看，绝大多数上市企业仍然将短期借款作为主要融资方式，长期资金则优先选择长期负债而不是权益融资。因为增发新股和配股都有可能稀释原有股东对公司的控制权，所以大股东并不偏好于权益融资，对我国多数企业而言，银行贷款仍然是不可或缺的。肖坤（2007）以中国A股上市公司为研究对象，分析发现银行借款在上市公司负债总额中所占比重的均值约为40.83%，说明我国上市公司在负债融资中对银行借款的依赖性

---

① 黄少安和张岗（2001）认为我国权益融资成本较低是吸引上市公司偏好股权融资的主要原因。陆正飞和叶康涛（2004）认为我国上市公司的股权融资偏好行为并不能由融资成本因素得到完全解释，他们发现企业资本规模和自有现金流量越低、净资产收益率和控股股东持股比例越高，则企业越有可能选择股权融资方式，而企业破产风险和成长性指标对企业融资决策影响不大。张建祥和徐晋（2005）则指出，我国上市公司偏好股权融资是因为大股东可以通过新股发行获得小股东无法获取的隐性收益。刘林（2006）认为我国存在权益融资偏好，是因为我国上市公司可以利用政府的制度性安排，在不损失控制权的前提下，使得融资收益最大化，并以此剥夺外部股东的权益。

② 资料来源：同花顺iFinD数据库。

较大，银行贷款是上市公司的重要资金来源之一。据统计，进入21世纪以来，上市公司的银行贷款占总负债的平均比率为50%左右①，这说明，尽管资本市场的发展为企业提供了直接融资渠道，但银行贷款在我国上市公司的外部融资来源中仍占据重要的位置。

可见，无论是上市公司还是非上市公司，银行贷款都是他们开展生产经营活动必不可少的外部资金来源，相对于资本市场筹资，银行贷款规模远远超过了股票融资和债券融资的规模，对企业而言信贷融资具有不可完全替代性。而且，如中小企业一样的特定资金需求者更是只能够通过银行才能得到所需资金，他们对银行依赖性更强，也更容易成为“银行贷款依赖者”。

三、寡头垄断的银行业市场结构强化了银行贷款定价权

1. 银行业高度集中增加了银行管理成本

市场结构是指特定的市场中，企业间在数量、份额、规模上的关系，以及由此决定的竞争形式。银行市场结构可以根据垄断程度从低到高的次序被划分为四种类型，即完全竞争、垄断竞争、寡头垄断和完全垄断。尽管我国银行业除了中国工商银行、中国农业银行、中国银行、中国建设银行等大型国有商业银行外，还有几十家股份制商业银行、上百家地方商业银行和一大批外资银行，但由于银行业缺乏异质参与者，而且其他银行与大型国有银行有着或远或近的派生、隶属、复制和分割之类的关系，很容易形成价格联盟，国有银行处于寡头垄断地位已经成为我国银行业市场结构的重要特征之一②。根据哈佛大学的梅森和贝恩等人在理论上构造的市场结构（structure）—企业行为（conduct）—经济绩效（performance）的分析框架（以下简称“SCP假说”），银行市场结构决定着银行在市场中的行为，而银行行为又决定着信贷市场运行的运行绩效，决定着银行向其贷款人收取的风险溢价，当银行集中度较高时，大银行可以通过合谋来获得垄断利润。

---

① 资料来源：同花顺 iFinD 数据库。

② 《新帕尔格雷夫经济学大辞典》在解释卖方寡头垄断时指出银行业市场是混合卖方垄断（集中化加特异化）。

20 世纪 50 年代，为了早日实现工业化，我国开始实施“赶超”战略，优先发展重工业，这就要求国家垄断并通过计划将金融资源配置到符合国家政策的产业，高度垄断的金融体系正是为了实现金融资源的计划配置而采取的制度安排。这便于中央计划者实施信贷规模控制，也便于政府在财力不足的情况下加强对金融部门的控制，从而为政府的决策偏好服务。但这种符合短期利益需要的安排却与长期利益发生了较大的冲突，特别是高度集中的银行业结构成为日后银行业自由化组织上的最大障碍之一。

1984 年以前，我国银行业几乎是完全垄断的，中国人民银行集中了所有的银行业务，既经营日常存贷业务，又负责监管其他金融机构。1984 年，我国银行业内部开始引入竞争机制，为适应实体经济市场化改革和发展的需要，打破了中国人民银行的垄断局面，恢复和建立了中国银行、中国农业银行、中国工商银行和中国人民建设银行等四大专业银行，中国人民银行成为中央银行，行使监管职能。但由于当时四家银行几乎没有竞争对手，都对自身业务范围拥有绝对的垄断地位，四家银行的服务对象范围相对固定，互不交叉，相互之间存在较为严格的专业分工，业务条块分割，如中国农业银行对农村业务的占有量达 95% 以上，此时银行业市场结构仍旧是高度垄断的。为了提高金融体系的效率，促进适度竞争，一批新型商业银行和非银行金融机构陆续产生，中央银行希望能逐步建立以商业银行为主导，多种金融机构并存的金融体系。20 世纪 90 年代初我国允许外国银行机构在中国设立分支机构或代表处，银行业对外开放的格局逐步形成，国有银行资产也在迅速增加，仅 1994 年国家银行各项贷款余额就达 32441 亿元，比 1978 年增长 16. 5 倍。为了进一步奠定了中国银行业发展的法律和制度基础，1995 年颁布了《中华人民共和国中国人民银行法》和《中华人民共和国商业银行法》（以下简称《商业银行法》）。《商业银行法》要求把中国银行、中国农业银行、中国工商银行、中国建设银行四大专业银行转变为真正的国有商业银行，为了实现政策性金融和商业性金融分离，成立了一批政策性银行，为商业银行真正市场化创造了条件。与此同时，大批新型的股份制商业银行和地方性的城市合作银行兴起，初步打破了银行业中国有独资商业银行高度垄断的状态。①

进入21世纪以来，国有商业银行股份制改造正式启动，截至2011年，中国工商银行、中国农业银行、中国银行、中国建设银行、交通银行五家商业银行已经相继完成财务重组、建立现代公司治理结构、引进战略投资者，实行股权分散，并先后在境内外资本市场挂牌上市，其资本实力、资产质量都有很大改观，金融体系对外开放步伐也进一步加快。2007年我国金融业实现对外开放，尽管外资金融机构参与国内金融业务的程度大幅提高，但仍没有改变我国以国有商业银行为主导的寡头垄断特征的银行业市场结构。

图3－3描述了我国银行业金融机构总资产情况（银行业负债结构与资产结构基本一致）。2008年，国有商业银行无论是资产还是负债的比例都占到全部银行资产和负债的50%以上，加上政策性银行的资产和负债，这一比例会提高到60%，如果再加上股份制商业银行的资产和负债，这三类银行的市场份额将超过75%以上。与此相对应的是国有商业银行的税后利润占到全部银行利润的61%。尽管近些年来，我国股份制商业银行与城市商

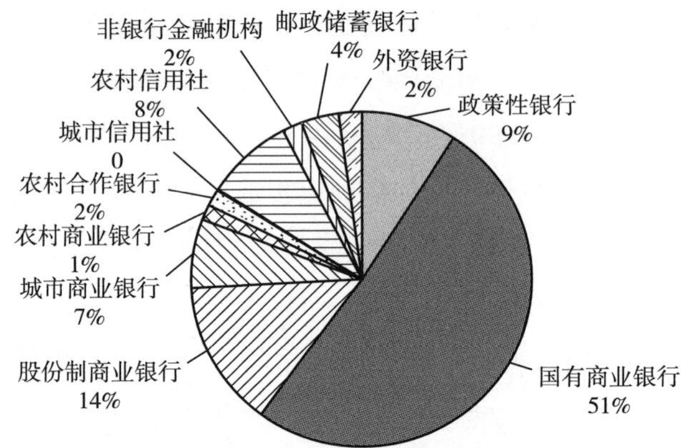

图3－3　2008年银行业金融机构总资产情况

资料来源：笔者根据2009年《中国金融年鉴》整理所得。

① 笔者的硕士学位论文对国有商业银行股份制改造前的中国银行业市场结构作了详细描述。

业银行的资产和负债规模不断扩大，但其平均实力相对于国有银行而言，仍然比较小①，国有银行在信贷市场上的寡头垄断地位没有发生根本转变②。2010年底中资全国性大型银行和中小型银行人民币各项存款562065.78亿元，各项贷款387406.99亿元，其中中国工商银行、中国农业银行、中国银行、中国建设银行四家大型银行的各项存款占比为61.7%，各项贷款占比为52.6%，中小型银行的占比分别为26.5%和31.6%③。

从银行业进出壁垒来看，我国银行业正处于蓬勃发展时期，因经营不善而退出的情况非常罕见，而行业准入却面临较高的法律和行政壁垒。一般来说，市场进入的壁垒高，意味着银行业的保护程度高和市场的竞争程度低，行业内主导银行的支配能力大，与此同时高的进入壁垒会加大对市场集中度调整的难度，因此银行业高的进入壁垒巩固了国有银行的寡头垄断地位。我国在法律上对商业银行的设立制定了严格的限制，其目的是为防止过度竞争。根据《中华人民共和国商业银行法》④ 的规定，设立全国性商业银行的注册资本最低限额为10亿元人民币，设立城市商业银行的注册资本最低限额为1亿元人民币，设立农村商业银行的注册资本最低限额为5000万元人民币；商业银行的设立应当经人民银行审查批准，并填写正式申请表，提交文件和资料；商业银行设立分支机构须经中国银行业监督管理委员会审查批准，由其颁发经营许可证，并凭该许可证向工商行政管理部门办理登记，领取营业执照；商业银行对其分支机构实行全行统一核算，统一调度资金，分级管理。要进入中国银行业市场还需要面对严格的行政壁垒。国有银行的垄

① 2004年股份制商业银行总资产为36476亿元，占全部银行总资产的11.5%，2007年这一比例为13.8%；2004年城市商业银行总资产为17056.3亿元，占全部银行总资产的5.4%，2007年这一比例为6.4%。

② 寡头垄断是介于完全垄断和垄断竞争之间的市场结构，以四家企业资产集中率来测算，20%以下为竞争性市场，20%～39%为弱寡头市场，40%～59%为寡头市场，60%以上为强寡头市场。

③ 中资全国性大型银行指本外币资产总量超过2万亿元的银行（以2008年末各金融机构本外币资产总额为参考标准），包括工行、建行、农行、中行、国开行、交行和邮政储蓄银行。中资全国性中小型银行指本外币资产总量小于2万亿元且跨省经营的银行。资料来源：中国人民银行官网。

④ 根据1995年《中华人民共和国商业银行法》和2003年《全国人民代表大会常务委员会关于修改〈中华人民共和国商业银行法〉的决定》中的相关规定。

断地位是在市场经济不发达、银行经济规模集中度较低的情况下，依靠政府行政力量来实现的，不是在市场竞争中通过竞争实力获得的，所以对于中资和外资金融机构而言，想要进入中国银行业必须要获得政府的行政支持，行政性壁垒体现在政府对新业务品种的开办审批及一些行政规定对非国有银行的市场参与权、参与地域范围、参与程度等方面实施各种限制。

银行业高度集中不仅表现为银行业务的集中，还表现为银行组织机构的繁杂。每一家银行都规模庞大，并拥有数以千计的分支机构，采取总分支三级管理模式，每个管理层面的部门设置按照职能块划分，上下级行之间实行部门对口管理，总行主要通过制定和下达政策的方式对分行进行管理，实行授权管理，分行对于超过权限的业务需请示上级行批准，或直接由上级行统一经营。银行纵向组织上委托代理链条太长，导致银行垄断和规模不经济。就成本管理而言，“以块为主”的管理体制带来很多现实的问题。例如，分支行各自为政，操作不统一，增加了执行成本；分支行会计核算和监督时常要受到其他部门的干预，不能完全按照制度规定操作，会计人员缺少防堵风险的权威支持，极易转化为现实的成本和损失。新组建的股份制商业银行和城市商业银行沿袭国有银行的组织构架，银行内部垂直管理，庞大的机构设置和管理成本直接导致贷款成本增加。

2. 寡头垄断银行市场结构影响信贷可得性

我国特定借款者的信贷资金的满足程度和资金配置效率受到寡头垄断银行市场结构的影响。一方面，占主导地位的国有商业银行和国有企业有着相同的产权结构，对同一股东有相互认同感，使国有商业银行偏好于向国有企业发放贷款；另一方面，民营资本难以获得进入银行业的渠道，因为政府为了维护国有银行的主导地位，对银行业的市场准入和营运资格等方面都制定了比较高的政策门槛。尽管国有商业银行已经完成了股份制改造，但他们依然是国有控股的商业银行，也没有改变主要为国有企业服务的原则，这就使得非国有性质的中小企业和民营经济很难获得国有商业银行的资金支持，即使获得贷款也会被收取较高的风险溢价。

改革开放以来，民营经济和中小企业获得了前所未有的迅猛发展，并逐渐成为转型经济中最有活力的部分，其对国民经济生产与就业的贡献重大。

根据《中国统计年鉴2010》全国规模以上工业企业主要经济指标的相关数据计算，2009年工业总产值的构成中，中小企业工业总产值约占的68%，内资企业工业总产值的41%是由私营企业创造的。就平均资产利润率而言，私营企业也要高于国有企业，2009年国有工业企业的平均资产利润率（资产利润率=利润总额/资产总计）为2.9%，私营工业企业的平均资产利润率为10.6%，高出前者7个百分点。中小工业企业从业人数占规模以上工业企业从业人数的77%，私营企业从业人数占内资企业从业人数的47%，在全部就业人口中，私营企业、乡镇企业和个体经济吸收的就业人数占到40%。

然而，尽管非国有企业对产出份额和就业份额的贡献比较大，但这些企业所获得的银行信贷支持却极为有限。从金融机构人民币信贷资金平衡表中可以得到各类企业短期贷款构成的比重，2009年乡镇企业贷款、私营企业和个体贷款在金融机构各类短期贷款中仅占11%，2008年这一指标不到9%，而明显具有国有经济性质的工业贷款、商业贷款和建筑业贷款占到全部短期贷款的42%（2008年为46%）[①]。这表明，尽管非国有经济的经营绩效比国有经济更好，但所获得的金融资源却远远不足国有经济，我国金融机构的贷款主要集中发放给大型国有企业和国家重点项目，民营经济和中小企业受到严重的歧视性信贷配给，导致金融资源的配置效率降低。在正规金融供不应求的情况下，民营经济和中小企业的快速发展却产生了强劲的资金需求，这也造就了我国民间借贷活动的蓬勃发展。根据钱水土（2008）的调查，浙江温州地区80%以上的农户从未得到过银行或者信用社的贷款，而超过90%以上的农户在2007年和2008年曾在非正规金融市场上融资，非正规金融的发展也侧面反映了我国信贷市场资金配置的非均衡特征。由于非正规金融在市场的夹缝中生存，面对的是分散化、规模小和风险大的资金需求，其借贷利率通常是银行贷款利率的4倍左右。可见，寡头垄断的银行市场结构不仅将大部分中小企业排斥在正规信贷市场之外，而且使这些企业的融资成本大幅提高。

---

① 资料来源：《中国统计年鉴2010》。

3. 寡头垄断银行市场结构中贷款价格的确定

首先，寡头银行筛选优质客户，确定贷款的领导价格，其他银行据此调整各自的贷款价格。

商业银行在一个缺乏竞争的市场环境中，往往更倾向于采用相对较高价格的市场策略，而在竞争较为充分的市场环境中，可以给出一个相对较低的贷款价格。我国寡头垄断的银行市场结构中，借款人的贷款价格弹性比较小，较高的市场集中度使银行处于贷款卖方市场并控制贷款价格。

根据不同类型银行的市场份额不同，国内商业银行可以简单地分为三类，即国有商业银行、全国性的股份制商业银行、地方性的城市商业银行和城乡信用社等。总体来说，国有商业银行、股份制商业银行的贷款定价能力高于城市商业银行和城乡信用社。处于垄断地位的国有商业银行，一般采用成本加成法①和基准利率加点法②进行贷款定价，并通过各寡头相互协调的方式来控制贷款价格，其分支机构基本实行“分级授权、分类指导”的利率管理模式，贷款利率政策的实施及浮动由各上级施行统一调整和向下授权，在贷款竞争的策略上以大型优质企业作为贷款支持的对象，而且对于那些与银行关系密切的客户，银行一般会提供一个隐含利率保险。

股份制商业银行由于公司治理相对完善，经营机制比较灵活，对市场分析比较透彻，使其在市场细分的基础上，以价格作为竞争的主要手段，在定价的策略上以更为优惠的价格吸引客户，使其在与国有商业银行的竞争中变被动为主动，因此，股份制商业银行的利率浮动幅度稍小于国有商业银行，最明显的特征是：下浮的贷款占比大于国有商业银行，最大上浮的幅度小于国有商业银行，总体利率水平偏低。

很多城市商业银行和信用社等法人机构还没有建立贷款定价模型，只有

---

① 成本加成定价法就是使贷款价格除能弥补银行提供贷款服务的成本以外，还能获得一定的赢利空间，即：贷款价格 = 资金成本 + 贷款费用 + 风险补偿费 + 银行预期利润水平。

② 基准利率加点法又称为价格领导模型，是在一个具有广泛影响力的市场基准性利率（如同业拆借利率、优惠利率）的基础上，对客户进行信用评级，根据贷款的不同风险度确定对应的风险溢价点数，加上或乘以基准利率，形成资金贷出价格。商业银行通过把风险资本成本、目标盈利率和不同等级的信用风险结合起来对信用风险定价，在正确评估信贷风险的基础上确定合理的补偿水平。

粗略的计算公式，为了节省贷款审批时间，他们往往采取价格跟随策略。该策略认为寡头银行在获取信息、判断市场变化趋势等方面具有公认的特殊能力，寡头银行价格的变动起到了传递某种信息的作用，所以城市商业银行和信用社根据国有商业银行价格变动而相应调整自己的贷款价格。

一般来说，中农工建四大行银行率先制定贷款价格，交通银行、招商银行、浦发银行、兴业银行、广发银行等相继跟进，随后城市商业银行等纷纷效仿。由于国有商业银行的垄断地位，他们具有优先选择客户的权利，所以大量风险较小的国有企业成为国有银行的客户，并承受较低的贷款价格，中小企业不是国有银行的优质客户，得到贷款的利率自然会在基准利率基础上上浮较大幅度。与此同时，城市商业银行和信用社在国有银行和全国性股份制商业银行的夹缝中生存，所面对的客户是国有银行筛选后的“劣质客户”，这些客户存续期较短，银行无法根据累计数据进行贷款定价测算，所以对这些客户的贷款一般在国有银行贷款价格基础上再加上一个信用风险溢价。

其次，随着利率市场化程度的提高，基准利率浮动范围不断扩大，不同性质的银行依据不同的基准利率确定贷款价格。

无论是成本加成贷款定价法还是基准利率定价法都可以将贷款利率表示为基准利率和浮动系数之和的形式，基准利率成为确定贷款价格的基础。尽管银行参照的基准利率依然是央行规定的存贷款利率，但自 1996 年我国启动利率市场化改革以来，基准利率的市场化程度也在提高。1998 年 11 月人民银行允许银行业金融机构对小企业贷款利率在法定贷款利率基础上上浮 20%，1 年后上浮比例调高到 30%，对大中型企业贷款利率上浮标准为 10%[①]。

从 2004 年开始，我国加快了利率市场化改革的步伐。2004 年 1 月，中国人民银行明确规定商业银行贷款利率浮动区间不再根据企业所有制性质、规模大小分别制定，同时决定扩大商业银行、城市信用社的贷款利率浮动区间上限至贷款基准利率的 1.7 倍，扩大农村信用社贷款利率的浮动区间上限至贷款基准利率的 2 倍，贷款基准利率的 0.9 倍仍然是金融机构贷款利率的浮动区间的下限[②]。2004 年 10 月，人民银行进一步调整了贷款利率浮动范

①② 资料来源：《货币政策执行报告》和《中国金融年鉴》。

围，对于不包含城乡信用社在内的金融机构不再设定人民币贷款利率上限，但对城乡信用社人民币贷款利率仍然实行上限管制，并扩大其贷款利率浮动上限至基准利率的 2.3 倍，利率市场化改革迈出了最为关键的一步。2007 年银监会印发《银行开展小企业授信工作指导意见》指出，银行应建立利率的风险定价机制，坚持收益覆盖成本和风险的原则，在法规和政策允许的范围内，根据风险水平、筹资成本、管理成本、授信目标收益、资本回报要求及当地市场利率水平等因素，自主确定贷款利率，对不同小企业或不同授信实行差别定价，进一步放宽了银行定价的自主权。上海银行间同业拆放利率（Shanghai Interbank Offered Rate，SHIBOR）作为中国货币市场基准利率于 2007 年 1 月开始正式投入运行，这是我国利率市场化进入一个全新阶段的重要标志。

图 3－4 整理了 2005～2010 年我国金融机构人民币贷款利率浮动情况，从图 3－4 中可以看出，相对于 1 年期贷款基准利率，金融机构实际贷款利率的波动幅度更大，可见，实际贷款利率除了受政策利率影响外，还与银行系统收取的风险溢价有关系。而且，不同类型企业获得贷款的利率水平是不

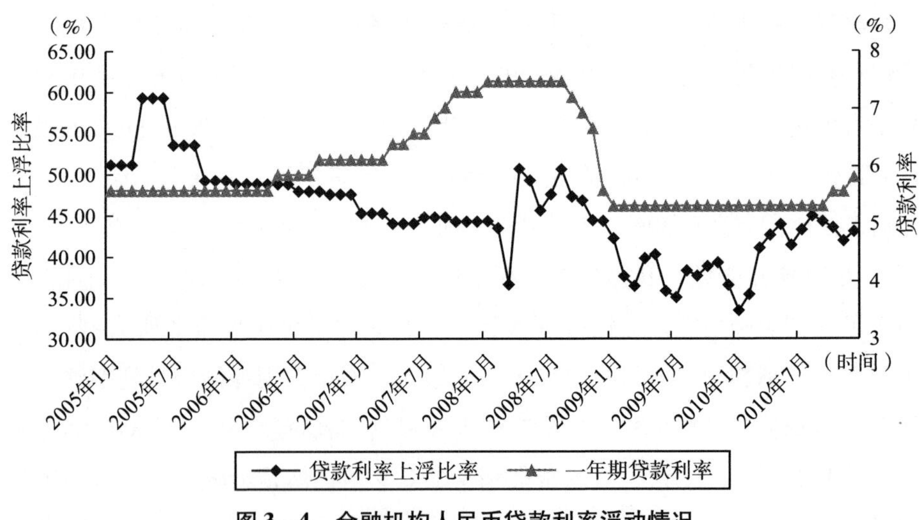

图 3－4　金融机构人民币贷款利率浮动情况

资料来源：历年公布的《中国货币政策执行报告》和《中国金融年鉴》。

同的。据调查，中小企业贷款主要来源于地方性法人金融机构及实力较弱的商业银行，其贷款总量60%以上是利率上浮的，而上市公司等优质大企业的贷款总量中85%是利率下浮或不浮动的。这意味着银行在贷款定价方面拥有更大的自主权，但基于其变动趋势与1年期贷款利率变动趋势基本一致的表现，也意味着我国商业银行贷款价格仍然受到政府干预。

最后，银行设置各种条件变相提高贷款利率。

我国资金需求者对银行资金的高度依赖性使得即便是在利率受到限制的情况下，银行也可以变相提高贷款利率。所谓贷款变相定价，是指由于信贷市场上信息不对称问题。单一的“名义利率”形式并不是确定贷款真实价格的唯一因素，其他信贷条件也会影响贷款的真实价格。

长期以来，我国信贷资金供给一直不足，信贷市场上存在信贷配给现象，但为了相互争夺优质客户，同时受利率管制政策的影响，银行一般难以根据市场供求关系来确定资金价格，为了规避利率管制，通过变相定价机制隐形提高实际贷款利率已经成为银行业内公认的做法。现在贷款利率上限管制虽然已经放开，但受以往经营惯性的影响，商业银行还是比较重视信贷规模，为了吸引存款，商业银行更热衷于对贷款进行变相定价，对于借款企业而言，只要能够达到融资的目的，一般也会尽量满足银行要求。

贷款变相定价的手段主要包括以下三种：一是要求客户以银行承兑汇票和贷款组合形式融资，也就是说，企业先预存一定比例的保证金，银行签发银行承兑汇票，企业再要求银行将所签发的承兑汇票进行贴现，以票吸存，增加存贷款规模；二是要求客户以各种形式保留最低存款余额（补偿余额），如保证金、结算存款、定期存款等；三是通过贷款承诺、回扣、手续费、附加结算量条件等形式，使得在原有下浮贷款利率的基础上变相增加贷款费用支出，贷款定价突破原合同利率水平。通过变相定价，银行减少了实际资金占用额，也相应减少了贷款人的实际融资额，所以，尽管银行提高了自身收益，但企业的筹资成本也同时增加了。

综上所述，在寡头垄断的银行市场结构下，银行贷款价格不仅与中央银行规定的政策利率有关，而且与银行系统自身的行为特征密不可分。

四、营运资本是企业生产和分配必不可少的一个组成部分

营运资本（working capital）也称为营运资金，它是用于支持企业流动资产的那一部分资本，一般用流动资产与流动负债的差额来表示，即企业为维持日常经营活动所需要的净投资额。营运资金一般包括货币资金、短期投资、应收及预付款项、存货、短期借款、应付账款、预收款项、应付职工薪酬、应交税费等。相对于固定资产而言，持有营运资本的主要目的在于维持企业适度的流动性，提高资本的收益性。

企业一般按照如下模式进行营运资本的周转：首先，通过投资者投入、短期借款和长期借款等方式取得现金及短期流动性证券。其次，以现金支付方式采购原材料和劳务，购买作为劳动手段的固定资产，形成应付账款、由职工劳动而形成的应计费用等；企业通过生产过程将材料存货和固定资产转化为产品存货；企业出售产品存货便可以获得应收账款；收回应收账款便可以转换为现金。最后，资金提供者将以现金分红、还本付息等方式获得资金偿付。

宋晨曦（2009）将营运资本的财务功能总结为以下四点：第一，营运资本能够有效解决企业现金流量风险。企业经营活动中的现金流量金额与时间存在不确定性，而且现金流入量与流出量在时间上是不一致的，所以企业对其经营活动现金流量很难准确把握，需要保持适度的营运资本，以备清偿到期债务。第二，营运资本是企业经营活动顺利进行的基础。首先，企业生存与发展依赖于营运资本的顺利周转，只有在营运资本正常周转的前提下，企业才能有效衔接其产供销，实现销售收入，生产经营活动中的耗费才能得到补偿，才能获得一定的收益并将其用于未来的发展。其次，固定资产乃至企业所有资金周转都要依托于营运资本周转，因为固定资产价值要通过多次生产逐渐转移到产品价值中，并通过多次销售产品得到补偿，可见，企业的生存与发展离不开营运资本的良好运转。第三，营运资本为企业增长提供财务资源支持。因

为企业在增加存货、提高工资费用支出之前尚未有现金流入，也就是说企业在销售实现之前，必须为确保销售实现而垫付大量的成本，所以随着企业经营规模的扩张，对营运资本的需求也必然增加。从营运资本管理角度看，管理者需要同时决定营运资本需求水平，以及维持这一营运资本水平的筹资方式。第四，营运资本管理是财务管理的重要内容。营运资本管理又称短期财务管理，是一项对企业所有流动项目进行的管理，是指企业在营运资本政策指导下实施的对流动资产和流动负债的管理。管理人员根据企业的投融资决策及其他长期规划，结合营运过程中内部和外部环境的变化制定合理的营运资本政策，将日常控制的操作性和战略规划的整体性科学地结合在一起。

过高的流动资产会使企业投资回报降低，这便出现了“零营运资本政策”①，而如果企业流动资产太少，则会使企业营运资本短缺，并给企业保持平衡经营造成困难，所以，我国企业依然保持较高的对流动性资产的依赖性。辜玉璞（2006）的研究发现，我国制造行业上市公司近10年来的流动资产与总资产的比重平均为55%，最大达到98.8%，流动负债与总资产的比重平均为43.2%，最大值为98.5%。肖坤（2007）的研究发现，我国上市公司负债的短期化倾向十分严重，其流动负债在负债总额中所占比例的均值高达85.60%。图3-5整理了1998~2009年我国规模以上工业企业的流动资产和流动负债的情况，从图3-5中流动资产和流动负债的比重可以看出，流动性资产和流动性负债都是企业开展经营活动必不可少的要素，仅2009年，规模以上工业企业的流动负债占其负债总额的75%，流动资产占总资产的比重为45%。

① 所谓“零营运资本政策”，是在营运资本管理方面所采取的一个相当极端的管理策略，它通过加快现金周转及生产经营过程各个环节的高速运转，最大幅度地降低存货与应收账款；同时，尽量以应付账款的方式满足存货对资金的需求。从发达国家的有关资料来看，营运资本政策呈现出越来越激进的态势。流动资产的比重越来越少，流动负债的比重不断增加。这些都要归于营运资本管理的“顶级化”趋势、商业信用的广泛应用及信息技术的普及。

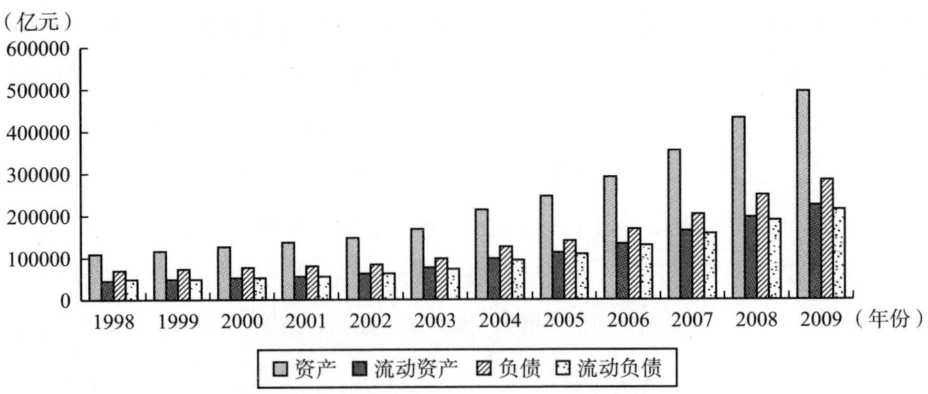

图 3-5 历年规模以上工业企业的资产和负债

资料来源：历年公布的《中国统计年鉴》。

为了进一步说明营运资本对于企业生产成本的重要性，本书用图 3-6 直观地描述了 2009 年按行业分规模以上工业企业的流动负债比率与该行业工业品出厂价格指数之间的关系，从图 3-6 中可以看出，大部分流动负债

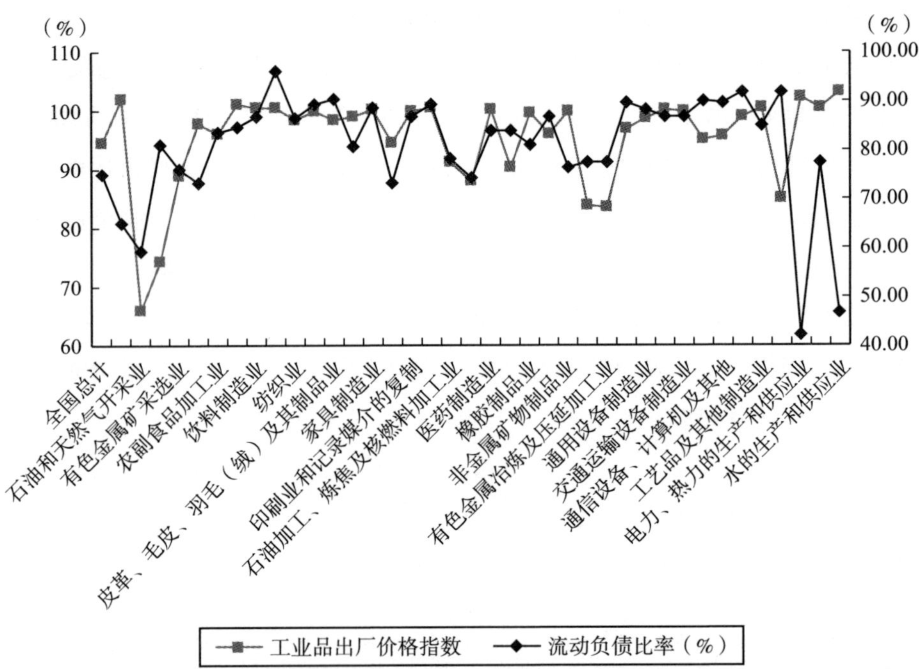

图 3-6 2009 年各行业流动负债比率与工业品出厂价格指数

资料来源：历年公布的《中国统计年鉴》。

比率较高的行业，其工业品出厂价格指数也相应较高。从利息负担变化的角度可以对这一现象给予合理的解释：当企业生产对流动资金依赖性较强时，企业在短期内无法为流动资金找到替代资源，不得不将信用条件作为边际生产成本考虑并与产品定价决策相联系，所以，企业借入营运资本的成本就成为生产成本的重要组成部分。在利率水平一定的情况下，流动负债比率越高，企业借入资金的代价越大，生产成本的提高就会导致较高的产品价格。而煤炭开采和洗选业、电力、热力的生产和供应业、水的生产和供应业等行业由于采用政府定价机制，流动负债成本与产品价格的联系并不密切。

第三节 本章小结

从理论上讲，“信贷—成本”渠道需要满足三个前提条件，即非对称信息使间接融资成为金融市场上主要的外部融资手段；中央银行的货币政策能够比较有效地改变金融机构信贷供给和银行贷款利率；运营资本是企业生产和分配的重要组成部分。

本章从宏观层面论证了我国经济环境和金融制度基本满足“信贷—成本”渠道发挥传导货币政策的前提条件。其一，我国绝大部分资金需求者对银行贷款的依赖性较强，间接融资占金融市场融资比重大。由于我国资本市场发展较晚、发育不完善且发育迟缓，企业通过股票市场和债券市场直接融资的方式所占比重较小，较高的融资门槛也将大多数企业排斥在直接金融市场之外。无论是上市公司还是非上市公司，银行贷款都成为他们开展生产经营活动必不可少的外部资金来源，相对于资本市场筹资，信贷融资对企业而言具有不可完全替代性，而且一部分特定的借款人只能够通过银行才能得到所需资金。

其二，寡头垄断的银行业市场结构强化了银行贷款定价权。我国银行业严格的准入法律壁垒和行政壁垒造就了国有银行的寡头垄断地位。银行业的高度集中不仅影响了信贷可得性和资源配置效率，增加了银行内部的管理成本，而且使银行拥有了较大的贷款定价权。随着利率市场化程度不断提高，贷款基准利率的浮动范围逐渐扩大，但该利率水平仍由中央银行控制，是一个政策变量。在寡头垄断的银行市场结构中，寡头银行可以通过筛选客户和变相定价等方式来确定向借款人收取的风险溢价，其他银行则以这一标准为依据设置各自的溢价水平，而被正规信贷市场排斥在外的资金需求者只能通过非正规金融获取资金，并支付更高的溢价费用。所以，寡头垄断市场结构条件下的贷款价格不仅取决于政策利率，还取决于银行系统自身的行为特征。

其三，运营资本是我国企业生产和分配的重要组成部分。营运资本包括流动资产和流动负债两个方面。由于企业销售收入产生的现金流入发生在生产活动所需的现金流出之前，因此企业需要保留适度的营运资本来满足流动性的需要。我国企业的流动资产和流动负债的占比都较大，虽然较多的流动资产会影响企业盈利能力，但较少的流动资产会使企业承担无法在短期内为营运资本找到替代资源而不得不削减产量和无法偿还到期债务的风险，所以企业在风险和收益之间进行权衡时，都需要保留一定的营运资本。从行业层面的数据看，营运资本对银行信贷资金的依赖性决定了企业的生产成本，对银行贷款利率比较敏感。

第四章

我国货币政策“信贷—成本”渠道存在性检验

企业对营运资本和银行贷款的依赖性，以及银行体系对贷款利率的控制为“信贷—成本”渠道发挥作用提供了前提条件，本章采用实证方法检验“信贷—成本”渠道在我国的存在性。

中国学者近年对货币政策传导机制的研究由于实证方法和样本区间的不同，以及在同样的方法中具体处理技术的不同，得出了不尽相同的结论。如数据的处理方式不同，名义值或实际值，水平值或差分值的选择等；技术细节的不同，如同样利用基于 VAR 的脉冲响应函数和方差分解技术时，不同变量进入模型的顺序不同，造成了实证结果的差异。在借鉴国内外研究成果的基础上，本章利用结构向量自回归模型（SVAR）和脉冲响应函数，通过对货币政策引起的宏观经济响应的实证研究，证实我国货币政策信贷渠道的重要性及成本渠道的存在性。由于我国于 1998 年开始对货币供应量进行间接调控，此后的数据和 1998 年之前不可比，所以本书采用 1999 ~ 2010 年的月度样本数据进行分析。

第一节 SVAR 模型及检验方法分析

一、SVAR 模型的理论框架

经典的计量经济学以经济理论为基础，将宏观经济模型纳入一个精确的概率框架之下，建立联立方程理论，模型的设定、识别和估计等问题逐步通过完全信息极大似然估计、有限信息似然估计等方法的发展而得到解决。然而，石油危机的爆发和随之而来的世界经济的衰退，导致了人们对经典计量经济模型提出了各种质疑和批判。私人行为对政策响应函数具有适应性是大型宏观经济计量模型的隐含假设，所以，人们的适应性会随着政策响应函数的变化而变化。但是联立方程模型往往不依赖于经济环境、政策体制和预期的变化，结果导致行为方程的不稳定和模型中估计参数的变化，这就造成大型宏观经济计量模型的不准确的预测分析和无效的政策评价。1980 年，西姆斯（C. A. Sims）指出了大型宏观经济计量模型的识别问题存在的不确定性，认为许多不可信的约束条件施加到模型中的结构方程中，导致模型将难以准确反映经济系统的动态特性，模型模拟的效果会大大减弱，也不能很好地进行政策分析。所以，西姆斯建议使用向量自回归（VAR）模型进行宏观经济政策分析，该模型回避了相关的结构约束问题。

在大量研究货币政策传导渠道的文献中，大都采用现代宏观经济计量分析的标准方法——VAR 模型，也就是无约束的向量自回归模型进行实证研究。VAR 模型是基于数据的统计性质而建立的，非常灵活且便于操作，VAR 模型以多方程联立的形式出现，不需要区分变量是内生的还是外生的，系统内每个方程右边的变量都包括了所有内生变量的滞后值，然后通过模型中所有内生变量的当期值对它们的若干滞后值进行回归，进而估计出全部内生变量之间的动态关系，VAR 模型通过脉冲响应函数（impulse response function，IRF）可以分析某一变量扰动项的信息对模型中所有变量的冲击效应。但是，无约束 VAR 模型缺乏微观理论基础，它过多地强调了模型与数据的吻合性，从计量角度看，VAR 系统中的不同变量间彼此联系，而无约束 VAR 模型并没有给出变量之间当期相关关系的确切形式，即在模型的右端不包含内生变量的当期值，而这些当期相关关系隐藏在误差项的相关结构之中，是无法解释的。所以，建立在这一模型基础上的脉冲响应函数不能真正反映出变量对残差波动的响应情况，其结果通常是有偏差的。为提高 VAR 模型的预测精确度，1989 年，布朗查德和夸（Blanchard and Quah）提出了结构向量自回归（structural vector autoregressive，SVAR）模型，SVAR 模型能够根据现有的经济理论，通过对结构误差的协方差矩阵或长期脉冲响应函数本身施加先验限制来识别脉冲响应，以避免模型识别的任意性。而且由于各变量当期值被加入模型中，因而各方程间的残差项是无关的，能更精确地解释变量间的动态关系。SVAR 模型也存在某些缺陷，该方法的局限性在于它最多仅能够识别与变量数一样多的不同类型的冲击。

二、SVAR 模型的简单介绍

一般 VAR（p）模型的数学表达式如下：

$$y_t = \Phi_1 y_{t-1} + \cdots + \Phi_p y_{t-p} + \varepsilon_t \quad (t=1, 2, \cdots, T) \qquad (4-1)$$

式（4－1）中，y_t 是 k 维内生变量列向量，p 是滞后阶数，T 是样本个数。$k \times k$ 维矩阵 Φ_1，…，Φ_p 是待估计的系数矩阵。ε_t 是 k 维扰动列向量，它们相互之间可以同期相关，但不与自己的滞后值相关，而且不与等式右边的变量相关，满足算式如下：

$$E(\varepsilon_t)=0,\ E(\varepsilon_t\varepsilon_t')=\Sigma,\ E(\varepsilon_t\varepsilon_s')=0(\forall t\neq s) \qquad (4-2)$$

假设 Σ 是 ε_t 的协方差矩阵，是一个 $k \times k$ 的正定矩阵，式（4－2）可以展开表示为：

$$\begin{bmatrix} y_{1t} \\ y_{2t} \\ \vdots \\ y_{kt} \end{bmatrix} = \Phi_1 \begin{bmatrix} y_{1t-1} \\ y_{2t-1} \\ \vdots \\ y_{kt-1} \end{bmatrix} + \cdots + \Phi_p \begin{bmatrix} y_{1t-p} \\ y_{2t-p} \\ \vdots \\ y_{kt-p} \end{bmatrix} + \begin{bmatrix} \varepsilon_{1t} \\ \varepsilon_{2t} \\ \vdots \\ \varepsilon_{kt} \end{bmatrix},\ t=1, 2, \cdots, T \qquad (4-3)$$

其中，$\Phi_i=\begin{bmatrix}\phi_{11}^{(i)} & \phi_{12}^{(i)} & \cdots & \phi_{1k}^{(i)}\\ \phi_{21}^{(i)} & \phi_{22}^{(i)} & \cdots & \phi_{2k}^{(i)}\\ \vdots & \vdots & \ddots & \vdots\\ \phi_{k1}^{(i)} & \phi_{k2}^{(i)} & \cdots & \phi_{kk}^{(i)}\end{bmatrix}$，i=1，2，…，p。

VAR 模型没有给出变量之间当期相关关系的确定形式，所以，式（4－3）也称为 VAR 模型的简化形式，模型中的误差项 ε_t 是不可观测的，可以被看作是不可解释的随机扰动。其滞后算子形式可以写为 $\Phi(L)y_t=\varepsilon_t$，$\Phi(L)=I_k-\Phi_1L-\Phi_2L^2-\cdots-\Phi_pL^p$，$\Phi(L)$ 是滞后算子 L 的 $k\times k$ 的参数矩阵。如果 $\Phi(L)$ 可逆，VAR 模型写为无穷阶的向量动平均（VMA）形式：$y_t=\Theta(L)\varepsilon_t$，$\Theta(L)=\Phi(L)^{-1}$，$\Theta(L)=\Theta_0+\Theta_1L+\Theta_2L^2+\cdots$，$\Theta_0=I_k$。

一般的 SVAR（p）模型的数学表达式需要考虑 k 个变量的情形。p 阶结构向量自回归模型 SVAR（p）为 $C_0y_t=\Gamma_1y_{t-1}+\Gamma_2y_{t-2}+\cdots+\Gamma_py_{t-p}+u_t$（t=1，2，…，T），其中：

$$C_0=\begin{bmatrix}1 & -c_{12} & \cdots & -c_{1k}\\ -c_{21} & 1 & \cdots & -c_{2k}\\ \vdots & \vdots & \ddots & \vdots\\ -c_{k1} & -c_{k2} & \cdots & 1\end{bmatrix},$$

$$\Gamma_i=\begin{bmatrix}\gamma_{11}^{(i)} & \gamma_{12}^{(i)} & \cdots & \gamma_{1k}^{(i)}\\ \gamma_{21}^{(i)} & \gamma_{22}^{(i)} & \cdots & \gamma_{2k}^{(i)}\\ \vdots & \vdots & \ddots & \vdots\\ \gamma_{k1}^{(i)} & \gamma_{k2}^{(i)} & \cdots & \gamma_{kk}^{(i)}\end{bmatrix},\ i=1,\ 2,\ \cdots,\ p,\ u_t=\begin{bmatrix}u_{1t}\\ u_{2t}\\ \vdots\\ u_{kt}\end{bmatrix}\qquad(4-4)$$

式（4－4）中 y_t 是平稳序列，$-c_{ij}$ 表示 y_{it} 和 y_{jt} 同期关系的参数，γ_{ij} 表示 y_t 和 y_{t-1} 关系的参数，$-c_{ij}$ 和 γ_{ij} 满足参数的稳定性条件，u_{it} 和 u_{jt} 是互不相关的白噪声。各个变量之间的当期值影响被加入模型中，那么，各变量当期值的系数矩阵 C_0 就出现在方程左边了，它是非奇异矩阵。

可以将式（4－4）写成滞后算子形式，如下：

$$C(L)y_t=u_t,\ E(u_tu_t')=I_k\qquad(4-5)$$

式（4-5）中，$C(L)=C_0-\Gamma_1 L-\Gamma_2 L^2-\cdots-\Gamma_p L^p$，$C(L)$ 是滞后算子 L 的 $k\times k$ 的参数矩阵，$C_0\neq I$。

如果 $C(L)$ 可逆，可以表示出 SVAR 的无穷阶的 VMA 形式如下：

$$y_t=D(L)u_t,\ D(L)=C(L)^{-1},\ D(L)=D_0+D_1L+D_2L^2+\cdots,\ D_0=C_0^{-1} \tag{4-6}$$

式（4-6）通常称为经济模型的最终表达式，因为其中所有内生变量都表示成 u_t 的分布滞后性是，而且结构冲击 u_t 不可直接观测得到，需要通过 y_t 各元素的响应才能观测到。根据简化式的误差项 $y_t=\Theta(L)\varepsilon_t=D(L)u_t$，对于任意的 t 都成立，由于 $\Theta_0=I_k$，可得 $\Theta_0\varepsilon_t=\varepsilon_t=D_0u_t$ 或 $D_0^{-1}\varepsilon_t=u_t$，对式（4-6）两端平方取期望，可得 $\Sigma=D_0D_0'$，所以可以通过对 D_0 施加约束来识别 SVAR 模型。

更一般地，假定 A 和 B 是 $k\times k$ 的可逆矩阵，$A\Phi(L)y_t=A\varepsilon_t$，$t=1, 2, \cdots, T$。

如果 A 和 B 满足下列条件：$A\varepsilon_t=Bu_t$，$E(u_t)=0_k$，$E(u_tu_t')=I_k$，则上述模型为 AB 型 SVAR 模型，而且 $A=D_0^{-1}=C_0$，$B=I_k$。

显然，如果 C_0 可逆，SVAR 模型很容易转化为一般的 VAR 模型，即 $y_t=C_0^{-1}\Gamma_1y_{t-1}+C_0^{-1}\Gamma_2y_{t-2}+\cdots+C_0^{-1}\Gamma_py_{t-p}+C_0^{-1}u_t$。其中，$C_0^{-1}\Gamma_1=\Phi_1$，$C_0^{-1}\Gamma_i=\Phi_i(i=1, \cdots, p)$，$C_0^{-1}u_t=\varepsilon_t$。

对于 k 元 p 阶简化 VAR 模型利用极大似然方法，需要估计的参数个数为 $k^2p+(k+k^2)/2$；在 SVAR 模型的估计中，如果不对结构式参数加以限制，将出现模型不可识别的问题。对于 k 元 p 阶 SVAR 模型，要能估计出结构式模型的参数，需要对结构式施加 $k(k-1)/2$ 个限制条件，这些约束条件可以是同期（短期）的，也可以是长期的。

SVAR 模型中包含的变量个数 k 越多，就需要更多的识别条件，而且从经济学角度有时也很难设定这些协方差限制，但是由于 SVAR 模型对各方程间的残差项作了无关的设定，因此可以得到无偏的脉冲响应和方差分解，如果要在 SVAR 模型下进行计量检验，一个最常见的方法就是将 C_0 假定为主对角线元素为 1 的矩阵，此时 C_0 的解可以通过 Cholesdy 分解来得到。

对于k元p阶SVAR模型，其脉冲响应函数为$D_q = \frac{\partial y_{t+q}}{\partial u_t'}$，q=0，1，2，…，$D_q$中第i行第j列的元素表示在时期t，令其他误差项在任何时期都不变的条件下，第j个变量的扰动项u_{jt}的一个结构冲击对y_j在t+q期造成的影响。

对于AB型SVAR模型，$D(L) = \Theta(L)A^{-1}B$，它的脉冲响应函数为$D_q = \Theta_q A^{-1}B$，q=0，1，2，…，其累积响应函数矩阵Ψ可以表示为$\Psi = \sum_{q=0}^{\infty} D_q = (I + \Theta_1 L + \Theta_2 L^2 + \cdots)A^{-1}B$，则Ψ的第i行第j列元素表示第i个变量对第j个变量的结构冲击的累积响应。

第二节　变量选择和数据处理

一、变量选择

货币政策变量的内生性问题一直是学术界争论的话题，为避免这一问题，本章选用SVAR模型，利用脉冲响应函数考察我国货币政策中发挥作用的主要传导途径。

货币政策传导过程理论上是货币当局通过操作货币政策工具率先作用于金融体系，并沿着货币渠道、信贷渠道和成本渠道影响总需求和总供给，最终影响价格和产出。当伯南克和布兰德（Bernanke & Blinder，1998）提出“信贷观点”时，他们扩展了IS－LM模型，构建了CC－LM模型，该模型包括商品市场、货币市场和信贷市场。所以，本书选取三个市场中的价格和数量变量来构建SVAR模型。

1. 货币政策变量指标

衡量货币政策的指标主要包括价格指标和数量指标两大类。

数量指标主要包括货币供应量和信贷总量。我国自1996年正式公布货币供应量目标，实行盯住货币供应量目标的货币目标制，人民银行密切关注货币供应量指标的偏离度，1998年取消贷款规模控制后，主要运用公开市场业务和利率工具加以调控。随着金融创新的发展，广义货币 M_2 的可控性相对于狭义货币 M_1 来说表现的越来越强，所以本章选择 M_2 代表货币供应量。"信贷观点"提出后，众多学者开始强调信贷渠道在货币政策传导过程中的作用，周英章（2002）等中国学者较早地通过实证研究发现信贷渠道在我国货币政策传导中占主导地位，进而强调货币当局应该关注对信贷总量的调控，所以本章也选取信贷总量来考察货币政策的成本效应。

价格指标主要是指利率指标。我国于 1993 年初步提出利率市场化改革的基本思路，截至 2011 年，我国利率市场化程度较改革之初有明显提高，SHIBOR 和 CHIBOR 等银行间同业拆借利率成为资金供求自主确定的拆借利率，金融机构贷款利率浮动权也在逐渐扩大。中央银行通过运用货币政策工具调控和引导市场利率，建立由市场供求决定金融机构存、贷款利率水平的利率形成机制，使市场机制在金融资源配置中发挥主导作用的这一改革目标正在逐步实现。随着利率市场化进程的推进及金融市场的发展，利率在货币政策传导过程中的作用已经越来越重要。运用价格型工具对宏观经济进行调控也逐步受到货币当局的重视。银行间同业拆借市场是我国利率市场化程度最高的货币市场，所以本章选择交易比较活跃的银行间 7 天同业拆借加权平均利率作为货币政策变量，其月度值以 CHIBOR 表示。此外，1 年期存贷款利率是公众熟知的基准利率，也是中国人民银行一贯使用的政策工具。本书也选择 1 年期贷款利率的月度值来表示政策利率，以 LOANR 表示，以区别其与市场利率的不同作用。

2. 最终目标变量指标

在最终目标的选取上，我国中央银行确定货币政策的最终目标是"稳定物价，并以此促进经济增长"，所以本节将物价和产出都作为最终目标。

2004 年以后，国家统计局不再公布我国的 GDP 月度数据，所以，研究中常常利用线性插值法对 GDP 季度数据进行月度分解，或者采用工业增加值①作为 GDP 月度数据最好的替代变量。因为工业增加值是我国 GDP 的主

① 1998 ~ 2006 年为全部国有及年主营业务收入在 500 万元以上非国有公有企业的增加值。2007 年以来为全部年主营业务收入 500 万元及以上的工业企业的增加值。

要构成部分，所以也同样采用月度工业增加值作为产出的替代变量。

通常消费物价指数（CPI）、生产者价格指数（PPI）及国内生产总值平减指数（GDP Deflator）是衡量物价水平的主要指标。由于 CPI 一般用来反映与居民生活有关的产品和劳务价格的变动情况，PPI 则用来衡量各种商品在不同生产阶段的生产成本和价格变化情况，人们通常关注这两个物价指标。一般而言，生产领域首先出现价格水平波动，然后从上游产业扩散到下游产业，最终消费品也会受到影响。PPI 上涨在先，CPI 上涨在后，也就是说，PPI 的变动最终会传导给 CPI 并加速 CPI 的变动，而且 PPI 相比较 CPI 而言有更大的波动幅度①。因此，为了更全面地考察物价水平的变动情况，本书的经验研究将分别考察 CPI 和 PPI，并用 CPI 和 PPI 的月同比的指标值作为物价稳定的代理变量。

二、数据处理

1997 年初，中国人民银行对金融统计制度进行调整，历史数据与此后的数据是不可比的，而且，1998 年中国人民银行进行管理体制改革，货币政策调控体系由直接调控转向间接调控，鉴于此，本书采用 1999 年 1 月 ~ 2010 年 12 月共 144 个月的样本数据。所有数据来自历年的《中国统计年鉴》《货币政策执行报告》《中国金融年鉴》及中国经济信息网统计数据库。

为了分离出价格效应和产出效应，首先根据物价指数得出广义货币量、信贷总量和工业增加值的实际值。由于月度观测值常常显示出月度的循环变动，而月度变动掩盖了经济发展的客观规律，因此用 Census X12 方法对实际货币量、实际信贷总量和实际工业增加值进行季节调整，为了消除各变量的指数趋势，对其取自然对数，分别记为 M_2、CREDIT 和 IAV。取对数以后的误差项由绝对误差变为相对误差，而相对误差往往比绝对误差小，而且取

① 价格从生产领域向消费领域传导有两种渠道，一条是通过工业品价格传导，另一条是通过农产品价格传导。

对数以后能够体现变量百分比变化之间的关系。

本章所有计量分析工作都通过 Eviews 5.0 软件完成。

第三节　实证研究结果与分析

SVAR 模型的建立有两种情况，一种情况是平稳序列建模，这就要求变量在建模前先进行平稳性检验，若变量不平稳则需要进行平稳性处理；另一种情况是非平稳序列建模，只要各变量整体处于协整状态，即只需检验整个模型是否协整即可，若各个变量协整，则可建立 SVAR 模型。

一、平稳性检验

SVAR 模型要求系统具有平稳性，所以，在估计 SVAR 模型时，为了防止出现伪回归现象，对各变量的平稳性进行单位根检验是非常重要的。本章采用 ADF 检验来验证各变量的平稳性，检验类型包括含常数项、含常数项和趋势项、无常数项和无趋势项等四类，滞后阶数采用 AIC 准则确定，检验结果如表 4 -1 所示。

表 4 -1　各序列的 ADF 检验结果

变量	ADF 检验值	检验类型（C，T，K）	临界值			是否平稳
			1%	5%	10%	
M_2	-2.433717	（C，T，2）	-4.02445	-3.44201	-3.14561	否
CREDIT	-2.356312	（C，T，5）	-4.02592	-3.44271	-3.14602	否
IAV	-1.924332	（C，T，2）	-4.02445	-3.44201	-3.14561	否
CHIBOR	-2.91320	（C，T，11）	-4.02904	-3.44422	-3.14691	否
LOANR	-2.339495	（C，0，2）	-3.47714	-2.88198	-2.57775	否
CPI	-1.885099	（C，0，12）	-3.48082	-2.88358	-2.57860	否
PPI	-2.12210	（C，0，12）	-3.48082	-2.88358	-2.57860	否

续表

变量	ADF 检验值	检验类型（C，T，K）	临界值			是否平稳
			1%	5%	10%	
D（M_2）	-3.589898**	（C，T，13）	-4.02073	-3.44503	-3.14738	是
D（CREDIT）	-4.104637***	（C，T，10）	-4.02904	-3.44422	-3.14691	是
D（IAV）	-11.28680***	（C，T，1）	-4.02445	-3.44201	-3.14561	是
D（CHIBOR）	-5.08800***	（C，T，5）	-4.02643	-3.44296	-3.14617	是
D（LOANR）	-5.704613***	（C，0，1）	-3.47714	-2.88198	-2.57775	是
D（CPI）	-5.39620***	（C，0，11）	-3.48082	-2.88358	-2.57860	是
D（PPI）	-5.93167***	（C，0，11）	-3.48082	-2.88358	-2.57860	是

注：（1）***、**和*分别表示在1%、5%和10%的水平上显著；（2）D表示一阶差分，C、T和K分别代表常数项、趋势项和滞后阶数，滞后阶数根据AIC准则确定。

从表4-1可以看出，货币政策变量、物价水平和产出变量都是非平稳序列，本书进一步对各变量的一阶差分序列进行单位根检验，结果表明各变量的一阶差分都是平稳时间序列，说明这些变量均为I（1）序列。

二、协整检验

在明确这些变量均为同阶单整序列以后，还需要验证各组内变量之间的长期趋势关系，在完成了协整检验之后才能够利用SVAR模型的脉冲响应函数进行检验。因为根据西姆斯等（Sims et al.，1990）的结论，即当几个变量存在协整关系时，用变量的水平值建立的VAR模型不会出现识别错误，且最小二乘法得到的是一致估计。为了考察货币政策变量对实际经济波动的影响，检验货币政策的货币渠道、信贷渠道和成本渠道的可能性，本书利用Johansen检验对八个序列组的协整关系进行检验，结果如表4-2～表4-9所示。

表 4-2　　CHIBOR、CPI、IAV 序列协整检验的结果

原假设	特征根	迹统计量（p 值）	λ_{-max}统计量（p 值）
0 个协整向量	0.189654	42.39317 (0.0011)*	29.23090 (0.0029)*
至少 1 个协整向量	0.086623	13.16228 (0.1090)	12.59424 (0.0903)
至少 2 个协整向量	0.004078	0.568032 (0.4510)	0.568032 (0.4510)

注：* 表明在 5% 的显著性水平下拒绝原假设。本检验选择序列 Y_t 有确定性趋势，协整方程有截距项的情况。同时，选择差分序列的滞后阶数为滞后 1、2、3、4 期。

表 4-3　　CHIBOR、PPI、IAV 序列协整检验的结果

原假设	特征根	迹统计量（p 值）	λ_{-max}统计量（p 值）
0 个协整向量	0.180489	42.21704 (0.0012)*	27.66768 (0.0000)*
至少 1 个协整向量	0.094172	14.54937 (0.0690)	13.74786 (0.0258)
至少 2 个协整向量	0.005750	0.801502 (0.3706)	0.801502 (0.3706)

注：* 表明在 5% 的显著性水平下拒绝原假设。本检验选择序列 Y_t 有确定性趋势，协整方程有截距项的情况。同时，选择差分序列的滞后阶数为滞后 1、2、3、4 期。

表 4-4　　LOANR、CPI、IAV 序列协整检验的结果

原假设	特征根	迹统计量（p 值）	λ_{-max}统计量（p 值）
0 个协整向量	0.224882	62.32756 (0.0000)*	35.40891 (0.0004)*
至少 1 个协整向量	0.128033	26.91865 (0.0052)*	19.04352 (0.0154)*
至少 2 个协整向量	0.055081	7.875122 (0.0873)	7.875122 (0.0873)

注：* 表明在 5% 的显著性水平下拒绝原假设。本检验选择序列 Y_t 没有确定性趋势，协整方程有截距项的情况。同时，选择差分序列的滞后阶数为滞后 1、2、3、4 期。

表 4-5　　LOANR、PPI、IAV 序列协整检验的结果

原假设	特征根	迹统计量（p 值）	λ_{-max}统计量（p 值）
0 个协整向量	0.167342	35.62731 (0.0095)*	25.45531 (0.0116)*
至少 1 个协整向量	0.067968	10.17200 (0.2677)	9.783895 (0.2265)
至少 2 个协整向量	0.002788	0.388107 (0.5333)	0.388107 (0.5333)

注：* 表明在 5% 的显著性水平下拒绝原假设。本检验选择序列 Y_t 有确定性趋势，协整方程有截距项的情况。同时，选择差分序列的滞后阶数为滞后 1、2、3、4 期。

表 4－6　　M_2，CPI，IAV 序列协整检验的结果

原假设	特征根	迹统计量（p 值）	λ_{-max} 统计量（p 值）
0 个协整向量	0. 239727	56. 33702 （0. 0001）*	38. 09680 （0. 0002）*
至少 1 个协整向量	0. 109850	18. 24022 （0. 0927）	16. 17482 （0. 0452）*
至少 2 个协整向量	0. 014749	2. 065401 （0. 7647）	2. 065401 （0. 7647）

注：＊表明在 5% 的显著性水平下拒绝原假设。本检验选择序列 Y_t 没有确定性趋势，协整方程有截距项的情况。同时，选择差分序列的滞后阶数为滞后 1、2、3、4 期。

表 4－7　　M_2，PPI，IAV 序列协整检验的结果

原假设	特征根	迹统计量（p 值）	λ_{-max} 统计量（p 值）
0 个协整向量	0. 247929	45. 72275 （0. 0004）*	39. 60456 （0. 0001）*
至少 1 个协整向量	0. 029594	6. 118192 （0. 6816）	4. 175710 （0. 8404）
至少 2 个协整向量	0. 013877	1. 942481 （0. 1634）	1. 942481 （0. 1634）

注：＊表明在 5% 的显著性水平下拒绝原假设。本检验选择序列 Y_t 有确定性趋势，协整方程有截距项的情况。同时，选择差分序列的滞后阶数为滞后 1、2、3、4 期。

表 4－8　　CREDIT，CPI，IAV 序列协整检验的结果

原假设	特征根	迹统计量（p 值）	λ_{-max} 统计量（p 值）
0 个协整向量	0. 176534	49. 98632 （0. 0007）*	26. 99846 （0. 0102）*
至少 1 个协整向量	0. 131455	22. 98786 （0. 0206）*	19. 59011 （0. 0125）*
至少 2 个协整向量	0. 024148	3. 397755 （0. 5091）	3. 397755 （0. 5091）

注：＊表明在 5% 的显著性水平下拒绝原假设。本检验选择序列 Y_t 没有确定性趋势，协整方程有截距项的情况。同时，选择差分序列的滞后阶数为滞后 1、2、3、4 期。

表 4－9　　CREDIT，PPI，IAV 序列协整检验的结果

原假设	特征根	迹统计量（p 值）	λ_{-max} 统计量（p 值）
0 个协整向量	0. 262246	49. 08393 （0. 0001）*	42. 27612 （0. 0000）*
至少 1 个协整向量	0. 038777	6. 807810 （0. 6001）	5. 497311 （0. 6782）
至少 2 个协整向量	0. 009384	1. 310499 （0. 2523）	1. 310499 （0. 2523）

注：＊表明在 5% 的显著性水平下拒绝原假设。本检验选择序列 Y_t 有确定性趋势，协整方程有截距项的情况。同时，选择差分序列的滞后阶数为滞后 1、2、3、4 期。

通过对八个序列组进行Johansen协整检验，结果表明，各组序列内部的变量之间存在着协整关系，即货币政策变量、产出和物价之间存在长期稳定的均衡关系。

三、SVAR模型的识别

协整检验表明货币渠道、信贷渠道和成本渠道成为传导货币政策途径的可能性，为了考察货币政策的价格效应，以及验证成本渠道的存在性，本章采用结构向量自回归（SVAR）模型的脉冲响应函数检验货币政策变量对物价和产出的冲击。

货币政策传导机制是中央银行的货币政策工具通过作用于中介目标最终作用于实体经济的过程，所以根据传导链条中各变量发生作用的先后顺序，将货币政策中介指标和最终目标指标依次纳入VAR模型中。2004年，刘金全在研究通货膨胀率和产出增长率之间的关系的VAR模型中，假设货币数量对价格的冲击先于对产出的冲击，并指出这样的假设表明价格变化中含有货币供给变化所形成的持久成分，也包含其他因素所导致的暂时成分。本章也采用通货膨胀率冲击在产出冲击之前的假设，即将物价水平置于实际工业增加值之前进行研究，使用的Choleski分解次序为：政策变量—物价—产出。

SVAR模型中一个重要的问题就是滞后阶数的确定，在选择滞后阶数时，一方面要使滞后阶数足够大，以便能够完整反映所构造的动态特征；另一方面滞后阶数越大，需要估计的参数也越多，模型的自由度减少，因此在选择时要综合考虑两方面的因素。本章采用AIC信息准则和SC准则来确定模型滞后阶数，选择的阶数应使两个准则的值越小越好。

首先来看利率对物价和产出的冲击。经过检验，CHIBOR、CPI、IAV序列构成的VAR模型通过AIC准则和SC准则判断选取的最佳滞后阶数为2阶，根据AR根的图表显示，VAR（2）的所有参数矩阵的模都小于1，说明该VAR模型是稳定的。

其次为了研究利率变动对物价水平和产出的短期和长期影响，运用

VAR（2）模型对 CHIBOR、CPI 和 IAV 三个变量的关系进行实证检验，得出 VAR 的 OLS 估计结果后，用残差的同期相关矩阵来检验扰动项，发现 CHIBOR、CPI 和 IAV 三者之间存在同期影响。本节对 VAR（2）模型施加约束来刻画变量的同期关系，通过 SVAR 模型来识别，建立的 SVAR（2）模型如下：

$$C_0 y_t = \Gamma_1 y_{t-1} + \Gamma_2 y_{t-2} + u_t, \ t = 1, 2, \cdots, T \tag{4-7}$$

式（4-7）中：

$$C_0 = \begin{bmatrix} 1 & -c_{12} & -c_{13} \\ -c_{21} & 1 & -c_{23} \\ -c_{31} & -c_{32} & 1 \end{bmatrix}, \ \Gamma_i = \begin{bmatrix} \gamma_{11}^{(i)} & \gamma_{12}^{(i)} & \gamma_{13}^{(i)} \\ \gamma_{21}^{(i)} & \gamma_{22}^{(i)} & \gamma_{23}^{(i)} \\ \gamma_{31}^{(i)} & \gamma_{32}^{(i)} & \gamma_{33}^{(i)} \end{bmatrix}, \ i = 1, 2,$$

$$u_t = \begin{bmatrix} u_{1t} \\ u_{2t} \\ u_{3t} \end{bmatrix}, \ y_t = \begin{bmatrix} CHIBOR \\ CPI \\ IAV \end{bmatrix} \tag{4-8}$$

本章利用 AB 型 SVAR 模型，通过约束矩阵 A、B，将缺省值 NA 作为矩阵中待估计的未知元素，所有非缺省值在矩阵中被固定为某一指定值。对 SVAR 的估计采用如下步骤：先估计无约束形式的 VAR 模型，得出无约束式的回归参数，SVAR 的系数矩阵估计可以利用估计的无约束式的回归参数来获得。然而 SVAR 模型是不可识别的，模型中有 3 个内生变量，至少需要施加 12 个约束才能使模型满足可识别条件。本节使用的约束 B 矩阵是单位矩阵，A 矩阵对角线元素为 1，相当于施加了 12 个约束条件。鉴于我国金融市场的效率有限，货币当局根据以往经济运行情况来制定当期的利率政策，所以我们再施加两个约束条件：假定物价和产出不影响当期利率，即 $-c_{12}$ 和 $-c_{13}$ 等于 0。

施加的短期约束形式如下：

$$A = \begin{bmatrix} 1 & 0 & 0 \\ NA & 1 & NA \\ NA & NA & 1 \end{bmatrix}, \ B = \begin{bmatrix} 1 & 0 & 0 \\ 0 & 1 & 0 \\ 0 & 0 & 1 \end{bmatrix} \tag{4-9}$$

通过估计出矩阵 A，B 未知数，得到：

$$A=\begin{bmatrix} 1 & 0 & 0 \\ -0.088379 & 1 & -31.29448 \\ -0.069511 & 1.566386 & 1 \end{bmatrix} \tag{4-10}$$

可见，利率的上升会引起当期物价上涨，引起当期实际产出增加。传统的需求传导理论认为紧缩性的货币政策通过总需求渠道可以降低物价，当成本渠道存在时，货币政策就会通过总供给渠道对价格产生反向影响，从而削弱需求效应对价格的作用，而只有当货币政策的供给效应大于需求效应时，物价水平才会上升。所以，利率与当期物价水平的正向关系说明可能存在成本渠道。

接下来，本书用 PPI 表示物价，用 LOANR 表示政策利率，用 M_2 和 CREDIT 表示货币政策，分别对八个序列组重复上述过程，得到物价和产出的当期响应（见表 4-10）。

表 4-10 政策变量对物价和产出的当期影响

变量	CHIBOR	LOANR	M_2	CREDIT
CPI	+	+	-	-
PPI	-	-	-	-
IAV	+、-	+、-	-	-

注：“+”表示同向影响，“-”表示反向影响，“+、-”表示方向不确定。

四、SVAR 模型的脉冲响应函数

VAR 模型的脉冲响应函数分析方法可以用来描述一个内生变量对由误差项所带来的冲击的反应，分析当一个误差项发生变化，或者说模型受到某种冲击时对系统的动态影响，在 SVAR 模型中可以得到正交化的脉冲响应函数，即可以单独考虑各个变量的冲击对其他变量的影响。

根据本章的研究目的，完成对 SVAR 模型识别后，本书通过系统的脉冲响应函数，主要考察金融变量的结构性冲击对价格水平和实际产出的影响轨迹和程度。

由于本书使用的是月度数据，在 VAR 系统中选择一个较长的滞后期 70 期来观察变量之间的长期关系（见图 4－1～图 4－6）。

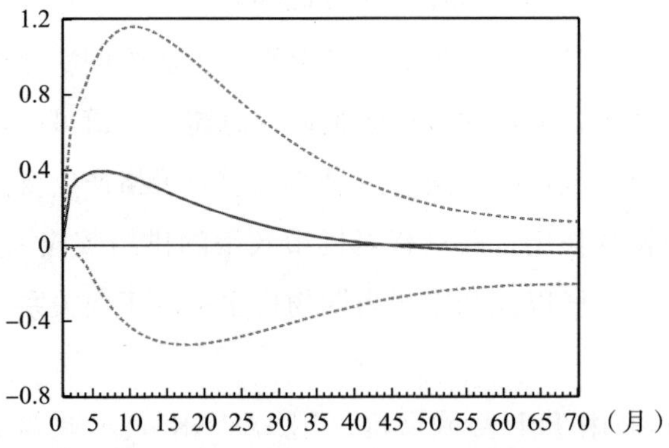

图 4－1　CPI 对 CHIBOR 结构冲击的响应函数

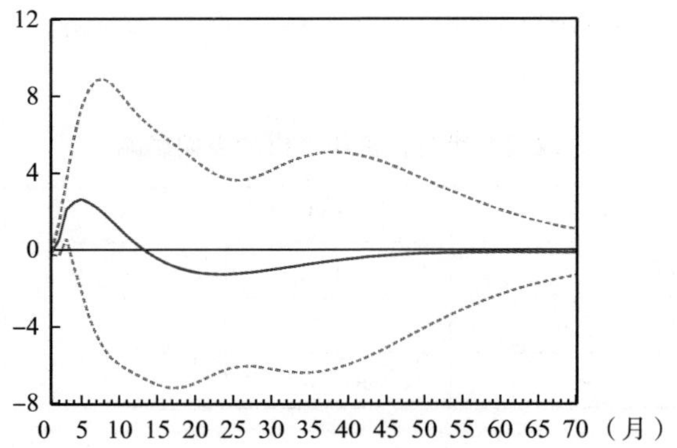

图 4－2　CPI 对 LOANR 结构冲击的响应函数

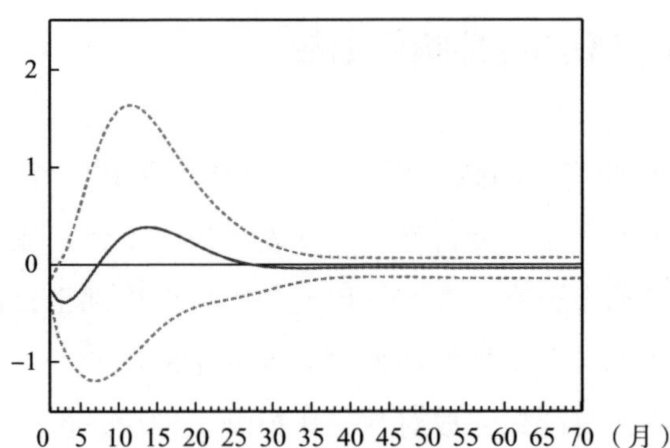

图 4－3　PPI 对 CHIBOR 结构冲击的响应函数

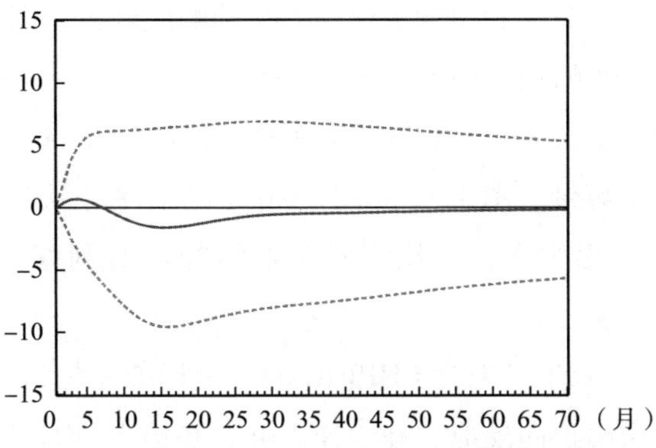

图 4－4 PPI 对 LOANR 结构冲击的响应函数

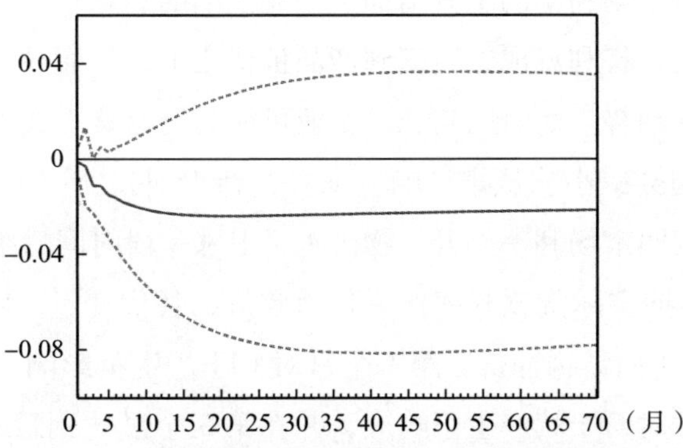

图 4－5 IAV 对 CHIBOR 结构冲击的响应函数

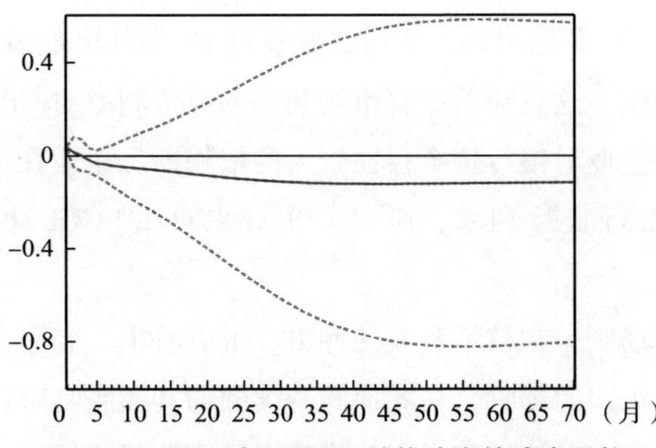

图 4－6 IAV 对 LOANR 结构冲击的响应函数

给利率一个标准差单位的冲击，得到关于物价和产出的脉冲响应函数图。图4－1和图4－2是利率冲击引起CPI的响应函数，图4－3和图4－4是利率冲击引起PPI的响应函数，横轴表示结构冲击作用的滞后期间数，纵轴表示物价指数，实线表示物价水平对利率冲击的脉冲响应函数，虚线表示正负两倍标准差偏离带。图4－5和图4－6是利率冲击引起实际产出的响应函数，纵轴表示产出水平，实线表示工业增加值对利率冲击的脉冲响应函数。

在图4－1中，CPI对来自CHIBOR的一个标准差随机扰动的结构冲击会在第1个月就做出正向反应，并快速上升，在第7个月达到最大正响应，为0.394253，而后响应逐渐减弱并缓慢向下收敛，直到第45个月结束。一个可能的解释是市场利率的上升增加了企业预期的利息负担，企业根据成本加成定价的原则，将利息成本转嫁到产品价格之上，从而导致在较长时期内物价水平呈上升趋势。而时间越长，企业可能为营运资本找到替代资源，利率对成本的影响会减小。从累计响应来看，到45期之后CPI累计响应稳定且呈正响应，表明市场利率上升，物价水平上涨一段时间后维持稳定。

如果用1年期实际贷款利率作为货币政策的替代变量，则得到图4－2。给LOANR一个正向结构冲击，第1个月对CPI产生负影响，但很快负影响消失，第2个月对CPI就产生正响应，并在第5个月达到最大值2.623384，而后响应逐渐减弱，第14个月开始出现负响应，并在第23期出现峰值－1.280945后缓慢向上收敛于0，基本实现物价稳定的目标。从累计响应看，CPI从第2个月开始出现正响应，并在第13个月出现最大值，第31个月出现稳定负响应。这意味着尽管市场利率和政策利率对CPI的影响基本一致，但由于我国企业对银行资金存在较大的依赖性，企业在进行产品定价时更多参考的是银行贷款利率，所以CPI对来自LOANR冲击的反应程度更大。

综合考虑市场利率和政策利率的冲击，可以看出，利率上升至少在1年内会对物价产生正向的影响，在此期间持续的通货膨胀是难以避免的，但长期价格还是会下降。经济扩张时期，货币当局采取紧缩性的货币政策，因为企业有为长期投资项目筹资的义务，而短期内却难以为营运资本找到替代资源，或许会显著地削减生产，生产削减的程度会比较大，成本渠道或许比需求渠道作用更大，物价上涨。随着时间的流逝，企业在寻找替代资源和削减投资支出上会有更大的弹性，价格上涨的幅度也会减小。

在图 4 – 2 和图 4 – 3 中，PPI 对 CHIBOR 和 LOANR 正向结构冲击的反应与 CPI 的反应基本相似，只是正向价格响应持续的时间更短一些，而且 PPI 对 LOANR 冲击的反应领先于 CPI。CHIBOR 的正向结构冲击使得 PPI 作出负向反应，直到第 8 个月才出现正向反应，并在第 14 个月达到最大值 0. 380640，随后向下收敛直到第 28 期出现负向反应，这一过程比 CPI 早 17 个月。PPI 对 LOANR 的结构冲击的反应也快于 CPI，LOANR 一个正的结构冲击会使 PPI 在第 2 个月就作出正向反应，并在第 5 个月达到最大值 0. 561420，这个过程与 CPI 是一致的。第 8 个月出现负响应，并在第 16 个月达到峰值 – 1. 597，之后出现稳定的负响应，这一过程较 CPI 快 7 个月。从累计响应看，PPI 在第 7 个月达到最大值，第 11 个月开始出现稳定的负响应。因为 PPI 衡量生产环节的价格水平，而 CPI 衡量消费环节的价格水平，所以，PPI 对利率变化的反应更快，中央银行可以将 PPI 作为判断货币政策执行效果的先验指标。

在图 4 – 5 和图 4 – 6 中，实际工业增加值对来自利率的一个标准差随机扰动的结构冲击产生短期的正向响应后很快作出持续的负向反应，这表明提高利率确实能起到收缩经济的作用，货币政策显示出明显的产出效应。从长期来看，利率对产出的影响呈现出显著的发散状态，说明紧缩性的货币政策容易导致经济持续下滑，而且难以控制，造成宏观经济大起大落，不利于经济的稳健运行。所以政策当局要相机调整货币政策，以防范经济在紧缩过程中衰退及在扩张过程中过热。

表 4 – 11 是物价和产出对利率冲击的脉冲响应最大值和累计最大值的基本情况，表 4 – 11 中分别列出了 CPI、PPI 和 IAV 的脉冲响应最大值及其出现时期、累计脉冲最大值及其出现时期。表 4 – 11 可以比较物价和产出对不同种类利率冲击的脉冲响应的不同情况。一般情况下，货币政策的传导速度可以用最大脉冲响应出现的时期来衡量，货币政策的传导深度可以用累计最大脉冲响应值来衡量，货币政策的传导效应可以用这两个指标进行衡量。最

大脉冲响应越早出现，说明其货币政策传导速度越快，累计脉冲响应值越大，则代表货币政策传导的深度越深。

表4－11　　利率的单位结构冲击的响应

内生变量		最大响应时期	最大响应	累计最大响应时期	累计最大响应
CHIBOR 的一个结构化信息的影响	CPI	7	0. 394253	44	7. 269659
	PPI	14	0. 338064	27	2. 171449
	IAV	21	－0. 023899	4	0. 002826
LOANR 的一个结构化信息的影响	CPI	5	2. 623384	13	17. 85986
	PPI	5	0. 561420	7	2. 671597
	IAV	43	－0. 122860	4	0. 031697

从表4－11中可以看出，物价水平和实际产出对银行贷款利率冲击的响应最大值出现的时间比对同业拆借利率冲击的最大响应更早，而且累计脉冲响应值更大，说明生产成本对银行贷款利率变动的反应更灵敏，可以用我国近期的融资结构来解释这一现象。CHIBOR 作为货币市场的基准利率，反映直接金融市场上的资金供求状况，LOANR 作为信贷市场的基准利率，反映间接金融市场上的资金供求状况。而到 2010 年底，我国国内非金融机构部门融资结构中，银行贷款占到 75% 的比重①，所以，银行信贷资金成本直接影响企业价格和产量决策。CHIBOR 作为货币市场中的基准利率，其利率水平反映短期资金供求状况，影响短期资金价格，而影响企业生产成本的是长期资金利息，所以无论是价格还是产出对 CHIBOR 的响应都比对 LOANR 的响应小。

研究发现，尽管 PPI 对利率结构冲击的累计反应先于 CPI，但其反应程度比 CPI 小，说明我国 CPI 和 PPI 的变化基本是一致的，符合价格传导规律，PPI 可以作为判断价格趋势的先验指标。由于 CPI 不仅包括消费品价格，还包括服务价格，当利率变化引起农业生产资料上涨时，工业品价格和

① 资料来源：笔者根据《中国金融年鉴》整理得出。

农产品价格都会上涨，而农产品价格上涨会引起食品价格上涨并导致劳务价格上涨，所以CPI对利率的响应程度更大。

以上分析表明，长期来看，中央银行可以通过改变利率来实现物价稳定的目标，但会引起产出水平的持续发散变化，如果控制不好则会放大宏观经济的波动。短期来看，由于存在成本—价格机制，利率扰动至少在1年内会对物价产生同向作用，货币政策在短期内对物价的影响比较有限。中央银行要提高货币政策决策的前瞻性和预见性，就需要更丰富的货币政策工具来冲销政策带来的成本效应。

为了比较数量指标和价格指标对实际经济变量的不同影响，给出货币数量和信贷总量冲击对产出和物价的脉冲响应图，如图4-7至图4-12所示。

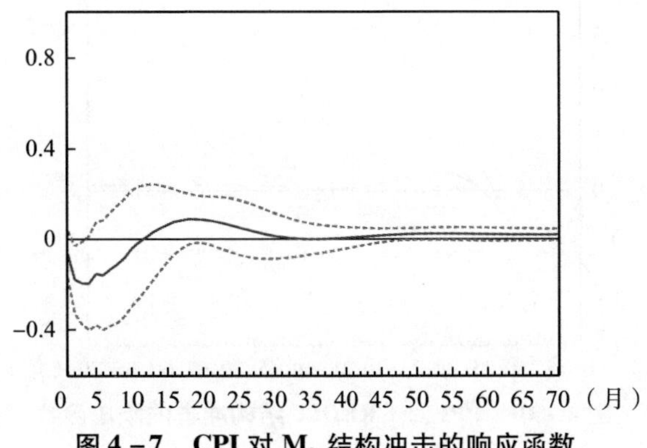

图4-7　CPI对M_2结构冲击的响应函数

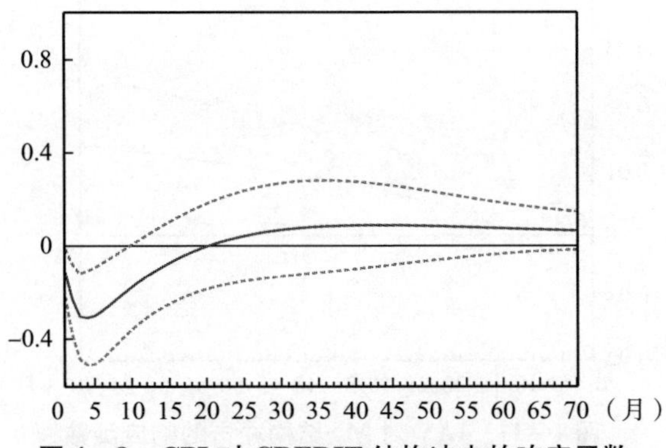

图4-8　CPI对CREDIT结构冲击的响应函数

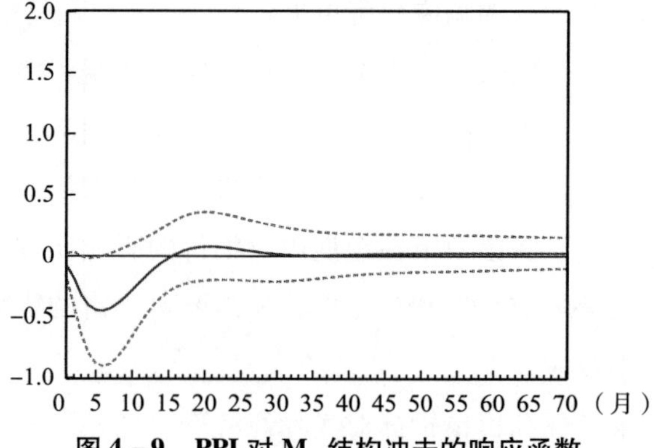

图 4－9　PPI 对 M_2 结构冲击的响应函数

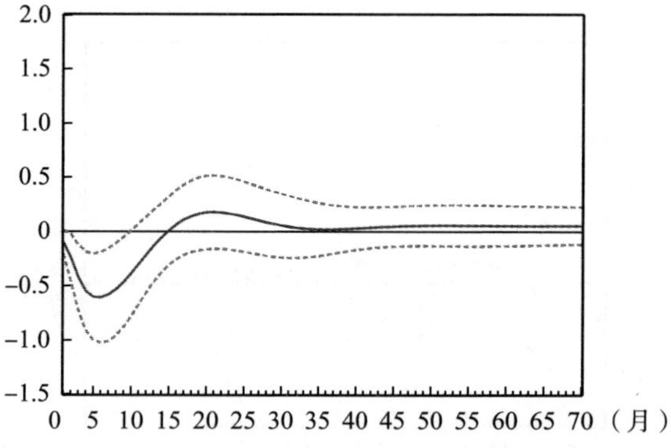

图 4－10　PPI 对 CREDIT 结构冲击的响应函数

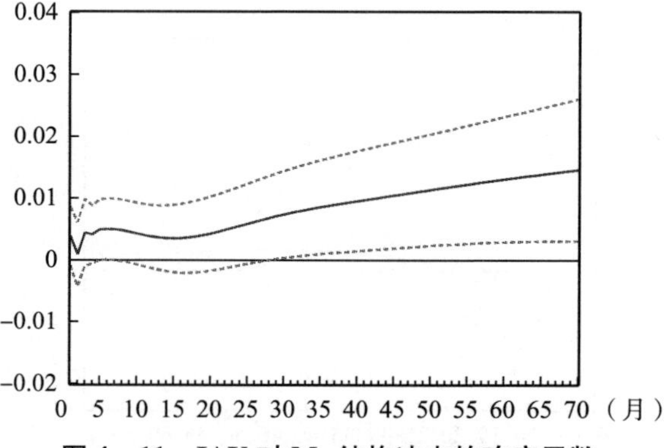

图 4－11　IAV 对 M_2 结构冲击的响应函数

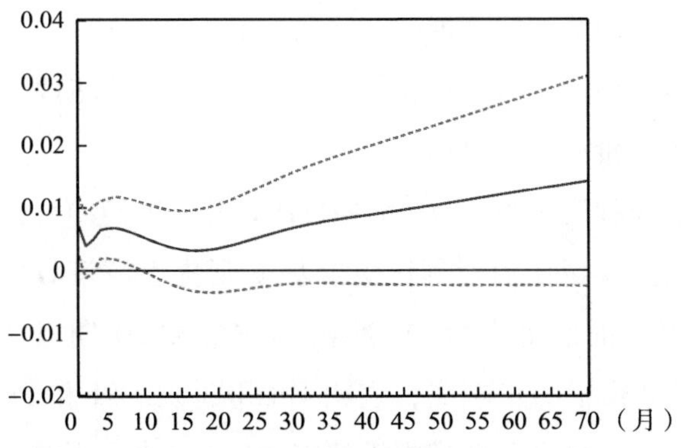

图4-12　IAV对CREDIT结构冲击的响应函数

图4-7和图4-8中，CPI对M_2的一个标准差的结构冲击导致其立刻产生较强的负向反应，并在4个月后达到峰值-0.195583，随后负向影响迅速减小，第12个月出现正向反应，并在第18个月达到峰值后迅速下降并收敛于0。这说明经济萧条时期M_2的扩张对于促进物价水平回升是有作用的，只是存在1~2年的时滞，而且长期来看M_2的一个冲击可以实现物价稳定的目标。

CPI对来自CREDIT的一个标准差随机扰动的结构冲击立刻做出负向反应，在第4个月达到峰值-0.310032，而后响应呈下降趋势并逐渐减弱，第21个月开始出现正向响应，并在第42个月达到最大值0.088118，此后逐渐收敛于0.06。从累计响应看，到第63期之后累计响应呈正响应并逐渐扩大，说明银行信贷规模扩张在一定时期之后会使CPI出现持续上涨的态势，长期来看信贷规模变化确实通过信贷渠道对总需求产生了影响，而从短期来看，信贷规模的扩张并没有立刻提高物价水平。

图4-9和图4-10中，PPI对M_2的一个标准差的结构冲击立刻产生负向反应，6个月后负响应达到峰值-0.454370，随后负向影响迅速减小，在第16个月出现正向反应，并在第21个月达到峰值0.077282，随后缓慢下降并在第30个月后稳定于0。

PPI对CREDIT的一个标准差的结构冲击立刻产生较强的负向反应，在6个月后达到峰值-0.607656，随后负向影响缓慢减小，第15个月出现正向反应，并在第21个月达到峰值0.177625，随后缓慢下降并在第32个月后保持维持稳定的正向响应。这说明经济萧条时期 CREDIT 的扩张对于促进物价水平回升是有作用的，只是存在较长的时滞，而且长期来看 CREDIT 的一个冲击可以实现物价稳定的目标。

从价格的反应程度上看，M_2 和 CREDIT 对 PPI 的冲击比对 CPI 的冲击更猛烈，说明生产领域比消费领域更容易受到货币政策数量指标变动的影响。本书还发现，价格水平对 M_2 冲击的响应在 30 期以后趋于 0，而对 CREDIT 冲击却呈稳定的正响应，表明 CREDIT 对 CPI 和 PPI 的冲击更强，而且持续时间较长。可见，信贷规模的变动比货币数量的变动更容易导致价格波动，所以信贷稳定更容易实现价格稳定的目标。

图 4－11 和图 4－12 中，实际工业增加值变化率会立刻对 M_2 和 CREDIT 的一个标准差的结构性冲击产生较强的正向响应，并在 18 个月后呈现出发散状态。这说明无论是 CREDIT 还是 M_2 的扩张不仅能够促进产出增加，而且会使宏观经济出现持续过热的局面。经济萧条时扩张性的货币政策增加信贷总量或者货币供应量，投资支出增加都会使总产出增加，然而在最初的 12 个月内，物价水平不涨反跌，说明货币政策的产出效应比价格效应更明显。

从脉冲响应图中可以看出，货币政策变量变动对实际产出的影响是一致的，物价对货币政策的响应特征归纳如表 4－12 所示。

表 4－12　　CPI 和 PPI 脉冲反应过程的特征

最终目标	中介目标	“价格之谜”出现期数	持续期数	持续期长度	峰值	峰值期数	累计峰值	累计峰值期数
CPI 脉冲反应过程的特征	CHIBOR	1（+）	1～44	44	0.39425	7	7.26966	44
	LOANR	2（+）	2～13	12	2.62338	5	17.8599	13
	M_2	1（－）	1～11	11	－0.19558	4	－1.33015	11
	CREDIT	1（－）	1～20	20	－0.31003	4	－3.11506	20
PPI 脉冲反应过程的特征	CHIBOR	8（+）	8～27	20	0.38064	14	2.17145	27
	LOANR	2（+）	2～7	6	0.56142	5	2.67160	7
	M_2	1（－）	1～15	15	－0.45437	6	－3.93673	15
	CREDIT	1（－）	1～14	14	－0.60766	6	－5.18768	14

注：“+”表示同向影响，“－”表示反向影响。

从表 4 - 12 可以看出，无论哪一种政策指标发生变动，在一段时期内都会出现与政策预期不一致的“价格悖论”。相对于货币市场指标，价格对信贷市场扰动的反应速度更快，反应程度更大，这与伯南克和布兰德(1988)[①] 提出的实体经济中信贷冲击更重要的观点是一致的，也说明信贷渠道在我国货币政策传导中的重要性，信贷总量的稳定有利于实现价格稳定。

实证结果显示我国货币政策的外部时滞至少会存在 12 个月，这为“信贷—成本”渠道的存在提供了经验证据。下面结合我国货币政策实施的现实情况，进一步为“信贷—成本”渠道的存在提供现实依据。

从图 1 - 1 中可以清楚地看到，1998 ~ 2011 年以来，我国货币政策实施大致可以分为四个阶段：第一阶段是 1998 ~ 2002 年，为应对亚洲金融危机的影响，这一时期我国货币政策的主要任务是治理通货紧缩，从首次降息到宏观经济回暖用了 6 年时间；第二阶段是 2003 ~ 2008 年第三季度，这一阶段我国经济再次出现过热趋势，货币政策的主要任务是抑制通货膨胀，2006 年货币政策从稳健转为紧缩，2 年后在次贷危机的冲击下才显示出明显的紧缩效果；第三阶段是 2008 年 9 月 ~ 2010 年 10 月，这段时期的主要任务是应对次贷危机对国内经济带来的冲击，防止通货紧缩，我国进入适度宽松的货币政策时期；第四阶段是 2010 年 10 月以后，主要任务是治理通货膨胀。我国从 2010 年下半年开始出现明显物价上涨趋势，市场利率上升，中央银行开始实施稳健的货币政策旨在管理通胀预期，抑制物价过快上涨，但 2011 年初 CPI 却轻松达到 4.9%，一季度也超过 5%[②]，利率上调导致企业资金成本提高很可能是此次物价上涨的一个重要原因，企业按照成本加成定价法提高产品价格，加速了成本推动型通货膨胀的形成。

从我国货币政策的实施经验来看，一个货币或利率冲击短则在 12 个月

---

① 伯南克和布兰德建立了一个修正的 IS - LM 模型，提出了实体经济中信贷冲击的重要性日益增长的理论观点，并提供了经验证据。

② 根据 2010 年全国城乡居民家庭消费支出调查数据和有关部门调查数据，2011 年对 CPI 权数构成进行了相应调整。权数调整对 1 月 CPI 数据的影响是，同比数据增加 0.024 个百分点，环比数据减少 0.049 个百分点。

后见效，长则需要 3 年甚至更长时间，这与实证结果是相符的。在这段时间内，货币政策的供给效应超过需求效应，对价格的影响并不明显。无论是扩张性货币政策还是紧缩性货币政策，无论是对信贷总量还是利率水平的调节都不会即刻改变价格的原有趋势，因此，“价格之谜”的理论假设可以得到现实证据。由于成本渠道的存在，2010 年实施紧缩性货币政策，2011 年全年的物价水平都将在高位运行。

第四节　本 章 小 结

本章采用 1999 ~ 2010 年的月度数据，利用 SVAR 模型对我国货币政策传导渠道进行了检验，经验证据显示“信贷—成本”渠道在我国是存在的，并在决定价格和产出变化中起着显著的作用，这为解释“价格之谜”现象提供了经验证据。通过分析，主要得到以下结论：

（1）从货币政策时间效应看，由于存在成本效应，紧缩性的货币政策在短期内不仅对抑制通胀无效，反而会成为通货膨胀的“助推器”，这一过程在逆周期货币政策实施后至少还会持续 1 年以上的时间。所以，基本上可以判断 2011 年的物价水平都将在高位运行。

（2）在货币政策时滞过程中，价格有一个临界值，临界值出现的时候就是政策效果开始显现的时候，此时如果央行仍用力过猛，就会造成经济从一个极端走向另一个极端。所以，货币当局对货币政策的实施要注意调控的力度、速度和频率问题，只有准确把握临界值出现的时间，才能够减少政策制定的盲目性，提高前瞻性。

（3）从货币政策数量效果看，相对于货币市场而言，经济变量对信贷市场扰动的响应速度更快，响应程度更大，显示信贷渠道对经济运行的作用依然十分突出，中央银行应将信贷总量导入现行的货币政策框架中，通过准备金政策和公开市场操作来调控信贷总量。如果将贷款利率作为主调控方式将加大价格和产出的波动性，所以，中央银行不宜将贷款利率作为盯住或调控目标，否则就会成为成本推进型通货膨胀的助推器。

（4）货币政策扰动使实际产出的变化呈发散状态，说明货币政策的调整能够持续作用于产出，货币政策并非中性。然而，对产出的持续作用容易造成宏观经济大起大落，不利于经济的稳健运行。所以，为了提高货币政策效率，货币当局应采取更丰富的政策工具来冲销政策带来的成本效应。

第五章

货币政策“信贷—成本”渠道效果分析

无论是需求效应还是供给效应，企业和家庭都是货币政策传导渠道的最终环节。传统的货币政策需求传导渠道认为企业和家庭的融资行为和支出决策会影响投资和消费等实际经济变量，并通过总需求作用于产品市场中的物价和产出。如果考虑供给效应，货币政策不仅通过上述渠道影响总需求，还会通过改变企业生产成本而影响总供给，中央银行的货币政策也会从货币市场传递到劳动市场最终作用于产品市场，可见，货币政策成本渠道与劳动市场属性不无关系。

第三章论证了我国存在“信贷—成本”渠道发挥作用的前提条件，而如果货币政策的需求效应超过供给效应，紧缩性的货币政策会减少价格和产出，显示出传统的需求效应，只有当供给效应大于需求效应时，“价格之谜”现象才会出现，货币政策才会产生较大的产出效应和较小的价格效应。根据前文的理论分析，总供给对利率越敏感，总需求对利率越不敏感，供给效应才会越显著。一个较大的劳动供给的工资弹性是成本渠道产生较大产出效应的必要条件，而该弹性与劳动和消费的跨期替代弹性、消费需求的收入弹性和劳动的产出弹性都有联系。当劳动供给的工资弹性较大时，贷款利率的提高增加了企业的资金成本增加，企业减少劳动需求，劳动供给量随着工资下降大幅度减少。而如果劳动供给的跨期替代弹性较小，说明劳动者并没有预期到未来价格会下降，或者即使预期到了，也难以调整自身的劳动决策，在名义工资不变而通胀率下降时并不改变当期劳动投入的决策，导致劳动供给对价格变动并不敏感。此时，真实工资的下降不能抵消真实贷款利率的上升，企业面临更高的真实单位生产成本，进而减少劳动投入并削减产量，货币政策因此产生更大的产出效应，对价格的影响却比较小。下面，本章从消费者和劳动者的行为入手，探讨影响成本效应的主要因素，只有掌握“信贷—成本”渠道的影响因素，才能够采取正确的措施改变这个在货币政策传导机制“黑箱”中“坏孩子”的行为，提高货币政策的传导效率。

第一节　成本效应的影响因素

一、消费需求的收入弹性

在经济生活中，居民作为消费者，消费和储蓄是其主要的行为特征，其实质是对收入的支配。在这一过程中，居民不断优化消费比例和消费结构，其选择行为不仅影响经济资源的配置和经济结构的变迁，而且影响金融资源配置及金融资产和金融市场的结构。

有代表性的消费理论主要有以下八种：（1）消费的绝对收入假说。该假说是由凯恩斯首次提出的，他在绝对收入假说中提出了消费函数的概念，并认为，人们的当期可支配收入是决定当期消费支出的主要因素，随着人们可支配收入的增加，其消费增量在收入增量中的比重下降，即边际消费倾向小于1而且是递减的。（2）消费的相对收入假说。该假说是由美国经济学家杜森贝里提出的，他提出了相对收入的概念，并分析了具有不可逆性特征的消费棘轮效应[①]和消费的示范效应，认为在短期内，人们的消费倾向随收

① 消费的示范效应是指消费者的消费支出不仅受到现期收入、过去的消费和收入水平的影响，而且受到周围人的消费行为及其收入和消费相互关系的影响。消费不可逆性的“棘轮效应”是指短期消费函数曲线就像棘轮一样，对消费的下降起着阻滞作用，收入偏离长期增长趋势时，短期边际消费倾向小于长期边际消费倾向（李崇淮等，2003）。

入的增加而下降，随收入的降低而提高，但在长期内，人们的消费倾向大致不变。（3）持久收入假说。该假说是由弗里德曼提出，他首次提出了持久收入的概念，并将个人的收入分为持久收入和暂时收入，认为持久收入是影响消费的因素，暂时收入只决定暂时消费，实际收入中暂时性收入比重越大，消费倾向越低。（4）生命周期假说。该假说是由美国经济学家莫迪里阿尼（Modigliani）和布伦伯格（Brumberg）等人共同提出的，假说认为消费者是理性的，其消费决策是为了使他一生所获得的总效用达到最大化，因此，人们将根据自己一生的全部收入最优的安排自己一生的消费，人们的当期消费与其未来收入的现值有关。（5）随机游走假说。霍尔（Hall）在卢卡斯批判的基础上提出了该假说，他在生命周期假说和持久收入假说中加入理性预期因素，认为消费的变化是不可预见的，收入的变化不能实现对消费变化的预期，人们会根据平滑的永久性收入的预期来决定消费水平，该预期是根据未来收入的贴现值之和的上期预期和当期预期之间的差额得出的。（6）预防性储蓄理论①。该理论认为，由于未来的收入和支出存在不确定性，所以，消费者为了应付未来收入和支出的剧烈波动就必须进行更多的储蓄，储蓄不仅可以平滑生命周期中的资源配置，也可以作为对不确定性事件进行保险的手段。（7）流动性约束理论。该理论解释了消费的过渡敏感性和过渡平滑性，认为现期消费可能会因为当前或者未来的流动性约束而降低，可能存在的流动性约束还会增大当前消费的波动性，消费者的预防性储蓄动机会因此而增加。（8）库存缓冲储蓄理论。该理论认为，短期内的个人消费大致符合持久收入假说，但个人消费在长期内仍然和现期收入保持同步变化的关系，其理由是消费者通常会利用储蓄或者借款来熨平短期收入波动，从而减小对当期消费的影响。

从发展轨迹来看，各种消费理论均强调收入对消费的决定性作用，早期的消费理论都建立在完全预期的假设前提之上，假定消费者可以自由地借贷资金，并能够准确预测未来收入，即流动性约束和不确定性是不存在的。而

① 预防性储蓄是指风险厌恶的消费者为预防未来不确定性导致的消费水平急剧下降而进行的储蓄，这种不确定性是由收入波动造成的。

20 世纪 70 年代以后的研究更加强调消费的跨期安排，以及未来不确定性和流动性约束对消费行为的影响。

根据对家庭所作的假设，如果存在信贷约束，家庭消费来自上一期的存款；如果将存款视为家庭的持久收入，那么根据持久收入假说，可以得到消费需求的持久收入弹性（C_D）。分析持久收入、暂时收入与消费之间关系的基本模型为：

$$C = F(Y)$$

$$Y = Y_p + Y_t \qquad (5-1)$$

式（5－1）中，C 表示消费，Y 表示居民收入，Y_p 是持久收入，Y_t 是暂时收入。持久收入是指过去、现在和将来的收入的平均数，或者是个人预期在其一生中可以获得的正常收入的平均数或数学期望值，暂时收入是指非连续的、一时的或者偶然性的收入。根据现有的统计资料并没有直接公布持久收入和暂时收入的实际统计数据，只能借鉴弗里德曼（Friedman，1957）的方法估计我国居民收入中的持久收入和暂时收入，如下：

$$Y_p = (Y_c + Y_{c-1} + Y_{c-2})/3$$

$$Y_t = Y_c - Y_p \qquad (5-2)$$

其中，Y_c 表示当期收入，Y_{c-1}表示前一期收入，Y_{c-2}表示前两期收入，可以将持久收入 Y_p 近似的表示为收入的三阶移动平均值，将暂时收入表示为当期收入与持久收入的差值。

按照弗里德曼的持久收入假说，消费者对持久收入和暂时性收入的变动会作出不同的反应。如果收入只是暂时性的变动，那么消费者只会消费掉所增加的一部分收入，绝大部分收入会被储蓄起来，如果收入是持久性的变动，那么增加的大部分收入都有可能被消费者消费掉。通常情况下，收入稳定的消费者具有较高的边际消费倾向，而收入不稳定的消费者的边际消费倾向则较低。在收入结构中，如果可支配收入中的绝大部分是暂时收入，那么，大部分收入将被用于储蓄。为了估计消费的收入弹性，本书建立双对数模型如下：

$$LnC = Ln\beta_1 + C_D LnY_p + \beta_2 LnY_t + \mu \qquad (5-3)$$

$$C_D=\frac{d(\ln C)}{d(\ln Y_p)}=\frac{\frac{d(\ln C)}{dY_p}}{\frac{d(\ln Y_p)}{dY_p}}=\frac{\frac{d(\ln C)}{dC}\times\frac{dC}{dY_p}}{\frac{1}{Y_p}}=\frac{\frac{1}{C}\times\frac{dC}{dY_p}}{\frac{1}{Y_p}}=\frac{Y_p}{C}\times\frac{dC}{dY_p}=\frac{\frac{dC}{C}}{\frac{dY_p}{Y_p}}=e \tag{5-4}$$

其中，β_1 是常数项，C_D 表示消费的持久收入弹性，同理 β_2 表示消费的暂时收入弹性，μ 是误差项。

根据数据的可得性，本书采用 1985 ~ 2009 年的数据来估计消费的收入弹性，所有数据都来自历年的《中国统计年鉴》。因为《中国统计年鉴》中仅统计了各年城镇居民人均可支配收入和农村居民人均收入，本书根据城镇人口和农村人口将其换算成人均收入，并估算出持久收入和暂时收入，如表 5 - 1 所示。

表 5 - 1　　我国居民人均收入和人均消费

年份	人均收入（元）									人均消费（元）		
	全体居民			城镇居民			农村居民			全体居民	城镇居民	农村居民
	总收入	持久	暂时	可支配	持久	暂时	纯收入	持久	暂时			
1985	478.56	422.23	56.33	739.10	651.37	87.73	397.60	354.23	43.37	446	765	349
1986	540.56	480.83	59.73	900.00	763.37	136.63	423.76	392.23	31.53	497	872	378
1987	599.13	539.42	59.72	1002.00	880.37	121.63	462.55	427.97	34.58	565	998	421
1988	709.14	616.28	92.86	1181.00	1027.67	153.33	544.94	477.08	67.86	714	1311	509
1989	804.51	704.26	100.25	1376.00	1186.33	189.67	601.51	536.33	65.18	788	1466	549
1990	903.89	805.84	98.05	1510.20	1355.73	154.47	686.30	610.92	75.38	833	1596	560
1991	975.85	894.75	81.10	1700.60	1528.93	171.67	708.60	665.47	43.13	932	1840	602
1992	1125.22	1001.65	123.57	2026.60	1745.80	280.80	784.00	726.30	57.70	1116	2262	688
1993	1385.06	1162.04	223.02	2577.40	2101.53	475.87	921.60	804.73	116.87	1393	2924	805
1994	1869.66	1459.98	409.68	3496.20	2700.07	796.13	1221.00	975.53	245.47	1833	3852	1038
1995	2363.33	1872.68	490.65	4283.00	3452.20	830.80	1577.70	1240.10	337.60	2355	4931	1313
1996	2813.92	2348.97	464.95	4838.90	4206.03	632.87	1926.10	1574.93	351.17	2789	5532	1626

续表

年份	人均收入（元）									人均消费（元）		
	全体居民			城镇居民			农村居民			全体居民	城镇居民	农村居民
	总收入	持久	暂时	可支配	持久	暂时	纯收入	持久	暂时			
1997	3069.80	2749.02	320.78	5160.30	4760.73	399.57	2090.10	1864.63	225.47	3002	5823	1722
1998	3250.25	3044.66	205.59	5425.10	5141.43	283.67	2162.00	2059.40	102.60	3159	6109	1730
1999	3477.58	3265.87	211.70	5854.02	5479.81	374.21	2210.30	2154.13	56.17	3346	6405	1766
2000	3711.82	3479.88	231.94	6280.00	5853.04	426.96	2253.40	2208.57	44.83	3632	6850	1860
2001	4058.53	3749.31	309.22	6859.60	6331.21	528.39	2366.40	2276.70	89.70	3887	7161	1969
2002	4518.90	4096.42	422.48	7702.80	6947.47	755.33	2475.60	2365.13	110.47	4144	7486	2062
2003	4993.22	4523.55	469.67	8472.20	7678.20	794.00	2622.20	2488.07	134.13	4475	8060	2103
2004	5644.62	5052.25	592.37	9421.60	8532.20	889.40	2936.40	2678.07	258.33	5032	8912	2319
2005	6366.56	5668.13	698.43	10493.00	9462.27	1030.73	3254.90	2937.83	317.07	5573	9644	2579
2006	7174.75	6395.31	779.44	11759.50	10558.03	1201.47	3587.00	3259.43	327.57	6263	10682	2868
2007	8475.06	7338.79	1136.27	13785.80	12012.77	1773.03	4140.40	3660.77	479.63	7255	12211	3293
2008	9794.87	8481.56	1313.31	15780.76	13775.35	2005.41	4760.62	4162.67	597.95	8349	13845	3795
2009	10754.02	9674.65	1079.37	17174.65	15580.40	1594.25	5153.17	4684.73	468.44	9098	15025	4021

注：全体居民人均收入 = 全体居民总收入/全国人口

全体居民总收入 = 城镇居民可支配收入 × 城镇人口 + 农村居民人均纯收入 × 农村人口

资料来源：笔者根据历年《中国统计年鉴》相关数据计算所得。

从表 5－1 中可以看出，我国居民人均消费随人均收入的增加而增加，这与消费理论是一致的。相比较城市居民而言，农村居民收入显示出更大的波动性，当收入增加时，城镇居民收入以更快的速度和更大的幅度增加，而当收入减少时，城镇居民收入以较慢的速度和较小的幅度减少。此外，与持久收入相比，暂时性收入的波动性更大，农村居民的收入更加不稳定（见表 5－2）。

表5－2 居民消费收入弹性估算

类别	$Ln\beta_1$	C_D	β_2	R^2	D. W.
全体居民	0.5699 (5.825)***	0.8442 (28.286)***	0.1226 (4.113)***	0.997018	0.299864
城镇居民	0.7698 (4.865)***	0.8564 (18.625)***	0.0914 (1.836)*	0.991400	0.198698
农村居民	0.5048 (8.101)***	0.8633 (70.103)***	0.0841 (7.771)***	0.998235	1.146283*

注：括号内为t检验值，***、**及*分别表示结果在1%、5%及10%的检验水平下显著，R^2 是相关系数，D. W. 是 Durbin－Watson 统计量。

各方程的弹性系数都是显著的，收入弹性为正值，R^2 较高。除了农村居民的D. W. 值表明不拒绝无自相关的假设外，其他两个方程都存在自相关关系。说明即使这两个方程的OLS估计量是无偏和一致的，但T和F检验都是失效的。总体而言，弹性系数的估计结果并不很令人满意。考虑到本书的主要目的是估算弹性系数而不是做预测，尽管存在自相关问题，但OLS估计量是无偏和一致的，所以这些弹性系数还是可以采纳的。

全体居民消费的持久收入弹性为0.8442，表示在价格不变的条件下，持久收入变动1%，消费支出将变动0.84%，而暂时性收入变动1%，消费支出仅变动0.12%，绝大部分暂时性收入都被储蓄起来，这符合持久收入的假定。一般来说，当收入增加时，新增收入中用于购买基本生活必需品支出所占比重趋于减少，用于发展、享受型消费支出的比重将增大。曹泽洲（2010）测度了中国城镇居民1999～2008年以来各项支出的收入弹性，指出2008年城镇居民家庭设备用品服务、交通和通信、教育文化娱乐服务、其他商品和服务的收入弹性大于1，食品、衣着、医疗保健和居住的收入弹性小于1。

我国居民持久收入弹性小于1，说明消费增长幅度比收入增长幅度小，这与我国居民消费结构有较大关系。2009年我国居民人均生活消费性支出占其收入的73%，而食品、衣着、医疗保健和居住四项支出占人均消费性支出的

70%左右。此外，我国居民收入不稳定也是消费弹性小于1的原因。[①]

二、消费的跨期替代弹性

消费的跨期替代弹性是刻画消费者消费行为的一个重要参数，它描述了消费者在现期和未来消费之间的选择，反映了消费者的消费和储蓄决策。居民家庭对当前消费所获效用与未来消费所获得效用的评价和比较，决定了该家庭对其收入在当前消费与储蓄之间分割比例的决策。当跨期替代弹性较大时，受跨期激励效应的影响，消费者选择了较少的当期消费，并为未来消费进行更多的储蓄，同时也意味着有更多的资本存量可用于投资和经济发展；跨期替代弹性较小，则反映消费者选择了较多的当期消费及较少的储蓄。跨期替代弹性是商品消费相对风险回避系数的倒数，对跨期替代弹性进行定量测度，对于理解消费者行为的内在规律有重要的理论和现实意义。

现有的研究主要采用两种方法测度消费的跨期替代弹性，一种是基于最优消费决策条件（凯恩斯—拉姆齐规则）的经验数据测量模型，另一种是基于风险投资决策的经验数据测量模型（阿罗—普拉特风险测量）。顾六宝和肖红叶（2004）分别使用了这两种经验数据模型，得到我国1985~2002年风险回避系数分别为3.169和3.916，那么消费跨期替代弹性的均值分别是0.32和0.26，1991~2002年的消费跨期替代弹性是0.22。

在无限期拉姆齐模型（ramsey-cass-koopmans）中，跨期替代弹性由家庭消费主体对经济系统中经济变量变动的反应性变化所决定并不断发生变化，主要受消费者的时间偏好率、资本报酬率和风险预期等三类因素影响。在实际中，文化背景、人们的心理和制度等因素都会影响替代弹性的大小，不同国家和地区的替代弹性会有很大的不同。对中国来说，由于中国正处于转轨经济中，人们面临很多各种各样的不确定因素，相对风险规避系数应该比较大，而消费跨期替代弹性比较小。

由于对未来价格预期的不确定性，人们出于规避风险的目的而进行消费

① 资料来源：笔者根据《中国统计年鉴》计算所得。

的跨期替代。公式（2－3）[①] 表示未来较高的通胀预期减少了未来消费的效用，为了维持生命周期中的效用水平，家庭倾向于增加当期消费，可见家庭跨期消费选择与通胀预期有关，因此可以根据通胀预期来考察家庭消费的跨期替代决策。图 5－1 显示出我国居民消费增长率与消费价格指数大致相同的变动趋势。

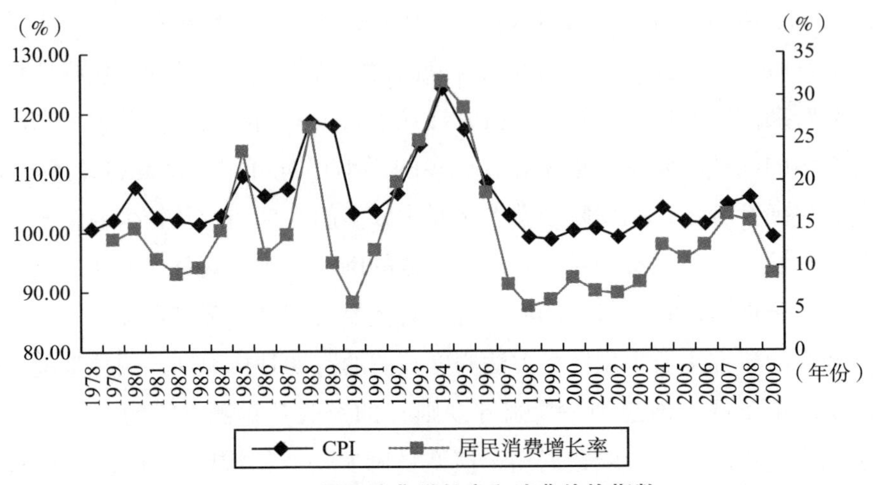

图 5－1 居民消费增长率和消费价格指数

注：笔者根据历年《中国统计年鉴》相关数据计算所得。

通过使用前文中的双对数模型，引入居民消费价格指数，建立方程如下：

$$LnC = \gamma_1 LnY + C_\pi LnP + \mu \quad (5-5)$$

其中，Y 是全体居民人均收入，P 是价格指数，C_π 表示消费的跨期替代弹性，得到 1985～2009 年的 C_π 等于 0.04^{***}（t 统计量为 2.81），这表明尽管居民当期消费随物价上涨而增加，但对价格变动并不是很敏感。这一结果与霍尔、阿塔纳修斯和韦伯（Hall，Attanasio & Weber）的结果比较接近，霍尔（Hall，1988）早期的研究认为 C_π 可能为 0，哈姆（Hahm，1998）得到居民耐用消费品和非耐用消费品的跨期替代弹性为 0.3，阿塔纳修斯和韦伯

① 参看本书第二章。

（Attanasio & Weber，1995）用微观数据证明 C_{π} 可能比零大一点。

消费的跨期替代效应不明显的原因可能有三个：第一，居民消费中基本消费需求占比较大，这部分对非耐用消费品的需求对价格变动的反应并不敏感。因为跨期替代弹性主要通过耐用消费品表现出来，当耐用消费品的比例较高时，居民的跨期替代弹性效应才会越显著。第二，根据凯恩斯的绝对收入假说，高收入阶层消费倾向低，而低收入阶层消费倾向高，我国低收入家庭占比较大，整体消费倾向较高，所以以维持基本生活需要为目的的家庭消费对价格变动不敏感。第三，并不是所有消费者对未来价格的预期都是前瞻性的，消费者的这种后视行为导致通货膨胀惯性的存在，在这种情况下，消费者不能根据政策调整而形成货币当局所期待的价格预期，货币政策对当期消费支出的影响也就相当有限。

三、劳动的产出弹性

劳动产出弹性（α）是基于劳动和资本对 GDP 的贡献份额而提出来的，是指在其他条件不变的情况下，劳动投入增加 1% 时，产出增加的百分比。1982 年，基德兰德（Kydland）和普莱斯考特（Prescott）以美国经济为研究对象，得到雇工补偿加上财富收入占国民生产总值（GNP）的 64%，资本所得约占 36% 的结论，所以认为资本份额为 0.36，劳动份额为 0.64。这一数据通常被学者们在增长理论及真实周期理论中借用，如普莱斯考特（Prescott，1986）、隆和普洛瑟（Long & Plosser，1983）、克里斯蒂安诺和艾兴鲍姆（Christiano & Eichenbaum，1992）、罗默（2004）等。

作为发展中国家，我国劳动力资源相对充足，而且长期处于资本紧缺的状态，因而，资本和劳动的弹性份额值与西方国家比必然有较大的不同。2004 年，周炎和陈昆亭利用中国经济 1985 ~ 1999 年的实际数据，在新古典增长模型背景下，在均衡的假设条件下得出劳动弹性值在 0.78 左右的结论，这不同于西方学者常用的 0.64 的水平，但这一数据应是符合中国的实际国情的，我国经济中的服务部门的全部和工业部门的大部分，都是以劳动密集型为特征的，因而劳动贡献的比例必然较大，而且其指出劳动产出弹性的估计并不依赖于所使用的模型是否是新古典的。

现有的研究一般采用份额估计法（比例法）和回归法来估算劳动产出弹性。份额法将国民收入的使用分为积累和消费，积累主要用于资金投入，消费主要用于劳动投入。所以，就全国大范围而言，消费率可以看作是劳动产出弹性，具体到一个企业，工资加福利开支占总成本的比率可以看作是劳动产出弹性。一般还可以最终消费来代替劳动产出弹性①，用工资总额与国民收入的比值来估算 α。尽管这种方法不是很精确，但它简便易行。周（Chow，1993）使用分配法设定 1952 ~ 1980 年资本和劳动的贡献份额分别为 0.6 和 0.4，王和姚（Wang & Yao，2003）认为资本投入和劳动投入的贡献份额分别为 50%，杨（Young，2000）设定劳动投入的贡献份额为 0.60。李京文、龚飞鸿和明安书（2007）利用国民经济核算的恒等式中资本报酬和劳动报酬的关系来分配资本和劳动的贡献份额。在《关于经济增长中科学技术进步作用计算方法》（1992）② 一文中，规定劳动产出弹性为 0.7 ~ 0.8，资本密集型行业的弹性更小，而劳动密集型行业的弹性更大。

运用数学模型测算劳动贡献的研究需要引入生产函数。不同经济学派对生产函数的理解不同，因此生产函数的表达形式也各不相同。理论界认为比较成熟的是以柯布—道格拉斯（Cobb - Douglas）生产函数为对象，以线性回归分析来对资本与劳动的产出弹性加以定量研究，其表达式是$Q(t)_{t+1} = AN_t^{\alpha}K_t^{\beta}$。20 世纪 30 年代 Cobb - Douglas 利用 C - D 生产函数，运用统计回归估计方法，对美国制造业 1899 ~ 1922 年的历史资料拟合的结果得出劳动增加 1% 时产出增加 0.75%。国内很多文献在测度全要素生产率时也采用经济计量方法来确定 α，如张军和施少华（2002）测定 α 为 0.391，曹吉云（2007）测定 α 为 0.443，胡鞍钢、郑京海和高宇宁（2008）直接将其设定为 0.4。

根据本章的研究目的，并不需要对 α 进行精确计算，而只需要知道目前 α 的大致范围。下面借鉴周炎和陈昆亭（2004）的方法估算劳动产出弹性。

① 2009 年最终消费率为 48%，资本形成率为 47.7%。

② 资料来源：《关于开展经济增长中科学技术进步作用测算工作的通知》。

生产函数可以表示为 $Y = AN_t^{\alpha}K_t^{1-\alpha}$，产品用于消费（$C_t$）和投资（$I_t$），假设资本折旧率是 δ，则 $K_{t+1} = I_t + (1-\delta)K_t = Y_t - C_t + (1-\delta)K_t$。

代表性家庭在整个生命周期中的效用为 $U = \sum_{t=0}^{\infty} e^{-\rho t}u(C_t, N_t)$，普莱斯考特（Prescott，1986）对其瞬时效用函数 U（C，N）求解最优化问题，得到的一阶条件是 $\frac{C}{Y} = \frac{r+\alpha\delta}{r+\delta}$，其中 $r = \frac{1}{\rho} - 1$ 表示利率，ρ 是相对风险回避系数。本书选择 3 年期存款利率表示 r，2009 年的 r 是 3.33%；消费收入比（C/Y）用表 5 - 1 中计算所得的全体居民消费与其收入的比值表示，2009 年的计算结果是 84.6%。根据张军（2004）和唐家龙（2009）的测算，1991 ~ 2007 年的经济折旧率是 9.6%，直接借鉴这一数据来表示 2009 年的折旧率。经过计算得到 2009 年的劳动产出弹性是 0.79，也就是说劳动投入增加 1% 会使产出增加 0.79%，这意味着劳动对产出的贡献是比较大的。

四、劳动供给的工资弹性

对劳动供给行为的研究最初是消费者理论的简单应用，即单个消费者在既定的预算约束下，如何在消费和闲暇之间分配时间资源来达到自身的效用最大化，而劳动供给可以看作负的闲暇需求。1930 年，罗宾斯（Robbins）认为收入效应和替代效应是影响个人愿意供给的劳动量的两种相反的力量。工资的替代效应是指闲暇因为劳动市场上实际工资的提高而变得更加昂贵，从而引致劳动供给随工资上涨而增加的效应。工资变化的收入效应是指当劳动供给不变，收入水平因为工资提高而上升，会导致个人对闲暇和各种物品的需求增加的效应，替代效应和收入效应的相对强度最终决定了工资变动是导致劳动供给增加还是导致劳动供给减少。罗宾斯在此后的研究中得到了所谓"后弯的"劳动供给曲线，发现当工资水平较低时，劳动供给随工资上升而增加，替代效应超过收入效应；当工资达到一定水平后，劳动供给随工资率上升开始减少，此时收入效应又超过替代效应。1932 年，希克斯提出的市场劳动力供给模型则认为，市场劳动力供给曲线是一条往右上方延伸的曲线，因为市场劳动力供给曲线不同于个人劳动力供给曲线，总体上工资的替代效应大于收入效应。方莉（2008）的研究指出我国劳动力市场上呈现出工资变化与劳动时间变化同步的趋势，在一些发达国家短期所出现的向后弯曲的劳动供给曲线在我国尚未出现，劳动者的替代效应仍然以超过收入效应的情形存在。这在一定程度上说明了我国的劳动工资收入水平偏低，只能满足人们低层次需求，还未达到向后弯曲的工资拐点处。

阿申费尔特和赫克曼（Ashenfelter & Heckman，1974）的一篇著名文献是最早的典型的实证研究，他们采用三阶段最小二乘法对年龄在25～54岁的丈夫和妻子家庭的数据进行估计，其样本来自1960年美国100个大都市地区，结果表明，丈夫的劳动力供给与丈夫工资之间关系不明显，而妻子的劳动力供给与妻子工资之间关系非常敏感。

可以用劳动供给弹性来表示劳动供给对工资变动的敏感性，赫克曼（Heckman，1979）提出的两阶段选择法是现代估计劳动供给弹性的经典方法，该方法使得工资方程和劳动供给方程的估计方法取得了突破性进展。国外经济学者于20世纪90年代中期以来提出了一些新方法来估计劳动供给弹性，代表性的新方法主要包括自然实验法和离散选择法两种。自然实验法能够有效地解决估计结果的内部和外部有效性问题，但其应用受到数据的限制，因为该方法要求使用政策实施前后的微观面板数据；离散选择法能够有效地解决工作时间不连续性问题，但由于方法本身过于复杂，使得人们难以从经济学角度对估计结果进行解释。劳动供给弹性的经验研究也随着劳动供给方程估计方法的创新而在西方各国陆续展开，1999年，布伦德尔和马柯迪（Blundell & MaCurdy）通过对大量相关经验研究结果分析指出，女性劳动供给弹性大于男性劳动供给弹性。

陈广汉和张光南（2010）通过对刘易斯模型和劳动力市场分割学派的假设进行修正，指出我国劳动力市场存在“缺乏供给弹性——无限供给弹性”的劳动力市场二元结构，不同于刘易斯的二元结构的区分标准，文章根据劳动者技能和素质的差异将劳动市场分为无限供给弹性和缺乏供给弹性同时并存的二元劳动市场结构，通过对广东省广州市、东莞市和深圳市的劳动力市场数据进行分析，发现缺乏供给弹性劳动力市场的工资和平均教育年限明显高于无限供给弹性市场，但无限供给弹性劳动力市场的平均工作年限略高于缺乏供给弹性的市场。

张世伟和周闯（2009）估计了中国城镇劳动力市场中不同性别劳动力的劳动参与方程和工资方程①，该研究应用微观经济计量方法，表明女性劳动参与的工资弹性是0.6886，而男性劳动参与的工资弹性则为0.2113。女性比男性的劳动参与工资弹性大意味着女性对劳动力市场中工资变动的劳动参与行为反应比男性大得多，而个体劳动参与的工资弹性也会随着家庭收入的提高而逐渐降低，说明高收入家庭劳动参与受市场工资的影响较小，而工资变动对低收入家庭影响较大。

由于微观数据的匮乏，国内的研究都无法估算所有群体的劳动供给弹性②。本书建立简单的回归方程来估算劳动的工资弹性，由于就业人数有随人口增长而增加的趋势，因此在方程中引入时间趋势项，如下：

$$LnN = N_w^s LnW + \phi_1 Lnt + \mu \qquad (5-6)$$

式（5-6）中，N表示就业人数，W表示实际工资，t表示时间，μ是误差项，N_w^s是劳动的工资弹性。用《中国统计年鉴》中公布的1980~2009年的数据进行估计，得到N_w^s为2.2832***（t统计量为182.49），意味着劳动供给变动的百分比大于实际工资变动的百分比，劳动供给曲线是一条向右上方倾斜且较为平坦的曲线。劳动供给富有弹性可能有以下几个方面的原因：（1）我国平均工资水平较低，工资上涨的收入效应还无法体现出来，替代效应占优，所以劳动数量与实际工资的变动趋势相同；（2）低收入家庭比重较大，闲暇还是一种劣质品，对于以维持基本生活需要为目的的家庭来说会产生负效用，所以当工资收入提高时，家庭为了改善生活质量会增加劳动供给；（3）居民家庭收入来源单一，工资收入占比大，财产性收入的

① 劳动供给弹性分为劳动参与弹性和工作时间弹性，由于工作时间往往受到企业性质等需求因素的限制，劳动者短期通常无法自由地选择工作时间，但能够容易地做出是否参与劳动的决策，所以劳动参与的工资弹性可以近似表示劳动供给的工资弹性。

② 姚先国和谭兰（2005）应用线性概率模型分析了已婚妇女劳动参与的影响因素，进而估算了女性劳动参与对于丈夫收入的交叉弹性，但该方法无法估算劳动供给的工资弹性；张世伟等（2008）应用自然实验法估算了纳税群体和贫困群体的劳动供给弹性，但该方法无法估算所有群体的劳动供给弹性。

财富效应无法显示，所以工资就成为劳动供给决策的主要依据；（4）人口规模的扩张、国有企业下岗职工和农村过剩劳动力的存在无不意味着我国存在极为丰富的劳动力资源，他们中的大多数人会加入寻求就业的队伍中去。在二元经济形态中[①]，当现代部门扩大生产规模时，在略高于传统部门生存收入的不变工资水平下，劳动力供给会远远大于劳动力需求，劳动力供给曲线在现行工资水平下富有弹性。

根据劳动供给曲线的弹性，刘易斯（1984）将经济增长和结构转型分为连续的两个阶段：劳动供给无限弹性条件下的经济增长阶段与劳动供给缺乏弹性条件下的经济增长阶段。当社会从传统农业经济向现代工业经济转变的过程中，劳动的稀缺性还不是十分明显，即使劳动供给曲线不是水平的，其斜率也不会很大。我国正处于经济转轨时期，农村剩余劳动力仍冲击着整个社会就业，劳动供给富有弹性也是可以理解的。2010 年我国 15 ~ 64 岁人口为 9.7 亿人，农村人口比重为 53.41%，而 2010 年第一产业增加值仅占 GDP 的 10.2%[②]，随着工业化程度的提高，这些富余的农村人口仍将源源不断地形成现代部门的劳动供给，并通过劳动力的产业间流动对经济增长作出贡献[③]。此外，由于我国低收入阶层比重大，总体工资水平较低，社会保障还不完善，而且我国人口众多，就业竞争激烈，一旦出现高于现有工资的就业机会且劳动力的流动不存在制度性的障碍时，劳动力就会大量涌入并寻求就业。

近几年，在大中城市出现的“民工荒”并没有否定劳动供给富有弹性的事实，因其另有原因。（1）劳动力有技能型和非技能型之分，目前劳动

---

① 二元经济形态有三个方面的特征：第一，经济中包括“现代的”和“传统的”两个部门，一个是以传统生产方法进行生产、劳动生产率极低的、以经济落后的乡村为载体的传统农业部门；另一个是以现代生产方法进行生产、劳动生产率较高的、以现代工业为载体的城市工业部门。第二，非熟练劳动者在提供同等数量和同等强度劳动的条件下，在现代部门就业比之在传统部门就业能够得到更多的工资。因为传统部门的人口众多，资本匮乏，土地稀缺，因而劳动的边际生产率非常低甚至低至零，农业劳动者的工资水平自然也就非常低。第三，由于发展中国家的传统农业部门在整个经济中占有相当大的比重，因而存在着极为丰富的劳动力资源。

② 资料来源：《中国统计年鉴 2010》。

③ 不考虑农业人口流动，1978 ~ 2007 年农业劳动力再配置对经济增长的平均贡献为 0.82%；考虑农业人口流动后，配置效应的贡献提高为 0.96%。

力市场上短缺的是技能型劳动力，其供给是缺乏弹性的，而非技能型劳动力的供给则接近无限弹性；（2）第二代农民工[①]陆续进入城市并成为农民工的主体，他们在人格特征、生活方式、文化程度、打工的主要目的、工作期望、城市认同感、与农村家庭的经济联系等方面都不同于第一代农民工，强烈的维权意识和社会保障的需求使得他们的劳动供给缺乏弹性；（3）当到城市就业所获得的劳动收入小于或略高于就业成本时，农民工就会放弃到城市就业。一方面，满足最低必须支出（劳动者无论收入多寡都必须开销的刚性支出）构成了农民提供劳动的刚性约束，存在过剩劳动力的条件下，只要工资水平在最低保留工资之上，劳动供给就会呈现较大的工资弹性[②]。另一方面，随着工业化和城市化的发展，农民工到现代部门就业的成本节节攀升，当工资收入无法满足其最低必需支出时，农民发现增加劳动并不会使生活境况更好，他们宁愿选择闲暇而不愿做额外工作以增加生产，并成为“游手好闲者”或“好逸恶劳者”。此外，我国近年来连续出台的惠农政策不仅缩小了现代部门与传统部门的收益差距，而且创造了大量的农村就业机会，传统农业向现代农业的发展使大量农民选择就近就业，而其就业的依据依然是就业成本和收益之间的比较。

五、劳动供给的跨期替代弹性

家庭在每个时刻不仅会选择消费水平，还会选择劳动供给水平。劳动供给曲线描述了工资水平变动对人们的激励效应，但这种描述是静态的，没有考虑时间因素。人们对工资水平变化的反应或者来自相对价格变化的直接激励，或者来自因相对价格变化导致的实际购买力变化的激励。现代的劳动供给理论则建立在一个跨期劳动供给决策模型之上，该模型考虑了个体的生命周期行为，在人的生命周期中，工资被扩大到包括现在和未来的价值，个体

① 2010 年 1 月 31 日，国务院发布的 2010 年中央一号文件《关于加大统筹城乡发展力度，进一步夯实农业农村发展基础的若干意见》中，首次使用了“第二代农民工”的提法，并要求采取有针对性的措施，着力解决新生代农民工问题，让新生代农民工市民化。

② 如果工资水平低于保留工资，劳动供给的工资弹性甚至可能为负数。

可以决定现在的最优劳动供给。劳动供给的跨期替代弹性就是用来描述人们在现期和未来劳动之间的选择，反映了人们的劳动和闲暇决策，是对闲暇消费相对风险回避系数的倒数。个体对其时间在劳动和闲暇之间分割的比例决策，取决于其对当前闲暇所获得的效用与未来闲暇所获得效用的评价和比较。跨期替代弹性较大表示个体当期选择较多的闲暇，较小则表示个体选择较多的当期劳动。

1991 年，卡德（Card）综述了在生命周期上分配工作时间的大量文献，近年来，经济学家利用微观计量技术更为深入的研究了劳动跨期选择问题，这些技术主要包括局部线性法、豪斯曼方法和双向固定效应法，涉及各种非线性预算约束下劳动供给方程的估计方法。

卢卡斯和若平（Lucas & Rapping，1969）最早提出了内生劳动供给的个体跨期最优模型，他们认为一个劳动者提供劳动的效用主要受到四种因素的影响：现在商品消费、现在劳动供给、未来商品消费和未来劳动供给，从而得出家庭对闲暇和劳动的选择与其对当期消费和未来消费的选择关系的结论。我国居民消费跨期替代弹性较小，也就是说当期消费对预期价格的变动并不敏感，如果将闲暇看作是一种正常商品，闲暇消费也会是缺乏弹性的，所以劳动供给的跨期替代弹性比较小。

根据式（2－13）和式（2－14）[①] 得到的方程 $U'(N_t)=\frac{w_t}{w_{t+1}}E_t^{-1}(\Pi_{t+1})U'(N_{t+1})$ 描述了劳动的跨期替代问题，预期通胀率上升减少了当期劳动的效用，家庭部门会减少当期劳动而增加未来劳动，可见家庭跨期劳动选择与通胀预期有关，可以根据通胀预期来考察劳动的跨期替代决策问题。学者们通过大量实证研究估计出来的跨期替代弹性通常都很小，而且在统计上不显著，有的甚至为负值，布伦德尔等（Blundell et al.，1993）、布伦德尔（Blundell，1994）、布伦德尔和马库迪（Blundell & MaCurdy，1999）在这方面作出了杰出的贡献，曼昆（Mankiw，1989）的研究也认为这一弹性接近于 0。

---

① 参看本书第二章。

根据 $U'(N_t)=\frac{w_t}{w_{t+1}}E_t^{-1}(\prod_{t+1})U'(N_{t+1})$，当期劳动与未来劳动的比例取决于现在和未来的相对工资，以及对未来的通胀预期，据此建立双对数模型如下：

$$Ln\frac{N_{t+1}}{N_t}=Ln\,\varsigma_1+\varsigma_2 Ln\frac{W_{t+1}}{W_t}+N_w^s LnP+\mu \qquad (5-7)$$

其中，N_π^s 表示劳动供给的跨期替代弹性，μ 是误差项。用 1981 ~ 2009 年的年度数据对方程进行 OLS 估计，得到 N_π^s 的值为 -0.1778^*（t 统计量为 -1.7568），这与先验预期有相同的符号，但较小的 N_π^s 意味着劳动供给对预期价格的变动不敏感，这一方面说明劳动者没有形成前瞻性的价格预期，另一方面也与我国居民收入水平低，收入分配差距大有关系。

2010 年中国农村居民人均纯收入 5919 元，中国城镇居民全年人均可支配收入 19109 元，尽管收入水平相对于 2009 年有很大提高，但由于我国收入分配差距过大①，尤其是城乡收入分配不平衡，所以中低收入家庭比重仍然较大。这些家庭为满足当前的必须消费而选择劳动，无暇顾及闲暇、储蓄和未来消费，家庭的劳动所得大部分只能满足当前消费，如果不劳动或者少劳动，家庭生活、子女教育和居住等问题都无法解决。此外，由于各种社会福利保障制度不健全，出于对未来安全的考虑，家庭都会选择增加劳动来应付未来的不确定性。所以，家庭的劳动决策只取决于工资收入，而与预期通胀等因素并无太大关系，一般情况下家庭都会选择较多的当期劳动和当期消费，很少进行跨期替代。

综上所述，根据估算的消费和劳动相关弹性，$C_D=0.84$，$C_\pi=0.04$，$-N_\pi^s=-0.18$，$\alpha=0.79$，$N_w^s=2.28$，我们得到 $N_w^s>\frac{C_D(1+\alpha N_\pi^s)}{\alpha(1-C_\pi)-C_D(1-\alpha)}=1.637$，满足第二章中得到的货币政策有更大产出效应的三个必要条件，这

① 根据 2009 年的《中国统计年鉴》，按照收入五等份分组看，农村居民的低收入组、中低收入组、中等收入组、中高收入组、高收入组人均纯收入增速分别为 20.7%、16.4%、16.0%、15.0% 和 14.0%。高低收入组的人均纯收入比值为 7.5∶1。城镇居民的低收入组、中低收入组、中等收入组、中高收入组、高收入组人均可支配收入增速分别为 13.1%、13.0%、11.8%、10.3% 和 9.9%。高低收入组的人均可支配收入比值为 5.4∶1。

三个条件的存在表明我国货币政策可以通过微观经济主体行为的反应对总供给产生影响。

第二节 成本效应的城乡比较

上文从微观层面论证了显示供给渠道效应的必要条件，下面通过比较货币政策对城乡价格的不同影响来进一步解释“价格之谜”现象产生的原因。第四章的总量数据分析显示我国货币政策传导确实会产生至少长达 1 年的“价格之谜”现象，然而，我国城乡之间由于收入水平、消费习惯、产业结构和金融结构不同，其对同一货币政策所作出的反应也不尽相同。

货币政策的区域效应也称为空间非一致性，主要是指同一货币政策作用于不同经济区域会产生不同的政策效果，对这一问题的研究起源于 20 世纪 70 年代，主要集中在讨论欧元区各国对统一货币政策的不同反应，现有文献对于货币政策区域效应的存在性给出了一致的结论，并从产业结构、金融结构等层面作了大量理论和实证解释。在国内，葛兆强（1995）比较早地研究了区域化的货币政策和区域经济协调发展的关系，认为区域经济差异和货币政策区域效应差异是货币政策区域化的基本原因。为了提高货币政策在协调区域经济发展方面的作用，国内理论界和实践部门对货币政策区域效应给予了持续关注，研究方法和工具也日益多样，形成了较丰富的研究成果①，这些研究有两个明显的特征。第一，按地理区域划分，以三区域、四区域或八区域作为划分区域的方法。大部分文献以“三大经济地带”，即东部发达地区、中部欠发达地区和西部不发达地区为研究对象，检验证实中国货币政策效应从东部、中部到西部逐渐减弱，呈非对称性特征。蒋益民和陈璋（2009）采用“八分法”，对八大经济区进行实证检验，显示其存在明显的货币政策区域效应，指出生产力水平高的地区受到货币政策的冲击效应越

① 国内学者对我国货币政策区域效应的研究综述可以参看蒋益民和陈璋的文章《SVAR 模型框架下货币政策区域效应的实证研究：1978－2006》。

大。孔丹凤、比恩韦尼多·科尔特斯(Bienvenido S. Cortes) 和秦大忠（2007）则对各省份货币政策对真实产出的影响进行比较，发现沿海省份对货币政策的反应要比内陆省份强烈，区域效应与各省份国有企业占比负相关，与向工业企业提供的贷款比例和第一产业 GDP 占比正相关。廖国民和钟俊芳（2009）比较了我国货币政策在工业部门与农业部门之间的效力差异，指出同一货币政策对工业部门的效力总体上要强于对农业部门的效力，并基于二元经济的视角对效力差异进行了解释。第二，从货币政策传导理论的角度解释区域效应形成的原因，将利率渠道和信贷渠道作为区域效应形成的主要原因。利率渠道和信贷渠道的效果取决于总需求对货币数量变化的反应程度，各地区总需求对利率弹性和信贷弹性的差异导致货币政策的空间不一致性。可见，现有的文献尚没有从总供给方面来解释货币政策区域效应，以城乡作为划分区域的方法也比较少见。

一、运用脉冲响应函数分析成本效应的城乡差异

结合第四章的实证检验方法，在完成对 SVAR 模型识别后，通过观察系统的脉冲响应函数可以判断货币政策的结构性冲击对实际产出和价格水平的影响轨迹及程度。通过上述的研究已经知道，成本效应主要以“价格之谜”现象表现出来，通过比较城乡价格对同一货币政策的不同反应来分析货币政策，尤其是利率政策成本效应的非对称性，毫无疑问，城市和农村既有的生产成本对利率变动的敏感程度不同，对同一利率政策作出的反应也不同。本书用农村和城市累计 CPI（CPI_rural 和 CPI_town）来表示价格水平，考虑到我国第一产业主要分布在农村地区，而第二产业主要集中在城市地区，可以用第一产业（AGRICULTURE）和第二产业（INDUSTARY）生产总值指数表示实际产出，由于现有的统计数据只公布了季度生产总值指数，因此本书选取 1999 ~ 2010 年的季度数据进行比较分析。

同样的，首先，对各序列进行 ADF 检验，结果表明其水平值均为非平稳序列，而一阶差分构成平稳序列，这些变量都是 I（1）序列（见表 5 - 3）。其次，利用 Johansen 检验对（LOANR，CPI _ rural，AGRICULTURE）和

（LOANR，CPI_town，INDUSTARY）的协整关系进行检验，结果显示两个序列组内部的变量之间存在协整关系。

表 5-3 各序列的 ADF 检验结果

变量	ADF 检验值	检验类型（C，T，K）	临界值			是否平稳
			1%	5%	10%	
CPI_rural	-1.039730	（C，0，8）	-3.61045	-2.93899	-2.60793	否
CPI_town	-0.846665	（C，0，8）	-3.61045	-2.93899	-2.60793	否
AGRICULTURE	-1.350300	（C，0，3）	-3.58851	-2.92973	-2.60306	否
INDUSTARY	-2.011533	（C，0，0）	-3.57772	-2.92517	-2.60066	否
D（CPI_rural）	-6.71964***	（C，0，7）	-3.61045	-2.93899	-2.60793	是
D（CPI_town）	-6.252634***	（C，0，7）	-3.61045	-2.93899	-2.60793	是
D（AGRICULTURE）	-6.043921***	（C，0，2）	-3.58851	-2.92973	-2.60306	是
D（INDUSTARY）	-5.986635***	（C，0，0）	-3.58115	-2.92662	-2.60141	是

注：（1）***、** 和 * 分别表示在 1%、5% 和 10% 的水平上显著；（2）D 表示一阶差分，C、T 和 K 分别指常数项、趋势项和滞后阶数，滞后阶数依据 AIC 准则确定。

经过检验，得到两个序列组构成的 SVAR（2）是稳定的，再施加短期约束完成对 SVAR（2）的识别后，通过脉冲响应函数来比较利率冲击对城乡的不同影响。给利率一个标准差单位的冲击，得到关于城乡物价的脉冲响应函数图（见图 5-2 和图 5-3）。

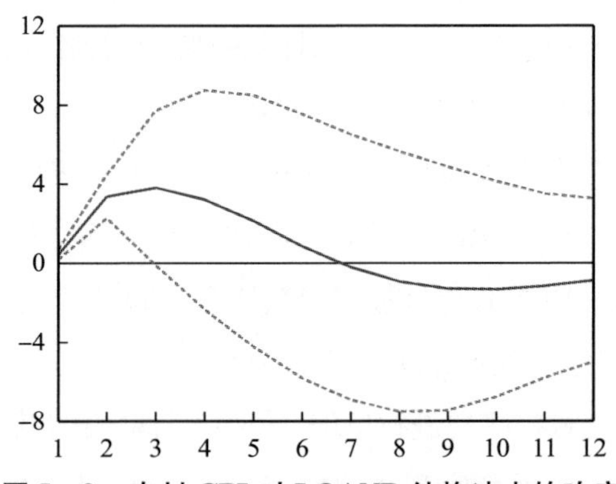

图 5-2 农村 CPI 对 LOANR 结构冲击的响应

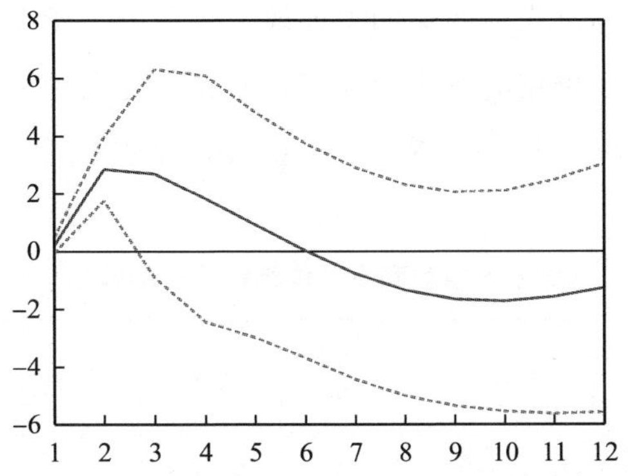

图5－3　城市 CPI 对 LOANR 结构冲击的响应

从图5－2和图5－3可以看出，CPI对来自LOANR的一个标准差随机扰动的结构冲击会在第1个季度就作出正向反应，并持续6个季度，都在第10个季度出现最大负响应后趋于稳定，但城市CPI的负向响应比农村CPI更大。从累计响应看，农村CPI累计响应在第6期达到最大值13.776，而且呈稳定的正向响应，城市CPI累计响应在第6期达到最大值8.5173，第12期后稳定于0。这意味着利率变动而产生的成本效应在农村地区更加明显，当贷款利率提高时，农村地区的生产成本提高而导致价格大幅上涨，随着时间的延长，需求效应开始显现，然而农村地区需求减少的幅度比城市小，导致农村价格下降的幅度比较小。此外，城市CPI对LOANR冲击的反应领先于农村CPI，农村CPI在第3个季度出现峰值3.7958，城市CPI的峰值2.8565出现在第2个季度，这说明成本效应在城市的传导速度更快，城市对利率变动的反应更灵敏。

表5－4是城乡价格对利率单位正向冲击的脉冲响应的基本特征，从标准差信息的最大响应、最大累计响应和累计响应基本稳定的时期等各个方面可以看出货币政策在城乡之间存在非对称性价格效应。一方面，利率提高后的6个季度内供给效应超过需求效用，价格水平上涨，之后需求效应超过供给效应，价格水平下降。另一方面，农村价格对利率冲击的累计响应峰值是13.776，大于城市价格的响应程度，从供给角度来看，农村总供给对利率的变动更敏感，显示出更明显的供给效应；从需求角度来看，城市总需求对利

率的变动更敏感，显示出更明显的需求效应，所以，旨在降低通胀水平的紧缩性货币政策对城乡价格的影响程度存在差异，提高利率对城市物价的平抑效果比农村地区更好，其传递货币政策意图的效率更高。

表 5－4　　城乡价格对利率单位结构冲击的响应

中介目标	"价格之谜"出现期数	持续期数	持续期长度	峰值	峰值期数	累计峰值	累计峰值期数
CPI_rural	1（+）	1～6	6	3.7958	3	13.776	6
CPI_town	1（+）	1～6	6	2.8565	2	8.5173	6

二、成本效应城乡差异的原因分析

货币政策供给渠道对城乡价格影响存在差异的原因是多方面的，城市和农村在银行业结构、产业结构和家庭消费行为等方面的异质性，导致单一的货币政策在传导过程中产生区域非对称性效应，从而制约了统一货币政策目标的实现。

（1）城乡二元经济结构导致城市与农村之间的劳动生产率不同，使得城乡劳动供给对货币政策的反应存在巨大差异，农村部门更大的劳动供给弹性使供给效应更明显。

中国是一个发展中国家，二元经济结构的特征极为明显，经济中包括"现代部门"和"传统部门"，一个是劳动生产率低的、以传统生产方法进行生产、以经济落后的乡村为载体的传统农业部门，另一个是劳动生产率较高的、以现代生产方法进行生产、以现代工业为载体的城市工业部门。随着工业化和城镇化的发展，国家对城市工业部门在政策、技术和资金等方面进行大力倾斜与扶持，工农业发展水平的差异日益明显，造成城乡发展水平及劳动生产率存在明显差异。一方面，相对于城市工业部门来说，传统农业是劳动密集型产业，对劳动的依赖性强，劳动贡献的比例大，劳动产出弹性更大；另一方面，传统农业部门资本匮乏，土地有限，人口绝对过剩，劳动力的供给远远大于农业部门对劳动力的需求，劳动力供给曲线在生存收入的工资水平下更富弹性，甚至具有无限弹性的特征。所以，当利率变动引起生产成本相对于实际工资发生变化时，农业部门的劳动供给会产生更大幅度的波动，也就是说，农业部门的劳动供给对利率变动更加敏感。工业部门和农业部门在劳动市场上的差异造成了城乡总供给对利率变动的敏感程度不同，货币政策对价格的影响自然会出现差异。

（2）城乡二元金融结构导致城市和农村对银行资金依赖程度不同，从而使得借贷成本对货币政策的反应存在差异，农村部门对信贷资金更强的依赖性使其供给效应更明显。

二元金融结构是指集中在经济发达地区和城市的、以现代管理方式经营的大型金融机构和外资金融机构，与那些规模较小的、在落后地区、农村地区分布的、以传统方式经营的金融机构甚至钱庄和当铺等同时并存。这使得处于城市中的工业部门与处于农村的农业部门面临不同的金融服务与金融生态环境。一方面，城市中的工业部门享受着现代化的金融服务，处于高水平的现代化金融市场中，融资渠道较为广泛，更多的信息获取拉近了他们与银行之间的关系，降低了银行贷款的监督和管理成本，银行对这些优质客户发放的贷款不仅是优惠利率的，而且只收取很少的风险溢价，所以，相对于农村部门而言，城市工业部门的生产成本因贷款利率提高而增加的幅度比较有限。另一方面，农村部门（主要是农户和中小企业）由于规模小、发展缓慢被排斥在现代化的金融市场之外，对市场的参与程度不高，融资渠道单一，对信贷资金的依赖性更强。但严重的信息问题导致现代银行或者直接拒绝农业部门的资金需求，或者实行较高的贷款利率和风险溢价，当贷款利率提高，银行可贷资金日趋紧张的情况下，农村部门受到的信贷配给程度会更严重，这也促使农业部门求助于手续简便但价格更高的非正规金融，其获得资金的成本明显高于城市部门。可见，城乡二元金融结构强化了农业部门对信贷资金的依赖性，使其生产成本对贷款利率的变动更加敏感。

（3）银行市场结构不同导致城市和农村金融市场上信贷供给存在差异，使得银行对城市和农村执行不同的贷款价格，农村部门单一的金融结构使其供给效应更明显。

从银行业分布的地理范围看，所有大型商业银行的总部都设在大中城市，他们把经营重点转向发展水平较高的城市现代部门，对农村部门的信贷投放少之又少。随着金融体系改革的深入，主要商业银行商业化、市场化进程逐步加快，经营中的利益导向越来越明确，各商业银行已经全面收缩农村乡镇网点，普遍实施集中管理模式，上收信贷审批权，收缩县级基层行的授信权限（见表5-5）。大部分县级基层行只有十万元以下的小额抵押贷款权限，几乎所有的其他贷款发放都要报经上级行逐笔审批，可供基层行支配的资金十分有限。与此同时，各商业银行为将资金贷放到高收益的项目或者地区，纷纷提高基层行上存存款的利率，并将存款上存比例作为年度考核指标，这进一步抑制了基层行向农村部门放贷的积极性。从目前的情况看，能够向农村部门提高信贷资金的现代金融主体只有农村信用合作社、中国农业发展银行和邮政储蓄银行等三家金融机构，相比较城市而言，农村地区银行业集中程度更高，金融竞争环境很不完善，农村部门获取资金的成本更高。为覆盖银行贷款的信用风险，2004年金融机构贷款利率浮动区间进一步放宽，商业银行贷款利率的浮动区间扩大到基准利率的1.7倍以上，城市信用社贷款利率则在（1.7，2.3］区间内，农村信用社贷款利率在（2，2.3］区间内①。从近几年的执行情况看，在基准利率2倍以上区间内的贷款中，城乡信用社放款就占到80%②。可见，农村信贷市场的高度垄断减少了信贷资金的可得性，农村部门面临更强的流动性约束，使其信贷资金成本对利率变动变得更加敏感。此外，农村地区广泛存在的非正规金融执行比正规金融高很多的贷款价格也提高了农村部门资金的使用成本。

表5-5　　国家银行机构数量变化　　单位：个

年度	中国银行	中国农业银行	中国工商银行	中国建设银行	合计
1998	15227	58466	29986	30469	144148
2008	10789	24064	16386	13426	64665
累计减少	4438	34402	13600	17043	79482

注：笔者根据《中国金融年鉴》公布的数据整理。

①② 资料来源：《货币政策执行报告》和《中国金融年鉴》。

（4）居民收入和消费特征不同导致城市和农村对货币政策的反应存在差异，农村部门较低的生活水平，较小的劳动和消费的跨期替代弹性使其供给效应更明显。

2010 年，我国农村居民收入增长首次超过城镇居民，但从绝对收入水平上看，城乡之间仍存在很大差异，2010 年农村居民人均纯收入 5919 元，中国城镇居民全年人均可支配收入 19109 元，几乎是农村居民人均纯收入的 3 倍。在消费总量上，农村居民人均生活消费支出占其纯收入的 77%，城镇居民人均消费占其可支配收入的 72%；在消费结构上，农村和城镇居民在食品、衣着、医疗保健和居住四项消费上的支出占其生活费用总支出的比率分别是 74% 和 64%；在消费质量上，农村和城镇家庭恩格尔系数分别为 41% 和 36.5%。[①] 所以，相对于城镇居民来说，农村居民收入水平低，收入来源单一，而且更多收入要用于满足生活开支的需要，文教娱乐用品及服务和交通通信等发展性支出占比远比城镇居民小，而这些必须生活支出是刚性需求，对收入和价格都是缺乏弹性的。此外，由于财产性收入和转移支付占农村家庭收入不足 10%，工资性收入和经营性收入是其主要收入来源，所以，农村居民的消费更依赖于劳动所得，如果不劳动或者少劳动，其基本生活就可能得不到保障。这样，农村居民只要有劳动机会就会提供较多的当期劳动，使其劳动和消费的跨期替代表现得并不明显。

此外，由于农村居民和城市居民的职业和知识结构不同，对货币政策所传递的信息有不同的理解，并形成不同的价格预期，导致两者对消费和劳动作出不太相同的决策。

第三节　本章小结

本章用我国实际情况验证了“信贷—成本”渠道发挥作用的必要条件，并分析了影响该渠道效力大小的主要因素。

---

① 资料来源：《中国统计年鉴 2010》。

从理论上讲，总供给对利率越敏感，总需求对利率越不敏感，货币政策供给效应越显著。成本渠道显示出较大产出效应的必要条件是存在一个较大的劳动供给工资弹性，而该弹性与劳动和消费的跨期替代弹性、消费需求的收入弹性和劳动的产出弹性都有联系。本章通过理论和实证方法对消费和劳动的相关弹性进行估算，得出：$C_D=0.84$，$C_\pi=0.04$，$-N^s_\pi=-0.18$，$\alpha=0.79$，$N^s_w=2.28$，满足第二章中得到的货币政策有更大产出效应的三个条件，这三个条件的存在表明我国货币政策可以通过微观经济主体行为的反应对总供给产生影响。通过分析，本书发现成本效应之所以非常显著，主要有以下几个方面的原因：（1）我国居民家庭收入水平整体不高，收入来源单一，为应对未来的不确定性，家庭参与当前劳动的愿望强烈；（2）在消费结构上，有限的家庭收入大多要满足食品、衣着、居住和医疗等生活必需品的开支，这些刚性消费需求对收入、价格和利率的变动并不敏感；（3）大量国有企业下岗职工和农村富余劳动力的存在使得现代部门难以在短时间内将其吸收完毕，为了生存及改善生活质量的需要，劳动供给对工资的变动富有弹性；（4）我国经济中的服务部门和工业部门的大部分，都是以劳动密集型为特征的，劳动贡献比例大，产出变动对劳动变动的反应比较敏感。

为了进一步探索成本效应的影响因素，比较了同一货币政策（主要是利率政策）对城乡价格的非对称性效果，指出农村总供给对利率的变动更敏感，而城市总需求对利率的变动更敏感，旨在降低通胀水平的紧缩性货币政策对城市价格的抑制效果更明显，也说明货币政策作为总需求管理手段在城市地区的传导效率更高。农村地区表现出更明显的“价格之谜”的原因可能是劳动生产率低下、对信贷资金依赖程度高、流动性约束更强、收入水平低和刚性的消费需求等因素。

第六章

我国货币政策对制造业的影响

对于大国而言，制造业具有战略地位，它不仅是一个国家生产力水平的直接体现，也是区别发展中国家和发达国家的重要因素。在中国，制造业更是国家的支柱产业，其发展水平的高低体现着我国经济发展的状态好坏。党的十九大报告中就提出要建设以推动高质量发展为核心的现代化经济体系，其内容包括：一是在质量变化、效率变化、动力变化和全要素生产率提升的基础上，构建融实体经济、科技创新、现代金融、人力资源发展为一体的产业体系；二是在坚持社会主义市场经济改革方向的基础上，建立起有效的市场机制、活跃的微观主体、有度的宏观调控经济体系。要推动这两方面的建设，供给侧结构性改革必须成为主线。货币政策越来越成为我国对经济进行宏观调控的重要手段，但货币政策在实施过程中往往会遇到各种各样的困难，且实施效果不如预期。通过对研究货币政策产业效应或者制造业的行业效应等的文献的整理分析，发现货币政策对各产业及产业内部各行业有一种“非对称性”的效应存在，这种非对称性体现在相同的货币政策对不同的产业或某一产业内部的各行业有着不同的影响，除此之外，不同的地区、不同的所有制企业等对相同的货币政策也能表现出不同的影响，这种影响的非对称性体现在影响的方向、大小和程度等方面。因此，研究我国货币政策的变动对制造业细分行业是否会产生不同的影响具有重要意义。这样就可以根据各行业的不同特点，合理地、有针对性地制定货币政策，避免因采取统一的货币政策而造成的对部分行业产生巨大的冲击作用，从而提高货币政策的实施效率。

第一节　文献综述

一、货币政策的产业非对称性效应的理论基础

通过对文献的梳理与总结发现，学者们都普遍认可了货币政策对各产业及行业间的影响具有非对称性。一些学者也对此非对称性效应作出了理论阐释。

厉骞和李文兴（2015）在加速原理投资函数模型的理论基础上，构建了一个简化的封建经济模型来说明货币政策与产业产出之间的关系。还有学者根据凯恩斯货币需求理论，构建了货币需求函数，如科伊克（Koyck）于1954年提出的灵活的加速模型，从理论上证明，货币政策对产业产出的影响取决于不同产业产出对货币供应量的反应程度，即反应系数在不同产业是否存在差异。由于不同产业资本系数存在着差异，因此货币政策会对不同的产业产生不同的影响。在资本系数高的产业，其反应系数的值较小，对货币政策的反应不敏感，而在资本系数低的产业，其反应系数的值较大，这对货币政策的反应更加敏感。因此，不论是不同的产业还是单论制造业这一大产业来说，货币政策对它们的非对称性效应是存在的。

戴金平和金永军等（2005）将货币政策对我国经济结构形成及调整所起的作用的主要传递过程概括为：货币政策（利率政策）→投资→影响资金流量结构→影响生产要素分配结构→影响资金存量结构→影响经济结构。因此，经济金融化程度越高的国家这种传递过程更为有效，而作为资本价格信号的利率是配置资源的基础，利率的变化对产业或行业的影响程度受行业发展阶段、规模因素、市场结构及要素密集度等的影响。这一原理显然说明了即使是相同的货币政策也会因为这些因素的不同对各产业的影响呈现出非对称性的特征。

卢盛荣和李文溥（2013）提出利用传统利率与金融加速器这两种传导

渠道来实现货币政策的产业效应。其中，在用耐用品虚拟变量通过利率渠道来描述货币政策对产业产生的影响时，可以预期到生产耐用品的行业具有较强的货币政策效应，因为市场对耐用品如投资产品的需求比非耐用品对利率的上升更为敏感。此外，在描绘传统利率或资本使用成本渠道时也可以用产业投资密度（总投资/工业产值），显然资本密度较高的产业可能会对利率或资本使用成本的变化更为敏感。同时，外部融资利差与借款人净资产价值的相关性将导致“金融加速器”放大机制，从而得出衰退期的货币政策比繁荣期有着更强的效应的推论。类似的，曹永琴（2010）预设各产业市场结构存在差异，并以“金融加速器”机制为理论基础，认为造成中国产业非对称的原因是金融加速器机制将各产业存在的市场结构差异及各产业所面临的金融摩擦差异扩大化，货币政策的影响在产业层面上表现出了非对称性。

张建平和范致镇等（2017）四位学者以信贷渠道的货币政策产业传导效应为目的进行了研究。学者们提出货币政策传导机制有“货币传导”和“信贷传导”，而前人的研究发现，货币政策对第二产业和第三产业影响较大，但对第一产业几乎没有影响。在第二产业内部，不同类型的行业受到不同的影响。而货币政策的有效作用往往是基于一定条件下，信息不对称、金融资产非完全替代性的普遍存在，为研究银行行为的信贷渠道奠定了基础。

二、货币政策的产业非对称性效应的实证研究

学者们对货币政策的产业非对称性效应做了许多的研究。本书发现学者们的研究主要是集中于对货币政策产业效应存在非对称性进行证明及探讨这种非对称性的成因。除此之外，学者们也深入到制造业的内部来研究货币政策对其产生的非对称性效应。同时，一些学者也对货币政策的非对称性效应的解决提出了一些对策。

早在20世纪末，外国学者伯南克和珍特乐（Bernank & Gentler，1995）就利用离散数据对货币政策传导机制进行了实证研究，结果表明货币政策对一国最终支出的各个组成部分（包括耐用品、非耐用品消费支出、居民投

资支出和商业投资支出等）具有不同的影响，从总量分解的角度分析了货币政策的执行效果，结果表明，货币政策的实施可以在经济总量上产生结构性差异。这一研究为之后学者们对此结构性差异展开的深入研究奠定了基础。

李孔建（2014）构造了 VAR 模型并利用脉冲响应函数对其进行分析，结果表明，对货币供给的反应程度最强的是第二产业，第一产业最轻微，而第三产业则介于两者之间，这就证明了中国货币政策在三大产业之间存在着明显的非对称效应。原因有三个方面，一是不同产业的融资渠道和方式不同。而包括制造业在内的第二产业主要是以资金密集型企业为主，众多行业对资金需求量大，所以第二产业严重依赖于金融机构的信贷渠道，相应地对于货币政策信贷冲击的反应敏感程度也就比较强。二是不同产业的融资便利程度不同。包括制造业在内的第二产业中的大部分企业都有比较一定的贷款抵押物或信用担保，从银行获取信贷资金更容易，且此产业中国有企业很多，更易获得信贷支持，因此对货币政策信贷冲击的反应敏感程度更强。三是各自行业内不同行业的金融摩擦程度不同。第二产业中所属行业多属于资本密集型行业，受到的金融摩擦程度普遍较高，因此货币政策冲击对第二产业工业增加值增速的影响作用相较更大。为了减少货币政策的非对称性对这三大产业产生的冲击，学者提出要慎重选择货币政策的使用以刺激经济增长、加快利率市场化改革、根据经济形势变化来调整货币政策的调控力度、解决民营企业融资难的问题，实行信贷引导，以加快产业结构调整和经济转型升级等。

进一步地，学者们又对货币政策对制造业的影响进行了实证研究，学者们普遍发现货币政策对制造业的影响也存在着非对称性的效应。

国内学者闫红波和王国林（2008）及国外学者哈约和乌伦布洛克（Hayo & Uhlenbrock，1999）都对货币政策的非对称性的产业效应进行了分析。闫红波和王国林（2008）运用向量自回归和脉冲响应函数发现和证实了中国制造业货币政策的非对称性，这种非对称性包括产出效应和价格效应，且无论是通过利率途径、汇率途径还是信贷途径，制造业中的不同行业对它们的反应速度和深度都不同，这说明各行业的产出和价格对相同的货币政策会作出不同的反应。哈约和乌伦布洛克（1999）则使用德国 1978 ~

1994 年的月度数据，运用 VAR 模型研究了德国 28 个制造业部门受货币政策影响的程度。该研究发现，服装和食品行业等轻工业对利率的影响要比重工业影响小得多。

张华（2017）运用 FAVAR 模型研究经济增速放缓冲击对中国制造业各行业的影响，结果表明，不同要素密集度行业对于冲击的反应不同，且资本密集型行业对此反应最为敏感，其次为技术密集型行业和劳动力密集型行业。陈芳英和万家山（2017）使用两个典型行业：资金密集型行业和劳动密集型行业，实例研究货币政策冲击对不同要素密集度行业的影响差异和原因。经研究，学者们得到的结论与前面的学者类似，究其原因，学者们分析发现国家资本占比、利润率和流动资产占比的差异是造成货币政策行业存在差异的主要原因。因此学者们指出，要素密集度差异是货币政策对制造业的影响表现为非对称性的重要因素。为了减少因要素密集度的差异导致的非对称性效应所产生的冲击，学者们提出应将产业政策作为依据，对不同的行业采取有差别的货币政策；充分考虑货币政策对不同行业影响的速度和程度；在操作货币政策过程时，应注重配合多种货币政策工具使用等。

冯晓琪和朴哲范（2013）建立了一个基于中国制造业不同子行业制造数据的回归模型，研究了影响不同所有制上市公司杠杆率的因素及货币政策等宏观环境变化下的杠杆率特征。研究结果表明，制造业企业的杠杆率受多重因素的影响，且国有和非国有企业所受影响不同。所以他们提出，企业所有制结构是货币政策对制造业产业非对称性影响的重要因素。徐文舸和包群（2016）不仅研究了所有制结构这一因素，同时也对企业规模差异这个因素进行了研究。研究结果表明，紧缩的货币政策调控将导致民营企业和中小企业的融资结构调整较明显，特别是民营企业更为突出，但对国有企业和大企业的融资结构变化没有显著影响。这是因为拥有不同所有制与规模的企业在信贷约束与融资能力方面存在显著差异，这使得货币政策调控对这些异质企业的融资结构产生了不同的影响。为了减少所有制结构因素和企业规模差异因素造成的非对称性影响，学者们提出货币政策的调控应注意定向调控与精准发力，并且政府、金融机构和企业应该共同努力，逐步消除信贷市场上的“所有制歧视”和“中小企业融资难”等现象。

通过对国内外学者的研究综述，发现货币政策的实施会因为产业特征的不同对各产业产生非对称的效应。货币政策也会根据制造业行业的自身特征、行业内企业的所有制形式及企业规模等的不同产生不同程度的影响。学者们也有针对性地提出了一些解决对策，这些对策的实施对因货币政策的非对称性而给制造业行业产生的冲击有一定的减轻作用。

三、文献述评

通过对国内外学者的研究进行分析可以发现，货币政策的产业非对称性效应是普遍存在的，并且货币政策对制造业也存在非对称性效应。所以合适的货币政策对于调控宏观经济，促进我国制造业的发展有着极其重要的作用。正是由于相同的货币政策对于不同行业、不同企业有不同的影响，学者们从各个不同的影响因素如不同的产业、要素密集度、企业所有制等来研究货币政策对制造业的影响。而货币政策的传导渠道主要有信贷渠道、利率渠道和汇率渠道三种，前人在研究时大都选择其中一种传导渠道进行研究，本书将这三种传导渠道都运用在 VAR 模型中进行研究，完整地体现货币政策通过各种传导渠道传导时对制造业产生的非对称性效应。文章通过 VAR 模型证明，不同行业对这三种不同的传导渠道的敏感程度是不同的，也就是说不同的货币政策对每个行业产生的效应大小存在差异，这样有利于有针对性地采取差异性的货币政策，进而更好地提升货币政策的效率。

第二节　我国货币政策对制造业的影响实证研究

一、样本选取及数据来源

1. 样本选取

通过对前面学者文章的分析，本书发现制造业的各个细分行业有不同的禀赋差异，这是造成各个行业对货币政策的响应呈现非对称性的一个非常重要的因素。因此，按照我国制造业的划分标准，可以通过计算生产要素的相对密集度来划分产业，进而体现这种禀赋的差异。一般而言，生产的主要要素有劳动、技术、资本和资源，它们将行业分为劳动密集型、技术密集型、资本密集型和资源密集型等。目前，按照国民经济行业分类标准，我国制造业分为 31 个子行业，每个行业都有其各自对应的禀赋特征。在这里，本章选取了劳动密集型的纺织业、资本及技术密集型的有色金属冶炼及压延加工业、资源密集型的烟草制造业作为研究货币政策非对称性的代表性行业进行实证研究。

2. 数据来源

本章选取的数据的时间跨度是从 2013 年 1 月 ~2017 年 12 月，通过国家统计局网站收集了烟草制品业、纺织业和有色金属冶炼及压延加工业这三个细分行业的工业增加值增长速度的月度同比数据，通过中国人民银行网站收集到了每个月期末的一美元折合人民币值作为汇率，收集了全国银行间同业拆借交易统计表中的七天加权同业拆借利率作为利率数值，同时收集了每个月的货币供应量 M_2 数值。

数据收集完成后需要进行数据的处理，本章用了均值替换法计算出了每年中前两个月的工业增加值数据，具体做法是对每年的 3 月 ~12 月的工业增加值取均值作为每年前两个月的填充①。

二、变量选取及模型构建

1. 变量选取

本章选取了工业增加值、货币供应量、七天加权同业拆借利率和汇率这四个变量。其中，工业增加值反映了工业企业在报告期内工业生产活动以货币形式表现的最终成果，可以作为用来衡量制造业行业的经济发展指标；货

① 根据网站提示，为了消除春节日期不固定因素带来的影响，增强数据的可比性，按照国家统计制度，自 2013 年起，1 ~2 月份工业数据一起调查，一起发布，不再单独发布 2 月份当月数据，因此，1 月、2 月工业增加值同比数据缺失。

币供应量 M_2、七天加权同业拆借利率和汇率这三个指标分别体现了货币政策在信贷渠道、利率渠道和汇率渠道的传导过程中的自变量。这些指标分别代表 VAR 模型中的各个动态变量。

2. 模型构建

本章选择了 VAR 模型，VAR 模型可以叫作向量自回归模型，把系统中每一个内生变量作为系统中所有内生变量的滞后值来构造模型，从而将单变量自回归模型转变为多元时间序列变量组成的“向量”自回归模型，进而可以建立各变量之间的关系。

VAR 模型的一般形式如下：

$$Y_t = A_1 Y_{t-1} + A_2 Y_{t-2} + \cdots\cdots + A_p Y_{t-p} + \varepsilon_t \tag{6-1}$$

其中，Y_t 表示 K 维的内生变量向量，A_1，A_2，…，A_p 表示估计系数的对应矩阵，p 表示内生变量滞后的阶数。ε_t 是一个随机扰动项，它的同一时刻的变量可以相互关联，但它不能和自身的滞后期及模型右边的变量相关。

因此，本章将建立三个 VAR 模型，并借助脉冲响应分析和方差分解来研究我国货币政策对不同行业的影响，所有工作运用 Eviews 8 完成。

三、我国货币政策对制造业的行业非对称性效应实证分析

1. 变量检验

（1）平稳性检验。

通常在分析时间序列时，必须要检验序列的平稳性，检验方法就是 ADF 单位根检验，这也是进行协整检验的重要前提。对变量的平稳性进行检验之后，如果变量存在单位根，可能会出现伪回归现象，通常做法是进行差分，以此来消除单位根，进而得到平稳序列。对纺织业进行 ADF 检验的结果如表 6－1 所示。

表 6－1　平稳性检验结果表

变量	检验类型（C，T，K）	ADF 值	1%的临界值	5%的临界值	结论
LNY_2	（C，T，3）	－2.537214	－3.546099	－2.91173	不平稳
$DLNY_2$	（C，T，3）	－8.382981	－3.550396	－2.913549	平稳
LNM_2	（C，T，3）	－1.288631	－3.546099	－2.91173	不平稳
$DLNM_2$	（C，T，3）	－8.604672	－3.548208	－2.912631	平稳
LNR_2	（C，T，3）	－2.459586	－3.546099	－2.91173	不平稳
$DLNR_2$	（C，T，3）	－8.76327	－3.548208	－2.912631	平稳
LNE_2	（C，T，3）	－0.730992	－3.546099	－2.91173	不平稳
$DLNE_2$	（C，T，3）	－6.199466	－3.548208	－2.912631	平稳

注：LNY_2、LNM_2、LNR_2、LNE_2 分别代表工业增加值、货币供应量、利率、汇率，C、T 和 K 分别代表截距、趋势和滞后项目。

从上面的检验结果可知，各原始变量数据的 ADF 值均大于 5% 的临界值，所以均不具有稳定性，但在一阶差分后，ADF 值均小于 5% 的临界值，所以一阶差分后在 5% 的显著水平下，各变量均有稳定的趋势。

（2）协整检验。

从上述检验结果可知各变量均具有稳定的趋势，但是否具有长期稳定的均衡趋势还需做协整检验，本章采用 E－G 两步法，以 LNY_2 为被解释变量，LNM_2、LNR_2、LNE_2 为解释变量进行回归，然后对回归后生成的残差项进行平稳性检验，如果残差项平稳，则通过协整检验，协整检验结果如表 6－2 所示。

表 6－2　协整检验结果表

条件		t 统计量	P 值
增强 Dickey－Fuller 检验统计量		－5.487594	0
测试关键值	1% 水平	－3.546099	
	5% 水平	－2.911730	
	10% 水平	－2.593551	

从上述检验结果可知，残差项的 ADF 值 -5.487594 小于 5% 的临界值 -2.911730，所以在 5% 的显著水平下，残差项通过了平稳性检验，所以变量间具有长期稳定的均衡趋势，表明我国货币政策的变量对纺织业存在着长期稳定的关系，纺织业的工业增加值的增长受到了货币政策的影响。

（3）格兰杰因果关系检验。

从上述检验结果可知，各变量存在长期稳定的均衡关系，但是是否具有因果关系还需进行格兰杰因果关系检验，检验结果如表 6-3 所示。

表 6-3　　格兰杰因果关系检验结果表

原假设	观测值	F 统计量	P 值
LNE_2 不是 LNY_2 的格兰杰原因 LNY_2 不是 LNE_2 的格兰杰原因	58	5.56381 0.0064	0.0064 0.5826
LNM_2 不是 LNY_2 的格兰杰原因 LNY_2 不是 LNM_2 的格兰杰原因	58	5.15662 0.0090	0.0090 0.9111
LNR_2 不是 LNY_2 的格兰杰原因 LNY_2 不是 LNR_2 的格兰杰原因	58	5.36262 0.0077	0.0077 0.6042

从上述检验结果可知，在 1% 的显著水平下，0.0064 小于 1%，所以拒绝原假设，利率是工业增加值变动的原因；同理，货币供应量和汇率也是工业增加值变动的原因。

以上为对纺织业进行的三大检验，与上面类似，本书对烟草制造业、有色金属冶炼及压延加工业也进行平稳性检验，检验结果表明均是一阶单整序列。同时这两大行业也同样通过了协整检验和格兰杰因果关系检验。

2. 模型及模型结果分析

在建立 VAR 模型之前，需要确定最优滞后阶数，结果如表 6-4 所示。

表 6－4　最优滞后阶数检验结果

滞后期	滞后长度	LR 统计量	最终预测误差	Akaike 信息准则	Schwarz 信息准则	Hannan－Quinn 信息准则
0	186.9556	NA	1.52e－08	－6.652932	－6.506944	－6.596477
1	424.6367	432.1473*	4.79e－12*	－14.71406*	－13.98412*	－14.43179*
2	432.6290	13.36901	6.48e－12	－14.42287	－13.10898	－13.91478
3	449.0664	25.10435	6.54e－12	－14.43878	－12.54094	－13.70487
4	461.6565	17.39728	7.75e－12	－14.31478	－11.83299	－13.35505
5	480.8522	23.73282	7.47e－12	－14.43099	－11.36524	－13.24544

注：* 表明在 5% 的显著性水平下拒绝原假设。

根据 AIC 最优滞后准则，可以知道最优滞后阶数为 1，接下来需要检验该模型的稳定性，检验结果如图 6－1 所示。

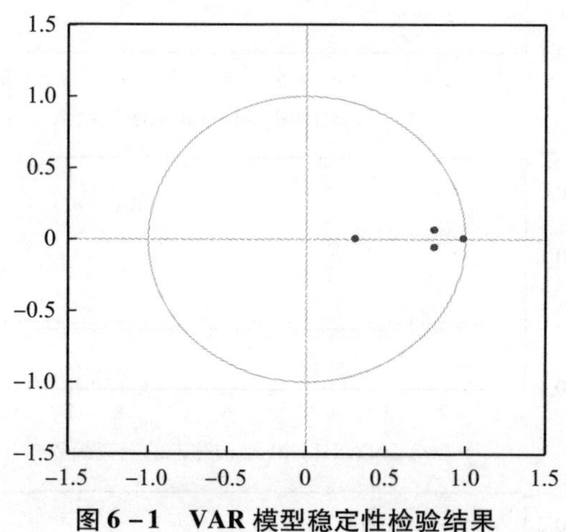

图 6－1　VAR 模型稳定性检验结果

从上述检验结果可知，单位根均位于单位圆内，说明 VAR 模型所有根模的倒数都小于 1，所以该模型是稳定的。

与纺织业类似的方法，经过最优滞后阶数和稳定性检验，烟草制造业的 VAR 的最优滞后阶数为 5，有色金属冶炼及压延加工业的 VAR 的最优滞后阶数为 1。下面就要借助脉冲响应和方差分解这两大重要的工具对 VAR 模型进行分析。

（1）脉冲响应分析。

脉冲响应函数是刻画每个内生变量的变动对自身及其他内生变量产生的影响作用，能比较直观地分析变量之间的相互影响作用。为探究工业增加值、和货币供应量、汇率、利率的相互影响关系，在已构建的 VAR（1）模型的基础上，建立刻画 LNY_2 和 LNM_2、LNR_2、LNE_2 之间的脉冲响应函数（IRF），结果如图 6－2 所示。其中两图中的横轴代表追溯期数，纵轴代表工业增加值受自身及对方的一个标准差大小的冲击的响应程度。两幅图中的实线均为脉冲响应函数值，虚线为将响应函数值加上或减去两倍标准差形成的置信带。

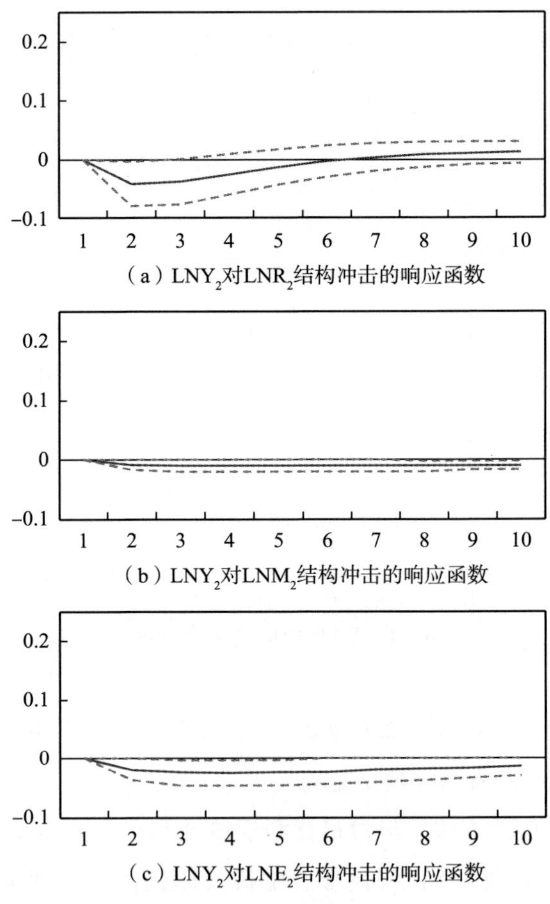

（a）LNY_2对LNR_2结构冲击的响应函数

（b）LNY_2对LNM_2结构冲击的响应函数

（c）LNY_2对LNE_2结构冲击的响应函数

图 6－2　纺织业的脉冲响应

从检验结果可知，在纺织业中，工业增加值自身对自身的影响始终为正，不过逐渐向0趋近；在前5期利率对工业增加值是负向的影响，从第6期开始为正向的关系；货币供应量和汇率对工业增加值始终都有负向影响。

本书又对其他两个行业作出了脉冲响应图，研究结果显示：对于烟草制造业，利率对工业增加值的影响在前7期为正，之后有轻微的负向影响并趋于0，之后又有正向的趋势；货币供应量对工业增加值的影响在前5期为负，第6期至第8期有轻微的正向影响，然后在第9期以后为负向影响；汇率对工业增加值的影响虽是波动性的影响，但整体是正向的关系。对于有色金属冶炼及压延加工业，在前4期利率对工业增加值是负向的影响，从第5期开始为正向的关系；货币供应量和汇率对工业增加值始终都有负向影响。

综合前面对三个制造业行业进行的脉冲响应分析结果发现，不同的行业对相同的货币政策在反应方向上是有区别的，比如在本章研究的期间内，同样的利率变化对纺织业、有色金属冶炼及压延加工业的工业增加值有明显的正向冲击也有负向冲击，而对烟草制造业基本上是正向冲击，偶尔有不明显的负向冲击；而且货币政策对各行业的工业增加值影响的持续时间也是有区别的，比如，同样的货币供应量变动使得纺织业和有色金属冶炼及压延加工业受到的负向冲击在整个滞后期内都是持续的，而烟草制造业的持续期分为两段，且持续时间最多为5期；除此之外，从脉冲反应图中也可以看出，它们的脉冲响应值也是不同的，这说明不同行业对相同的货币政策冲击的反应大小也有区别，等等。因此可以看出不管从哪个角度分析，相同的货币政策对制造业的不同行业的影响是不同的。

（2）方差分解。

在前面脉冲响应分析的基础上，运用方差分解来衡量工业增加值、货币供应量、汇率和利率的相互之间的贡献度，方差分解采用了1~10期的滞后结果，在VAR（1）模型基础上，分别对LNY_2与LNM_2、LNR_2、LNE_2进行方差分解。

①货币政策的变量对纺织业的方差分解。

表6-5所示的是货币政策变量分别对纺织业的方差贡献分析。可以看出：在滞后10期内，工业增加值自身对自身的影响程度是81.40957%，利

率对工业增加值的影响是 9. 114833%，货币供应量对工业增加值的影响是 1. 627014%，汇率对工业增加值的影响是 7. 848582%。所以，在纺织业中，排除自身影响后利率对工业增加值的影响最大，汇率其次，货币供应量最小。纺织业属于劳动密集型行业，其对外依存度也较大，因此代表信贷渠道的货币（资金）供给对纺织业的工业增加值的解释程度相对较小一些，而汇率的变化能更大程度地解释工业增加值的变化。

表 6 -5　　纺织业的方差分解结果　　单位：%

时期	预测误差	LNY	LNR	LNM	LNE
1	0. 182013	100. 0000	0	0	0
2	0. 197324	94. 80221	4. 231895	0. 139563	0. 826334
3	0. 203459	90. 22259	7. 344631	0. 319980	2. 112800
4	0. 206693	87. 50822	8. 544466	0. 495369	3. 451946
5	0. 208597	85. 91832	8. 747860	0. 665061	4. 668762
6	0. 209963	84. 81877	8. 653959	0. 835763	5. 691508
7	0. 211159	83. 89507	8. 590123	1. 013505	6. 501299
8	0. 212313	83. 03073	8. 655819	1. 202791	7. 110657
9	0. 213445	82. 20019	8. 844717	1. 406698	7. 548391
10	0. 214541	81. 40957	9. 114833	1. 627014	7. 848582

②货币政策的变量对烟草制造业的方差分解。

表 6 -6 所示的是货币政策变量分别对烟草制造业的方差贡献分析。可以看出：在滞后 10 期内，工业增加值自身对自身的影响程度是 71. 75655%，利率对工业增加值的影响是 8. 046428%，货币供应量对工业增加值的影响是 10. 55974%，汇率对工业增加值的影响是 9. 637290%。所以，在烟草制造业中，排除自身影响后货币供应量对工业增加值的影响最大、汇率其次、利率最小。从前面学者的研究及实际中都可以看出，信贷渠道是货币政策最有效的渠道，因此会出现货币供应量对烟草制造业的工业增加值的贡献度最大的结果；而根据利率传导渠道理论，资本密集型和生产耐

用消费品的行业，相较于其他类型行业如劳动密集型行业等对利率更为敏感，受到货币政策的冲击更大，相应地属于资源密集型行业的烟草制造业受到利率的冲击较其他两个自变量会更小一些。

表 6-6 烟草制造业的方差分解结果 单位：%

时期	预测误差	LNY	LNR	LNM	LNE
1	0.062029	100.0000	0	0	0
2	0.066508	95.40606	0.423911	3.165504	1.004529
3	0.076253	84.69975	4.164075	8.172191	2.963987
4	0.078159	81.16978	6.258061	9.545533	3.026629
5	0.081999	73.79597	7.669550	9.391694	9.142791
6	0.082960	73.46498	8.127790	9.282306	9.124928
7	0.083075	73.41538	8.219467	9.260170	9.104981
8	0.083236	73.38203	8.195034	9.272464	9.150476
9	0.083768	72.84327	8.146206	9.964693	9.045834
10	0.084977	71.75655	8.046428	10.55974	9.637290

③货币政策的变量对有色金属冶炼及压延加工业的方差分解。

表 6-7 所示的是货币政策变量分别对有色金属冶炼及压延加工业的方差贡献分析。可以看出：在滞后 10 期内，工业增加值自身对自身的影响程度是 76.92116%，利率对工业增加值的影响是 4.452514%，货币供应量对工业增加值的影响是 2.705317%，汇率对工业增加值的影响是 15.92101%。所以，在有色金属冶炼及压延加工业中，排除自身影响后汇率对工业增加值的影响最大、利率其次、货币供应量最小。一般情况下，有色金属冶炼及压延加工业是属于资本及技术密集型行业，本应该受资金的冲击更大，但在这里的实证结果相反，因此可以推测的是，其他原因的存在导致了这样的结果。从前面的学者对制造业行业非对称性结果的总结中可以看出，所有制也是一个不可忽略的因素，此行业属于重工业，国有成分比较多，国家的资金支持比较充分，因此它受信贷量的影响较小，也就是受货币供应量的影响较小。

表 6-7　有色金属冶炼及压延加工业的方差分解结果表　单位：%

时期	预测误差	LNY	LNR	LNM	LNE
1	0.017796	100.0000	0	0	0
2	0.020876	97.73700	1.053834	0.063994	1.14517
3	0.022127	94.47635	1.951796	0.198768	3.373086
4	0.022786	91.23259	2.25969	0.395737	6.111982
5	0.023229	88.27836	2.218616	0.650297	8.852725
6	0.023597	85.59944	2.186391	0.960044	11.25412
7	0.023944	83.14051	2.385891	1.322981	13.15061
8	0.024285	80.87486	2.873128	1.736799	14.51521
9	0.024618	78.80031	3.594412	2.198698	15.40658
10	0.024937	76.92116	4.452514	2.705317	15.92101

从以上方差分解的结果来看，不同的货币政策变量对同一行业的贡献度大小不同；相同的货币政策变量对不同行业的贡献度也不同。也就是说货币政策在通过不同的渠道传导时对各行业产生的影响不同，且根据本书的实证结果可以大致看出影响的大小，这对我国在进行宏观调控时实施有效的差异性的货币政策提供了一定的基础。

通过对三种行业进行对比，发现货币政策的实施使得这三种行业都在第1期就受到了冲击，但是这三种行业在受到相同的货币冲击时表现不同，其中，烟草制造业的脉冲响应图上下波动，也就是说货币政策对它既有正向冲击也有负向冲击，且变化呈波动性趋势，但是其他两个行业所受到的冲击相较平稳。通过方差分解，文章发现面对相同的利率的冲击，反应程度从大到小依次为纺织业、烟草制造业、有色金属冶炼及压延加工业；面对相同的货币供应量的冲击，反应程度从大到小依次为烟草制造业、有色金属冶炼及压延加工业、纺织业，且后两者远小于前者；面对相同的汇率冲击，反应程度从大到小依次为有色金属冶炼及压延加工业、烟草制造业、纺织业。综合来看，烟草制造业的产业效应最大，有色金属冶炼及压延加工业的产业效应其次且略低于烟草制造业，纺织业的产业效应最小。

这些现象的产生是由一些原因造成的，因此第三部分将对我国货币政策对制造业的行业非对称性效应的原因进行分析归纳。

第三节　我国货币政策对制造业的行业非对称性效应的原因

一、市场因素

我国货币政策对制造业的行业非对称性效应可能来自行业的内部，各行业自身特点的不同造成了这种行业差异。有学者选择了行业的四个因素：资产负债率、流动资产比率、资产规模和利润率，通过实证检验发现不是每一种因素都能对所有的行业通过显著性检验，同时还发现利润率最能解释货币政策行业的非对称性效应，其次是资产规模、资产负债率和流动资产比率。

二、要素密集度因素

前文对利率渠道、信贷渠道及汇率渠道这三种主要货币传导渠道的分析及方差分解的结果表明，资金密集型行业受货币政策的冲击影响更大，而劳动密集型的行业所受冲击相对要更小一些。从本章的实证数据来说，有色金属冶炼及压延加工业属于资金密集型行业，烟草制造业的资金密集度也大于纺织业，纺织业属于典型的劳动密集型行业，而货币政策对前者的工业增加值的总的影响程度约为23%和28%，对后者的工业增加值的总的影响程度约为18.5%。可以说明同样的货币政策对资金密集型的行业的影响程度更大。

三、对外依存度因素

这一特征与货币政策传导渠道中的汇率传导有关。从汇率传导理论可知，当一国货币政策发生变动时，出口型行业受汇率变动的影响较大，因而它们受货币政策的冲击更为强烈一些。并可以用各行业出口交货值与行业销售额的比值来衡量各行业的对外依存度。比率越高，货币政策的影响程度越大，反之，货币政策对行业的影响程度越低。

四、所有制形式

从货币政策的信贷渠道传导理论可知，信贷量对于一个行业或者企业有着至关重要的影响。但信贷渠道中不可忽视的是借款人的信用问题，因此信用好的行业或者企业在银行借款或者在市场上融资的机会比那些资信状况不佳的借款人大。国有制企业与私有制企业的不同之处就在于国有制企业属于政府，有政府信誉做担保，而私有制企业相对来说与贷款方因“道德风险”而出现违约的可能性会更大。因此，在融资的时候国有制企业能够得到贷款的机会较大，相应地有充足的资金投入企业运转中。所以，货币政策对不同所有制结构的行业或者企业经济运行的影响是呈现非对称性的效应的。

第四节　提高货币政策行业效应的建议

一、保持中央银行的独立性

中央银行是制定货币政策的机构，为了制定出客观有效的货币政策，就必须使得中央银行保持其独立性，使其客观地把握市场经济的走势。而在最近推出的供给侧改革的过程中，可以清醒地认识到，我国是存在许多低端供给行业和淘汰产能的行业，它们的存在很容易影响到中央银行的独立性，这就使得加快立法改革，继续改革央行的运行方式，从而增强其独立性变得非常有必要。

二、实行差异化的货币政策

由于货币政策对不同行业有不同的影响，因此根据产业政策，制造业不同的行业需要不同的货币政策支持。在制定货币政策时应该以相关产业的战略目标为指导，充分考虑产业自身特征、行业内企业的所有制形式及企业规模等方面的特征。另外，多种货币政策工具应该匹配起来进行操作，如将社会融资量、利率和货币供应量等工具组合起来，使得货币政策更具灵活性。

三、进一步扩展我国金融市场的融资渠道

我国金融市场的发展对经济发展起到了十分重要的作用，但是我国的金融市场并不完善，还需要进一步发展。首先，需要完善货币市场制度，大力发展我国的货币市场。具体做法是将那些规模不大的金融机构纳入货币市场交易范围，从而扩大货币市场货币政策的传导影响力；进一步推进金融创新，发展多种形式的货币市场工具，为中央银行提供多种公开市场的操作工具等。

其次，需要通过规范我国股票市场、大力发展我国债券市场、加强我国多层次的资本市场体系建设等手段来实现发展我国资本市场的目的。其中最重要的就是提高上市公司质量，努力维护股票市场的公平公开；拓宽企业的融资渠道，缓解我国一部分企业融资困难的问题；推进我国中小企业股权交易市场的建立发展，提高我国货币政策的有效性。

四、加强货币政策与其他政策的协调作用

要加强货币政策与其他政策的协调作用，扩大货币政策的调控范围，改善制造业的运行环境。这里的其他政策主要是指财政政策、汇率政策，尤其是产业政策。

在调整制造业产业结构的过程中，充分利用货币政策对行业的非对称性

影响。为了限制信贷资金流向低水平部门，不能盲目扩张信贷。同时，基于当前中国国情来看，要采取需求端刺激与供给端的过剩产能化解并举，防止制造业价格通货紧缩的恶化；当前制造业不良贷款在逐渐增长，鉴于这种情况，相关部门应该适当加强风险监管程度，为处置制造业不良资产，包装转让和资产证券化提供宽松的政策环境；在房地产价格过快增长时，监管部门要强化资金流向监管，打击各种影响公平公正的不当行为，避免信贷资金脱实向虚。

第五节　本章小结

本章以行业非对称性的视角对我国货币政策对制造业的影响进行了实证研究。首先，回顾了其他学者们在此课题上的研究，发现货币政策确实具有非对称性的产业效应，从而确定了主要研究方向为货币政策对制造业的非对称性的行业效应。其次，对这种非对称性进行实证，在变量的选择上，选取了工业增加值作为代表制造业经济发展水平的因变量，选择三个解释变量，即货币供应量、利率和汇率，分别代表信贷渠道、利率渠道和汇率渠道。根据禀赋特征的不同，本书选择了制造业行业的三个细分行业作为研究对象，使用 Eviews 8.0 软件，利用 VAR 模型、脉冲响应函数和方差分解进行实证分析，得出我国货币政策对制造业具有行业非对称性效应。其中，从脉冲响应图中可以看到各个传导渠道的解释变量对各行业的工业增加值产生冲击的方向、大小及持续期是不同的。从方差分解结果中可以定量得出各个渠道的变量对工业增加值产生影响的贡献度大小。最后，根据理论、实证结果及现实情况，本章从市场因素、要素密集度因素、对外依存度因素和所有制形式这四个方面对出现这种行业非对称性效应的原因进行了分析，并提出了提高货币政策行业效应的建议，如保持中央银行的独立性、实行差异化的货币政策、进一步扩展我国金融市场的融资渠道及加强货币政策与其他政策的协调作用等。

第七章

结构性货币政策

自从2008年金融危机后，各国央行为了刺激国内经济，都纷纷采取宽松的货币政策。中国也将其宏观调控政策调整为积极的财政政策和适度宽松的货币政策，以促进经济的稳定增长。但这种货币政策的实施，尤其是多次使用利率调节的政策，使得多国达到零利率下限（zero lower bound，ZLB），而依据凯恩斯提出的“流动性陷阱”理论，货币政策在这时将失效。中国的货币政策调控效果也不尽如人意，并且统一的传统货币政策的实施对产业及产业内部各行业产生了巨大的冲击。因此，2013年以来，我国央行先后创设了多种新的结构性货币政策工具，如短期流动性调节工具、常备借贷便利、中期借贷便利及抵押补充贷款等；同时，央行多次使用定向降准、定向降低支农支小再贷款利率等结构性工具，目的是定向地将信贷资源引导投入到科技创新领域、小微及“三农”领域。

第一节　结构性货币政策研究综述

一、结构性货币政策产生背景与定义

次贷危机发生后，美国金融市场处于瘫痪状态（Astley et al.，2009；Covitz et al.，2009），银行体系也产生“惜贷”现象。再加上资产价格的下

跌，担保品价值的蒸发使得企业和家庭部门出现资产负债表恶化和现金流吃紧的现象，使得违约率不断上升，最终出现外部融资环境持续恶化的现象。这两种现象的同时发力孕育了“金融加速器”效应（Bernanke & Gertler，1989；Bernanke，Gertler & Gilchrist，1999）。美联储实施了一系列政策手段来恢复金融体系提供信贷的功能以提高金融支持结构调整的能力，正是由于这些政策具备的结构调整功能不同于常规使用的货币政策，因此将其统称为非常规货币政策。非常规货币政策主要包括量化宽松政策、信贷政策及稳定金融体系的货币政策三种（Bernanke，2008）。在国内经济进入低速增长的新常态时，结构调整问题也是我国宏观经济政策不得不考虑的目标（李扬，2013）。由于一般性货币政策工具不具备调结构的功能，因此货币政策亟须调整（汪川，2015）。在这样的背景下，中国人民银行吸取国际上已有的经验，从2013年开始不断地根据我国经济中的结构性问题，有针对性地创设了多种结构性货币政策工具，力求对重点领域或特定行业给予资金支持，达到经济结构调整的目的。

国内学者们对于结构性货币政策工具的定义虽没有十分统一，但方向一致。如赵明勋（2005）认为结构性货币政策是央行有选择地调节某些特殊的信用，以达到结构调节的效果的工具。卢岚和邓雄（2015）认为它是产业结构政策的重要组成部分。彭俞超和方意（2016）指出结构性货币政策是央行进行结构性调整而采用的货币政策，并且指出这种结构性调整不仅仅指针对宏观经济结构的调整，也涵盖对商业银行的资产结构调整。中国人民银行淮安市中心支行课题组（2019）认为结构性货币政策是央行在经济下行压力下，定向增加重点领域和薄弱环节的融资可得性的措施，目的是为促进这些领域健康地、可持续地发展。可以看出，无论学者们从何种角度界定结构性货币政策，均指出了结构性货币政策的实施旨在将资金投向流动性紧缺的实体部门，以助力于经济结构的调整。

二、结构性货币政策传导机制研究

自从凯恩斯建立了宏观经济分析框架后，货币政策作用于实体经济的传导机制引起了学术界的广泛关注，各个经济学流派的学者都根据不同的角度分类对其传导机制进行了研究和梳理。马贱阳（2011）提出货币政策一般通过三个途径进行传导，一是利率渠道，由于不同要素密集型的产业及产品在受到利率变化时所表现出的敏感程度不同，因而其受货币政策的影响大小也不同。二是信贷渠道，由于不同行业具有不同的发展程度和异质性资金需求的特征，因而其获取银行信贷的能力有所差别，因此其对货币政策冲击的影响也不一样。三是汇率渠道，不同进出口需求导向型的产业部门所受到的货币政策冲击不同。楚尔鸣和何鑫（2014）将货币政策传导机制分为四类，他们在马贱阳（2011）的分类基础上，又提出了资产价格传导理论，该理论是由托宾 q 理论和莫迪利安尼（Modigliani）的生命周期理论发展而来，该理论认为：如果货币供应量增加，则利率会减小，进而资产价格会上涨，所引起的投资量会增多，导致最终产出会增大。朱磊和章杉杉（2012）提出，基于经济变量的区分，货币政策的传导机制大致可以分为六种，除了前面学者提到的四种，还包括财富传导机制和预期传导机制。

然而，西姆斯的“价格之谜”使得传统的货币政策传导机制都无法对它进行解释。因此，经过学者们的研究，发现货币政策还存在着成本渠道这样一种传导机制。齐杨和柳欣（2011）采用柯布—道格拉斯函数，并延用之前学者的假设条件，通过检验发现我国的成本渠道是存在的，同时对该渠道的效应大小进行检验发现，虽然其产生的效应不如需求效应强，但是利率冲击通过成本渠道对价格也有较为显著的影响。王任（2014）在新凯恩斯主义垄断竞争模型的基础上结合中国实际情况引入了银行部门和成本传导机制，构建了一个动态随机一般均衡模型，结果表明，成本传导机制对货币政策效应的影响分析是不可忽略的。货币政策冲击不仅从需求面，也会通过成本传导机制从供给面对企业的产出及进入市场的行为产生影响。

雅努斯（Janus，2016）将非常规货币政策传导渠道分为三类，即信号渠道、流动性渠道、组合平衡渠道。信号渠道主要通过刺激通胀预期和随后的长期利率下降来发挥作用。流动性渠道通过央行提供流动性的方式，来改善金融机构资金状况。组合平衡渠道指中央银行通过改善自身资产的价值和结构，将经济主体资产负债表中的不良资产剥离，从而改善其外部融资条件。国内学者如李波、伍戈和席钰（2015）指出，结构性货币政策的实现途径有三种：第一种是通过提供定向流动性支持方式实现；第二种是降低实体经济中需要政策扶持领域的融资成本；第三种是通过降低部分金融机构或部分金融业务税收的方式实现。而许道文（2016）认为，结构性货币政策与一般性货币政策相似，通过信用、预期及资产负债表这三种机制为实体经济提供较低成本的资金，从而影响企业的经营行为，并改善其外部融资条件。楚尔鸣、曹策和李逸飞（2019）认为，结构性货币政策的传导途径可以划分为信号与预期、银行信贷与定向支持、利率与成本收益影响及风险缓释与承担这四种。其中，风险缓释与承担是指央行以明确政策要求或者以窗口指导的形式使商业银行以其风险准备金承担“短板”领域的部分信贷资金，或是央行指定的政策性金融机构来经营对特定领域的定向支持，或以定向债转股、定向不良资产处置的方式将银行风险转嫁给资产管理公司，最终推动“短板”领域的健康发展。此外，胡育蓉和范从来（2017）认为，结构性货币政策通过四种效应影响经济结构：导流效应是指将资金精准滴灌到政策扶持的新兴产业，并且引导资金流向偏远落后地区；截流效应是通过阻截货币资金流放，剔除市场中长线低效或负效企业，倒逼这些处于经济结构低端的落后产业转型升级；成本效应指通过实施借贷便利类工具及定向降准政策，调整中长期利率，平抑市场利率走势，降低实体经济的融资成本；信号效应是央行在宣告政策的同时，也能够引导市场主体对政策支持领域或行业未来发展前景的预期，从而影响其投资活动。

路遥（2018）以结构性货币政策的作用机理出发，从利率渠道和信贷渠道两方面描述了结构性货币政策对经济影响的动态传导过程。从利率渠道分析，学者认为实施结构性货币政策工具可以通过利率走廊模式有效地引导市场利率下降，增加社会投资并实现增加产出的目标；从信贷渠道分析，结构性货币政策的实施，可以借助银行信贷途径，提升“三农”和小微企业等重点领域的信贷可得性，形成定向的刺激，进而调整经济结构，从提升质量和效率两方面促进经济增长。刘澜飚和尹海晨等（2017）认为信号渠道也是结构性货币政策的一种传导渠道，这种渠道能够通过中央银行采取措施向市场释放信号来提起市场信心，使市场预期发生变化，进而降低金融市场的风险溢价和不确定性，使资产价格获得积极影响，进一步放宽企业的信贷标准，使得居民家庭的资本收益增加，并最终提升全社会的消费和投资。成学真和陈小林等（2018）将结构性货币政策分为数量型和利率导向型两类，认为数量型结构性货币政策主要通过直接投放流动性、影响货币乘数和引导市场预期这三条路径来传导，利率导向型结构性货币政策主要依靠利率所具备的价格信号功能，借助利率走廊实现政策传导。

也有学者针对单一的结构性货币政策工具的传导机制进行分析。如马理和刘艺（2014）及王倩、路馨和曹廷求（2016）认为，常备借贷便利不仅提高了商业银行获取流动性的灵活性，也丰富了其获取流动性的途径。陈书涵、黄志刚和林朝颖（2019）认为，实施定向降准提升了企业信贷可得性，促进了政策扶持企业的发展。余振、顾浩和吴莹（2016）对抵押补充贷款的作用机理进行了详细的探究，认为抵押补充贷款的实施可以增加企业融资可得性，降低融资成本。央行通过增加自身资产负债表的风险资产份额，减少私人部门承担的风险资产，增强商业银行对私人部门的放贷意愿，使实体部门能够获得更多资金。由于抵押补充贷款是央行明确的针对实体部门的操作，这也能够振奋市场信心，引导信贷资金流入实体经济部门。

三、结构性货币政策有效性研究

国外学者博里奥和迪西亚塔特（Borio & Disyatat，2010）认为虽然非常规货币政策的使用会造成一些不良影响，但是它的实施确实稳定了金融环境，缓解了总需求的下降并支持了市场的借贷活动，具有一定的结构调整功能，适合在特殊时期针对特定对象使用。麦克安德鲁斯等（McAndrews et al.，2008）研究发现美国的定期拍卖工具在降低其市场利率方面效果明显。但泰勒和威廉姆斯（Taylor & Williams，2009）则认为通过定期贷款拍卖工具新增的贷款不能较好地扩大市场信贷的可能性。彻姆等（Churm et al.，2012）发现贷款可以为商业银行提供充足的抵押品，融资换贷款计划的增额可以相应地扩大信用，从而更利于满足实体经济的融资需求。李（Lea，

2014）则通过研究发现英格兰银行的融资换贷款计划贷款更多地进入了房屋贷款协会而不是进入银行系统，因此其对实体经济的作用有限。除此之外，泰唐科（Tetangco，2014）则认为外需持续不足会阻碍定向长期再融资计划的传导，使得定向长期再融资计划难以实施到位。

国内学者对于我国结构性货币政策的实施是否能促进经济结构调整这一问题的观点不相一致。大部分学者持肯定意见，如张智富（2020）分析了定向降准政策及再贷款政策的具体实施情况，肯定了两种政策的实施能促进经济结构调整，指出政策工具制定仍需要进一步完善。成学真、陈小林和吕芳（2018），以及孙少岩和刘芮嘉（2019）构建 VAR 模型来检验数量型和利率型两种类型政策工具对经济变量的影响，研究发现，两类工具均能够对变量产生影响，其中利率导向型工具的影响力度更强。万里鹏、曹国俊和翁炀杰（2019）运用 PVAR 模型实证检验我国支农再贷款的实施效果，研究发现支农再贷款对西部地区总体有效，经济越发达地区其政策效果越差。马理和刘艺（2014）总结了国内外结构性货币政策工具的传导体系和实施效果，发现我国的常备借贷便利可以通过熨平市场利率的异常波动来灵活地为银行系统提供一定的流动性。卢岚和邓雄（2015）对欧美等国家的创新型货币政策工具进行了探究，认为我国应将多种结构性货币政策工具搭配实施，丰富和优化各种政策组合，以此有效补充商业银行的流动性，降低特定部门的融资成本，更有利于为实体经济服务。李波等（2015）认为各国中央银行实施的结构性货币政策能够降低部分金融机构在负债端的融资成本，或者通过直接降低特定实体产业或企业的融资成本的方式疏通货币政策传导机制，并达到促进资金流入有需求的实体经济的目的。

马理和娄田田等（2015）选取农业贷款作为政策的最终作用目标，构建一个包含非农和农业贷款收益的银行跨期效用函数，使用现实数据进行仿真模拟，研究了央行实施定向降准政策时商业银行的选择，发现定向降准政策能起到一定的调结构作用，但受到银行贷款行为选择的阈值的限制，在特定区间内商业银行不会扩大农业贷款的发放。林朝颖（2016）通过构建理论模型分析定向降准政策的传导机理，接着在倾向得分匹配的基础上采用倍差法实证研究定向降准政策颁布对非农和农业贷款影响的差异性，认为单一的该项政策的实施能够发挥一定的作用，但效果还需要提升，而多种工具的搭配使用使得定向降准政策的实施结果与目标背道而驰，且影响了政策操作的准确度。

也有学者持否定意见。如万冲和朱红（2017）及陈梦涛和王维安（2020）认为，结构性货币政策的实施不仅难以调整经济结构，还会降低政策的有效性。若长期使用该政策更会加剧经济中的结构性矛盾，增强市场不确定性。学者们，认为只有当市场出现紧急状况时才使用结构性货币政策，将其目的定位于保障金融体系稳定，避免因其常态化使用而造成结构扭曲的局面。

四、文献述评

结构性货币政策传导机制的研究有利于疏通结构性货币政策作用于实体经济的渠道，为后续分析提供理论依据，同时，结构性货币政策传导的有效性成为后续研究可行性的理论支撑。但在现有的研究文献中，较多文献研究了结构性货币政策工具的原理、特点、有效性等，但这些研究多以单个工具为研究主体，研究的深度和广度都不够，缺乏对多个结构性货币政策工具进行综合的比较研究；并且虽然有较多文献研究结构性货币政策对“三农”、小微企业和民营企业的影响，但鲜有文献通过实证来研究结构性货币政策在治理制造业的过剩产能上的作用，以及研究结构性货币政策在制造业结构调整方面发挥的作用。

第二节　我国结构性货币政策理论

货币政策的总体框架主要包括货币政策工具、货币政策目标和货币政策传导机制等。货币政策的实施对中央银行的货币供应量产生影响，从而对实体经济进行调节，最终实现货币政策的最终目标即实现物价稳定、充分就业、经济增长、国际收支平衡及金融稳定。本章主要论述我国结构性货币政策理论及运用，本节主要从结构性货币政策概述、目标和传导渠道这三方面对我国结构性货币政策理论进行介绍，然后从我国结构性货币政策运用的必要性和我国结构性货币政策的实施情况对我国结构性货币政策的运用进行阐述，为后续研究奠定基础。

一、结构性货币政策概述

按照职能和效果的不同，我国货币政策工具可以划分为两大类别：一类是常规性货币政策工具，也可以称为总量性货币政策工具，也就是传统的货币政策，这类工具主要是从总量层面上对货币供应量和信贷规模进行调节，主要包括公开市场操作、再贴现政策操作和存款准备金率调节等一系列政策手段；另一类是非常规货币政策工具，这类工具主要是指近些年来各国在面对经济金融环境变化时所使用的一些新型工具，如美联储于 2007 年推出的定期贷款拍卖（TAF）、英国央行和财政部在 2012 年一起推出的融资换贷款计划（FLS）等。我国也于 2013 年开始陆续使用一系列非常规的货币政策工具，这些非常规货币政策在我国就是所谓的结构性货币政策。

结构性货币政策也被叫作有针对性的货币政策，通常是充当常规性货币政策工具的补充。我国目前创设并施行的结构性货币政策有：（1）以降准为工具基础的定向降准操作。具体形式包括普惠金融定向降准、小微企业支持定向降准等。（2）以央行贷款为工具基础的再贷款和再贴现。具体包括以某些特定的产业结构为导向的再贴现，以及再贷款支持民企债券融资工具等。（3）以公开市场操作为工具基础的流动性管理工具，具体包括短期流动性调节（SLO）和央行票据互换工具（CBS）等。（4）以定向流动性投放为工具基础的各种借款便利，具体包括短期借贷便利（SLF）、定向中期借贷便利（TMLF）、中期借贷便利（MLF）、临时流动性便利（TLF）和抵押补充贷款（PSL）等。我国传统的货币政策在实施过程中通常具有统一性，传导渠道很容易受阻，传导效果也差强人意。因此，结构性货币政策的实施有助于疏通货币政策的传导机制，引导金融机构加大对高新技术行业、小微和民营企业等国民经济重点领域和薄弱环节的支持，并通过合理地引导信贷资源的流向对资金供求进行结构性调节，最终达到促进经济结构调整的目的。

二、结构性货币政策目标

央行将我国的货币政策工具分为传统的总量性货币政策工具与结构性货币政策工具这两大部分，说明这两类货币政策工具有不同的地方。而且这两类工具在目标上也有一定的差异。传统的总量性货币政策工具除了有可以调节宏观经济的五大目标，还有一些可以操作的量化指标，也称为货币政策的中间目标。而结构性货币政策工具的目标有：疏通传导机制和“精准滴灌”，并达到定向支持经济社会发展的关键领域和薄弱环节的目的。并且每一个结构性货币政策工具的创设与实施也有其特定的目标，表 7－1 总结了近十年来我国部分结构性货币政策工具的创设情况，其中包括它们的创设时间、适用存款类金融机构及目标。

表 7－1　　我国结构性货币政策工具的创设情况

创设时间	结构性货币政策工具	适用存款类金融机构	目标
2010 年	定向降准	2010 年，县域金融机构；2014 年 4 月，县域农村商业银行和农信社；2014 年 6 月，涉农和小微企业贷款投放（包括增量和余额占比）达标的地方法人金融机构等；2014 年后定向降准的适用金融机构有所扩大	有针对性地加强对“三农”、小微企业及重大工程项目的支持
2013 年 1 月	公开市场短期流动性调节工具（SLO）	公开市场业务一级交易商中具有系统重要性影响、较强政策传导能力、良好的资产状况的部分金融机构	是公开市场常规操作的补充，主要操作品种是 7 天期限内的短期回购，节假日期间可适当地延长其操作期限，主要操作方式为市场化利率招标
2013 年 1 月	常备借贷便利（SLF）	政策性银行及全国性商业银行	满足金融机构较为长期的大额流动性需求
2014 年 4 月	抵押补充贷款（PSL）	政策性银行	给开发性金融支持棚改带来成本适当、长期稳定的资金来源

续表

创设时间	结构性货币政策工具	适用存款类金融机构	目标
2014 年 9 月	中期借贷便利（MLF）	符合宏观审慎管理要求的商业银行、政策性银行	提供中期基础货币，弥补流动性缺口，有助于其维持在适当的流动性水平上
2015 年	扶贫再贷款	贫困地区的农商行、农村合作银行、农信社和村镇银行等	主要用于支持贫困县金融机构增加涉农信贷投放，实现金融精准扶贫
2017 年 9 月	普惠金融定向降准	达到此政策考核标准的银行	加强对普惠金融领域投放贷款的积极激励机制，将有助于促进金融资源转移到普惠金融领域，并优化信贷结构
2018 年 12 月	定向中期借贷便利（TMLF）	支持实体经济力度大、符合宏观审慎要求的股份制商业银行、大型商业银行和大型城市商业银行	定向支持金融机构向小微企业和民营企业放贷，降低融资成本
2019 年 1 月	央行票据互换工具（CBS）	符合以下条件的银行发行的永续债券是可以接受的：一、最新季度末的资本充足率不低于 8%；二、最新季度末以逾期 90 天贷款计算的不良贷款率不高于 5%；三、最近三年累计不亏损；四、最新季度末资产规模不少于 2000 亿元；五、补充资本后可以增加对实体经济的支持力度	增加持有银行永续债券的金融机构的高质量抵押品，提高债券的市场流动性，提高市场认购银行永续债券的意愿，从而支持银行发行永续债补充资本，为加大金融对实体经济的支持力度创造有利条件，也有利于疏通货币政策传导机制，防范和化解金融风险，缓解小微企业、民营企业融资难问题
2020 年 2 月	专项再贷款	全国性银行及部分疫情比较严重的省市的地方商业银行	向重要医用物品和生活物资的生产、运输和销售的重点企业提供优惠利率的信贷支持

资料来源：《和讯财经》。

在央行创设的诸多结构性货币政策工具中，短期流动性调节工具的使用目的在于解决公开市场操作的间歇期间的银行体系流动性紧缺现象，这一目的也体现在借贷便利类结构性货币政策工具的使用中。不过，借贷便利类政策工具的使用还具有更深层次的目的。除提供较大的流动性之外，央行还将常备借贷便利利率作为利率走廊上限，以稳定货币市场利率的波动。而实施中期借贷便利更深层次的目的在于借助中期借贷便利的利率调整来改善金融机构的中期融资水平，对其资产负债表和市场预期造成影响，以此方式降低对政策支持的实体经济部门的融资水平，使其能够获得合理充裕的低成本资金。而定向中期借贷便利的实施具有更强的针对性，其要求金融机构获取的资金只用于小微和民营企业，能够更加直观地凸显支持实体经济部门的政策意图。定向降准的实施就是为了引导信贷政策向"三农"、小微、民营企业和普惠金融领域倾斜，其使用具有明显的直接性和政策针对性。实施抵押补充贷款来支持如"棚户区改造"等国民经济的重点领域和薄弱环节，促进社会事业的发展。2020 年 6 月初新创设的普惠型小微企业贷款延期支持工具和信用贷款支持计划这两项货币政策工具，是央行为能确保政策直接惠及实体经济，改善小微企业融资环境，解决短期内小微企业融资活动出现的种种问题，包括其融资成本升高或还款压力等方面的问题而创新设立的。

由此可以得出，结构性货币政策的特点在于央行出于对特定因素的考虑而投放出更多的流动性，这些特定因素体现为两个层面。一个层面是指维持金融机构流动性稳定，另一个层面指的是降低融资成本，引导金融机构将资金以低成本形式流向符合政策方向的实体经济部门。因此，从各个结构性货币政策工具的使用目的的角度来看，结构性货币政策是央行以投放流动性为手段的，为稳定银行体系流动性，引导资金成本以较低的水平向实体经济部门流动，以达到支持符合政策导向领域经济发展为目的的货币政策工具。

三、结构性货币政策的传导渠道

结构性货币政策的实施，不仅考虑了微观主体的差异，还通过疏通货币政策的传导渠道，使政策更加精准，更具针对性，从而弥补了传统货币政策的不足，增加货币政策有效性。具体来看，我国结构性货币政策的传导渠道体现在以下四点。

1. 利率传导渠道

关于货币政策传导的有关理论中，最先被提出的是利率传导机制，而凯恩斯也在《就业、利息和货币通论》一书中对利率传导机制进行了详细的描述，且影响至今。凯恩斯用货币供给和有效需求来解释利率的产生，他认为市场上货币供给量和需求量在均衡状态时决定了利率的大小。他将人持有货币需求的动机归纳为交易动机、投机动机和预防动机。交易动机是指为了满足大家正常的生活需要而形成的货币需求，此需求与个人财富呈正相关；预防性动机，也叫作谨慎动机，是指人们需要持有货币以应对那些紧急的情况比如天灾人祸等，这种动机也与个人财富正相关；投机动机是由于人们需要购买债券而产生的持有货币的需求，该动机与利率是负相关的，于是便有持有需求函数：$Md = L(i, Y) = kY - hi$。其中，Md 表示市场上对货币的需求，Y 和 i 分别表示收入和市场利率，k 和 h 代表持有货币的相关系数。

利率传导机制分析了影响企业和消费者行为的是实际利率，而实际利率不仅会影响他们的投资和消费行为，也会影响到总产出水平。最突出的是，我国也在使用 SLF 利率来作为利率走廊的上限以使得拆借利率在目标区间自动调节，而 MLF 利率和 PSL 利率也在发挥着中长期利率走廊上限的作用。因此，可以发现，结构性货币政策的实施，可以通过利率走廊的模式，来有效地引导市场利率下降，进而减少企业的融资成本，从而促进社会投资，以增加实体经济产出。

2. 信贷传导渠道

伯南克和布兰德（Bernanke & Blinder，1988）提出货币政策不仅可以影响一般利率水平，同时也能影响企业获得的信贷量的大小及它们获取信贷的能力。货币政策的信贷渠道表示的是，货币当局的货币供给的变化也会造成银行贷款总量的变化，从而使得企业获得贷款的能力和信贷量产生变化，最终影响到了总产出。

我国的结构性货币政策中，也有许多种政策在发挥作用时是借助了信贷传导渠道。例如，央行通过定向降准操作，定向降低操作过程中符合政策要求的金融机构的法定存款准备金率，从而引导信贷流向国家重点支持的领域，如小微企业及“三农”等；MLF 政策在实施时也要求将资金投向小微和“三农”领域；而 PSL 政策的直接资金定向投放能力更强。因此，结构性货币政策的信贷传导渠道可以表示为，此类政策的实施可以增加定向金融机构的货币供应量，使得实体经济的信贷规模增加，进一步刺激实体经济投资和消费，最终提升经济增长效率。

3. 预期传导渠道

凯恩斯提出，人们的经济行为在受到理性支配的同时也受到自然本能的驱动，而所谓的本能驱动就来源于经济主体对经济形势的不同预期。正是因为经济主体有思想会预期，因此预期的力量足够颠覆一项政策的本来目的，因而需要提高货币政策透明性，以合理地引导公众预期。近些年，我国经济市场逐步开放，人们的预期对实体经济的影响也在不断增大。因为人们最初的主观期望不能完全准确地与经济市场的长期均衡保持一致，所以他们学会了根据所获得的新信息来调整个人的期望。结构性货币政策就是用来引导和调整他们的期望，使经济中发生的个体和集体理性的摩擦降低，促使微观经济变量最终能达到长期均衡，助力于有效调整经济结构，实现经济的健康稳定发展。

4. 成本传导渠道

早在 2001 年，巴恩和拉米（Barth & Ramey）就已经解释了货币政策的成本传导渠道，并提出货币政策冲击会通过影响企业的生产成本来影响经济，如供给和通货膨胀。他们认为企业在卖掉它们生产的产品之前必定会先进行生产，而这些企业在生产过程中需要投入生产要素及支付员工工资，这一部分支出需要从金融中介处融资，那么不难理解，任何影响利率的冲击都会对企业的生产成本产生一定程度的影响。扩张性的货币政策一方面通过刺激需求对价格施加上行压力，另一方面通过降低利率以降低企业的借贷成本，进而可以在短期内对价格施加上行压力。因此，在某些情况下，扩张性的货币政策在短期内也有可能会导致通货紧缩。

第三节 我国结构性货币政策的运用

一、我国运用结构性货币政策的必要性

随着经济的不断发展，国内和国外的经济环境都变得越来越复杂。我国在经济发展中也存在着许多问题，比如城乡居民消费需求增长的市场驱动力明显不足、商品供过于求的状况日益严重，资金供应渠道不畅的问题突出及就业矛盾突出等，我国的结构性、体制性、周期性问题相互交织。经济增长虽保持韧性，但同时也不得不认识到经济下行的风险仍然较大。而国际上的经济金融形势也不容乐观，全球经济增长放缓，虽然有企稳现象，但仍有下行风险。2019 年，主要央行如美联储、欧洲央行等货币政策转向宽松，带动全球较多经济体降息，但全球债务负担有所上升，负利率债券范围扩大。而在 2020 年这样一个全球新冠肺炎疫情迅速蔓延的阶段中，各大经济体的失业率有所上升，主要发达经济体通胀率持续低位，各大经济体需要应对巨大的财政赤字及大规模公共债务问题①。面对如此严峻的国内外经济形势，我国为了稳定和复苏全球经济、促进经济社会发展，同时调整我国自身的经济结构，合理地使用结构性货币政策变得尤为重要。

1. 传统货币政策的效果减弱需要结构性货币政策的补充

传统货币政策是总量型的，主要是以数量扩张为主的，这种扩张的方式会大大增加投资总量，进而使得总的生产能力大于总的消费能力从而造成产能过剩、产品大量剩余，也降低了资金的整体使用效率，造成产品价格下跌，同时也降低了实体经济增长速度。而且在当前的经济金融形势下，我国传统货币政策的效果正在逐步地减弱。

总量型的传统货币政策效果减弱要求我国在使用货币政策时做出改变，

---

① 世界银行官网公布的数据显示，2020 年高收入经济体通胀率为 1.2%，失业率为 6.6%，OECD 成员国通胀率为 1.4%，失业率为 7.2%。

那么就需要新型的货币政策工具的出现来辅助其更好地发挥作用。实体经济增长速度减慢，货币政策全面刺激作用减弱，这就需要在使实体经济保持平稳增长的同时依然要维持宏观政策环境宽松，因此调整经济结构是尤为紧要的，货币政策工具亟须创新，这就说明结构性货币政策工具的出现是很有必要的。

2. 经济结构调整需要对货币政策进行创新

目前，我国的产业结构由工业主导向第二、第三产业共同带动转变，第三产业——服务业的比重也在逐渐增加，而需求结构也在由主要依靠投资拉动转向依靠消费、投资协同拉动转变，这都是我国经济的结构转型。我国高质量发展进程的推进也使得原有的行业结构和产业布局都在发生着改变。除了工业行业占比的降低及第三产业在经济中的占比的提升之外，中小微企业、“三农”及一些重点领域的行业也在逐渐受到国家的重视和支持。

作为在我国常见并且数量众多的中小微企业，“融资难、融资贵”一直是它们所面临的问题，同时也制约着它们的发展。原因主要有两个方面：一方面，我国经济市场体制不健全，直接融资市场发展缓慢；另一方面，我国的金融机构比较传统，它们更倾向于将资金投入给大型、国有企业，而不愿意将资金借给这些相对没有优势的中小微企业。事实证明，产能过剩大都出现在那些常被国家重点支持的国有企业，这些企业获得信贷支持相对容易，但资金使用效率却非常低下。因此，不但导致了资源浪费，同时还制约了中小微企业的发展。所以，我国有关部门亟须对货币政策工具进行创新以调整经济结构，规范货币资金流动，更高效地引导信贷资源的流向，解决中小微企业的融资问题及部分行业和企业的产能过剩问题。

3. 外汇占款收缩需要货币政策进行支持

外汇占款表示的是商业银行为取得外汇资产而向市场投放的相应的本币。外汇占款使得本国货币增加，并成为投放基础货币的关键渠道。然而近年来，我国的外汇储蓄有所减少，偶尔会出现经常项目顺差很小、资本项目逆差的国际收支平衡情况。外汇占款的收缩将减少基础货币的发行量，这将导致资金流动性的收缩。外汇占款收缩所引发的流动性收缩的影响主要体现在两个方面：第一，流动性的降低将减少可贷资金量；第二，影响金融稳定。

目前，我国资本和金融项目逆差主要决定了国际收支平衡，但两者的不确定性也会造成资金流动供给的不确定性。而且，由于近年来外汇购买量的减少，流动性问题更加明显。因而，我国央行应该优化货币供应机制，使用货币政策予以支持，创新货币政策工具。

4. 传统货币政策存在不足

传统货币政策工具对全部存款类的金融机构都适用，且对它们一视同仁。我国传统货币政策工具大致包括再贴现政策、公开市场操作、法定存款准备金政策这三种，它们均属于数量型货币政策工具。这些传统的货币政策在实际使用的过程中除了有其特定的优势之外也呈现出一些不足之处。

法定存款准备金政策中最常使用且发挥作用的是法定存款准备金率这一指标。其效果有以下四点：第一，很小幅度地调整准备率也能使货币供应量发生较大的波动；第二，存款准备金是其他货币政策工具的基础；第三，不论是因为何种原因使得商业银行等金融机构持有超额准备金，央行对法定存款准备金做出调整也能起作用；第四，无论存款准备金改变与否，它都能在很大程度上发挥其对商业银行创造派生存款能力的限制作用。然而，这种政策也有一定的局限性：一是由于对法定存款准备率进行调整所产生的效果比较明显，因而使得它有了“固定化”的趋势；二是由于存款准备金的变动会因金融机构类别和存款类别的不同而产生不同的影响，因此货币政策的效果很难把握，所以该政策的使用给银行带来了很多的不确定性。

再贴现政策表示的是持有未到期票据的商业银行在向中央银行申请再贴现时，央行对此制定的政策规定，包括两个方面的内容：一是再贴现率大小的确定与调整；二是规定能够向中央银行申请再贴现所具备的资格。再贴现率的调整不仅能够改变货币供应量，同时也可以改变资金的流向，但其在使用的过程中也同样存在一定的问题。

首先，市场的变化也可能导致事与愿违。其次，再贴现率的调节作用是有限度的。最后，虽然对再贴现率的调整比较容易，但调整地过于频繁会导致市场利率发生经常性地波动，最终使得商业银行不知所措。

公开市场业务表示的是央行在金融市场上公开交易（买或卖）有价证券，

从而来调整市场中的货币数量的政策行为。其主动性强，能够按照政策目标积极运作；它具有高度的灵活性，央行可以灵活控制其交易数量和方向；其调控效果温和，震动性小；并且它的影响范围广。它的不足之处有三点，第一，中央银行要有足够强大的金融实力以干预和控制整个金融市场；第二，此金融市场需要是发达且完善的，且必须是全国性的，市场上有价证券的种类需齐全且规模达到一定的标准；第三，必须与其他政策工具协调配合。

二、结构性货币政策工具的比较

不同结构性货币政策工具的比较如表 7 - 2 所示。

表 7 - 2　　结构性货币政策工具比较

政策工具	政策目标	作用对象	操作方式	操作期限
短期流动性调节工具（SLO）	解决银行体系临时性流动性紧缺难题	具有良好资产状况，较强政策传导能力的公开市场业务中的一级交易商	通过市场化利率招标和质押[①]这两种形式发放	操作期限分为隔夜和 7 天两种
常备借贷便利（SLF）	给予银行体系较大的流动性支持，以其利率引导市场利率走向	可申请的银行为政策性银行和全国性商业银行	抵押形式操作，合格的抵押品包括高信用评级的债券类资产和优质信贷资产等	包含隔夜、7 天及 1 个月三种
中期借贷便利（MLF）	稳定银行体系流动性，降低社会融资成本，引导资金更多且以更低成本的形式流向实体经济	适用于符合宏观审慎监管要求的商业银行和政策性银行	由金融机构提供合格质押品[②]的形式操作	操作期限包括 3 个月、6 个月及 1 年期，一般为 1 年
定向中期借贷便利（TMLF）	加强以金融支持小微和民营企业的力度	适用于既符合宏观审慎要求，又能切实支持实体经济的大型商业银行、城商行和股份制商业银行	央行根据金融机构对小微和民营企业的实际贷款增长等情况发放	操作期限只有 1 年期，但是在 1 年到期后，金融机构可根据实际需要再连续做两次，因而实际操作期限为 3 年

续表

政策工具	政策目标	作用对象	操作方式	操作期限
定向降低法定存款准备金	支持“三农”和小微企业，民营企业及普惠金融领域的经济发展	适用于既符合宏观审慎要求，又对“三农”和小微企业的贷款达到一定比例③的商业银行	下调法定存款准备金率	—
抵押补充贷款（PSL）	向政策性银行提供资金以帮助国民经济重点领域和薄弱环节及社会事业的发展	政策性银行	采取质押形式，由政策性银行提供如高等级债券类资产和优质信贷类资产作为质押品进行申请	长期

注：①2016 年 1 月 29 日新增政府支持机构债券和商业银行债券两种合格质押品。②最初中期借贷便利的合格质押品包括国债、央行票据及政策性金融债和高等级信用债等优质债券。2018 年 6 月 1 日新增 AA 级及以上的小型、微型企业债券和绿色经济债券，“三农”金融债券，AA + 、AA 级公司信用类债券，优质的小微企业贷款和绿色贷款作为合格质押品，并对小微企业及绿色经济类债券给予优先支持。③此项所指的一定比例是前一年金融机构新增的涉农贷款或小微贷款占全部新增贷款比例要大于 50%，且占全部贷款余额比例要大于 30%。

资料来源：中国人民银行官网。

央行新创设的两项结构性货币政策工具、普惠小微企业贷款延期工具和普惠小微企业信用贷款支持计划用于直接缓解实体经济中小微企业的融资环境差、融资成本高的现象。这一创新将金融机构支持小微企业联系起来，具有更强的扶持小微企业的直接性。不同于以上结构性货币政策工具的是，这两项直达实体经济的政策工具是央行在特定的情境之下才做出的短期安排，其具体操作方式与以上长期使用的政策工具也不相同。如普惠小微企业贷款延期工具的操作方式是由央行提供资金以签订利率互换协议的方式激励地方法人银行，从而缓解小微企业贷款还本付息压力。而普惠小微企业信贷支持计划的操作方式实际上相当于央行发放了一年期零成本的小微信用贷款资金给地方商业银行。

可知，央行创设的不同的结构性货币政策工具具有不同的使用目的，使用针对性较强。并且其政策操作对象及操作方式也不一样，就使得具有相同目的的结构性货币政策工具的作用效果是有差异的。因此，央行在使用结构性货币政策工具时具备灵活性，注重多种结构性货币政策的搭配使用，根据经济环境和市场状况相继选择合适的结构性货币政策工具。

三、我国结构性货币政策的实践

1. 短期流行性调节工具（SLO）

公开市场业务是央行调节市场流动性的一种最直接有效的方式，但是其影响范围广，作用强度较大的性质使得其不适宜经常使用。因而，央行在2013 年 10 月 28 日创设了短期流动性调节工具作为公开市场业务的补充工具，以市场化利率招标方式开展，以 7 天内的短期回购为主。短期流动性调节工具一般在公开市场操作的间歇期，由央行根据市场流动性实际状况适时使用，其使用灵活性较强。由于央行 SLO 使用时机、操作期限及货币投放量具有较强的灵活性，使得央行对于流动性的调控更加行之有效。同时这一工具的创设也具备稳定市场预期的作用。

从图 7 – 1 和表 7 – 3 可以看出，短期流动性调节工具的操作期限较短且不固定，最长为 7 天，最短只有 1 天。利率最高至 5. 00%，最低至 2. 10%。

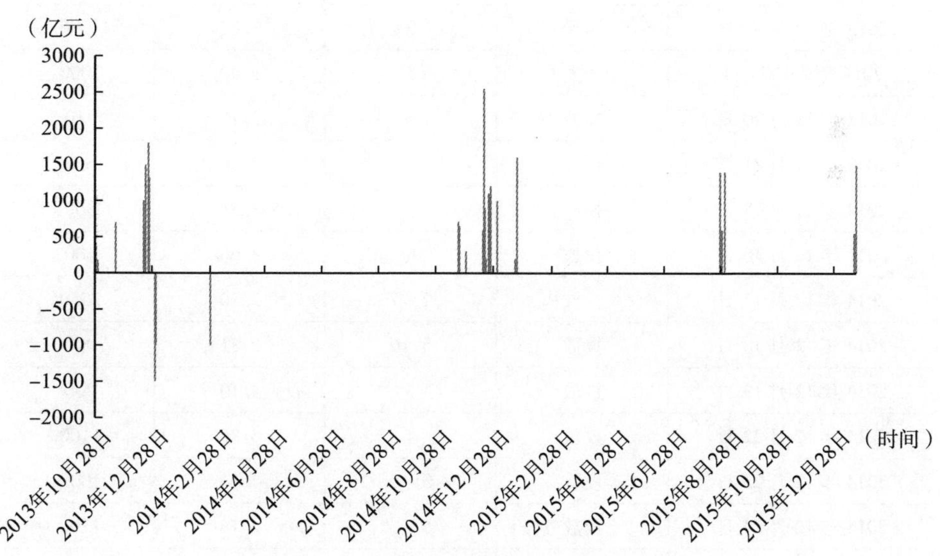

图 7 – 1　短期流动性调节工具交易量

资料来源：中国人民银行官网。

央行只在2013年10月28日至2016年1月20日之间使用短期流动性调节工具，在这一时间段内使用频率不高且灵活性较强，多在年末或年初出现流动性紧缺时才进行操作，并且在2016年1月20日使用之后至今没有再使用过。

表7-3　　短期流行性调节工具操作情况汇总

操作日期	操作方向	操作期限（天）	中标利率（%）	交易量（亿元）
2013年10月28日	投放	2	4.50	410
2013年10月30日	投放	2	4.50	180
2013年11月18日	投放	3	4.70	700
2013年12月18日	投放	2	4.20	1000
2013年12月19日	投放	4	4.70	600
2013年12月20日	投放	4	4.70	1500
2013年12月23日	投放	3	5.00	1800
2013年12月24日	投放	1	4.30	1330
		3	4.30	1030
2013年12月30日	回笼	3	3.00	1500
2013年12月31日	回笼	2	3.00	1000
2014年2月27日	回笼	5	3.40	1000
2014年11月20日	投放	6	3.15	710
2014年11月21日	投放	1~6	2.84	650
2014年11月28日	投放	6	3.28	300
2014年12月16日	投放	6	3.66	600
2014年12月17日	投放	2~7	3.50	2550
2014年12月18日	投放	5~6	3.81	900
2014年12月19日	投放	5	4.10	200
2014年12月22日	投放	4	3.86	1100
2014年12月23日	投放	3~6	4.14	1000
2014年12月24日	投放	5~6	4.16	1200
2014年12月31日	投放	1	4.16	1000
2015年1月19日	投放	1	2.63	200

续表

操作日期	操作方向	操作期限（天）	中标利率（%）	交易量（亿元）
2015 年 1 月 21 日	投放	2~6	3.66	1600
2015 年 8 月 26 日	投放	6	2.30	1400
2015 年 8 月 28 日	投放	7	2.35	600
2015 年 8 月 31 日	投放	6	2.35	1400
2016 年 1 月 18 日	投放	3	2.10	550
2016 年 1 月 20 日	投放	6	2.25	1500

资料来源：中国人民银行官网。

2. 常备借贷便利（SLF）

常备借贷便利由央行于 2013 年创设，其最初的实施目的在于给予金融机构合理充裕的流动性支持，而后将其作为构建利率走廊的上限，通过其利率水平的调整来引导市场利率走势。其操作期限分为隔夜、7 天及 1 个月三种，以金融机构向央行出具合格抵押品的形式操作。作为结构性货币政策工具之一的常备借贷便利其特点包含三个方面。首先，常备借贷便利的操作主动权在于金融机构自身。由金融机构根据其实际流动性需要向央行提出申请。其次，常备借贷便利的操作过程中只有金融机构和央行两个主体，交易过程较为直接且极具针对性。最后，央行实施常备借贷便利时，其交易对象范围较广。覆盖所有的存款性金融机构，只要存款性金融机构能够提供合格的抵押品，就可以办理并获取常备借贷便利资金。

2013 年央行创设常备借贷便利并从 2014 年开始试点工作，因此其操作范围是由点逐步扩展到面，最初只在市场出现流动性紧张时使用，从 2015 年末操作频率逐步增加。由图 7-2 可知，创设之初，央行连续 9 个月以常备借贷便利操作投放流动性，且投放量较大并随时间推移呈逐渐减少趋势。而后，自 2014 年 3 月~2015 年 12 月，只在 2015 年 2 月和 3 月有操作，说明 2014~2015 年银行体系流动性较稳定。且由于春节假期期间流动性需求量较大，因而其投放量一般在每年年末的时候最大，其实施能够有效地满足金融体系的流动性需求。

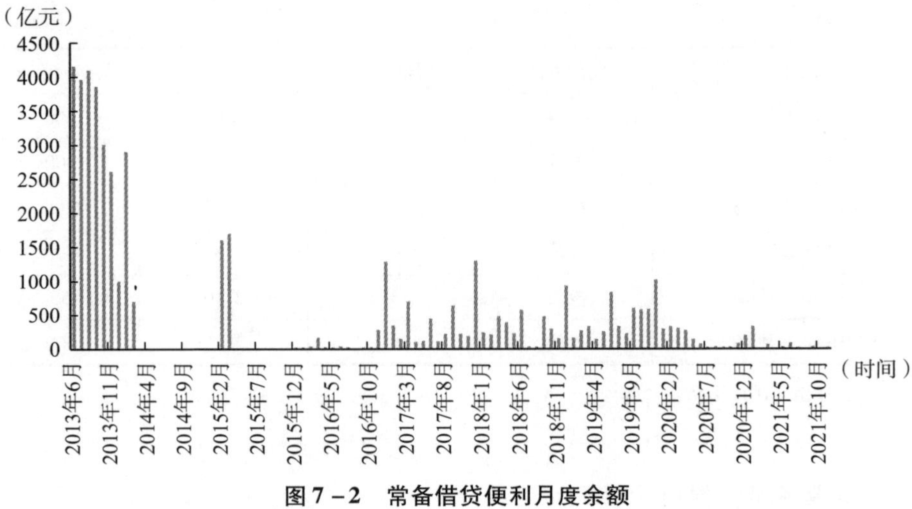

图7-2 常备借贷便利月度余额

资料来源：中国人民银行官网。

从图7-3和图7-4可以看出，在常备借贷便利未创设之前，货币市场隔夜及7天利率波动较为剧烈，隔夜货币市场利率最高达到7%，7天货币市场利率最高达到6.4%。而自2016年常备借贷便利开展每月操作之后，货币市场利率波动趋于平稳，隔夜货币市场利率稳定在3.5%左右，7天货

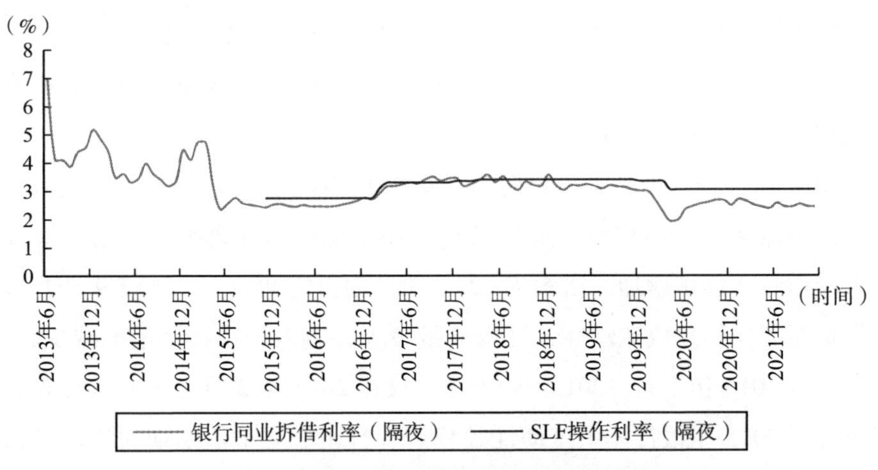

图7-3 隔夜银行同业拆借和常备借贷便利利率

资料来源：中国人民银行官网和锐思数据库。

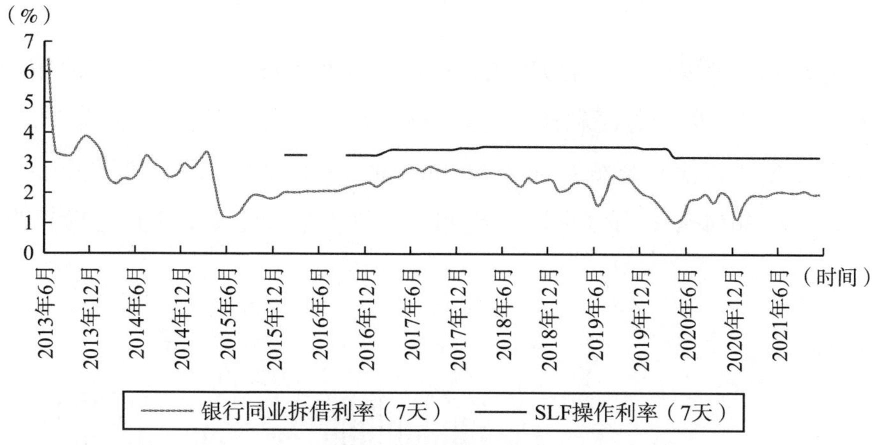

图7-4　7天银行同业拆借与常备借贷便利利率

资料来源：中国人民银行官网和锐思数据库。

币市场利率在3%以下，稳定在2.8%和2.9%附近波动，且两种利率均基本处于常备借贷便利利率之下。相较于隔夜的常备借贷便利利率而言，7天常备借贷便利利率平抑货币市场利率波动的能力更强。这说明常备借贷便利较好地扮演了其作为利率走廊上限的角色，其实施能够有效减弱货币市场利率的波动性，也说明央行通过实施常备借贷便利能有效降低金融机构较短期的融资成本。

3. 中期借贷便利（MLF）

央行于2014年9月创设了中期借贷便利，中期借贷便利以质押形式发放，操作期限有3个月、6个月及一年，一般为一年期。贯穿中期借贷便利操作情况来看，在2014年9月创设之后每月均有操作，且其操作期限最开始或是3个月或是6个月。而从2016年开始至今，其操作期限统一为3个月、6个月及一年期均有操作。央行一方面通过中期借贷便利的实施不断向金融体系投放流动性，另一方面也逐步扩大抵押品的范围，降低了金融机构获取资金的门槛，为切实引导资金流向实体经济做更进一步的努力。中期借贷便利实施的目的在于，在维护金融体系流动性稳定的基础上，发挥出其作为中期政策利率的作用，通过影响金融机构在中期的融资水平，对金融机构的流动性和资产负债表进行调节，从而引导金融机构降低对实体经济贷款的利率。

从图 7 -5 和图 7 -6 可以看出，中期借贷便利自创设以来一直被高频率的使用，且以中期借贷便利这一形式投放的流动性逐渐增加。截至 2021 年 11 月，中期借贷便利余额为 50000 亿元，是 2014 年 9 月份最初使用时的 10 倍。尤其从 2014 年 9 月创设以来到 2018 年 3 月急速上升，3 月之后开始转

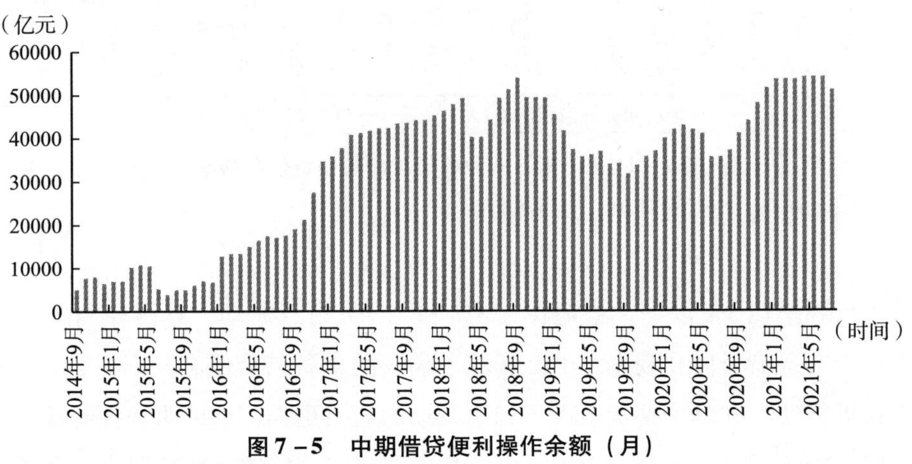

图 7 -5 中期借贷便利操作余额（月）

资料来源：中国人民银行官网。

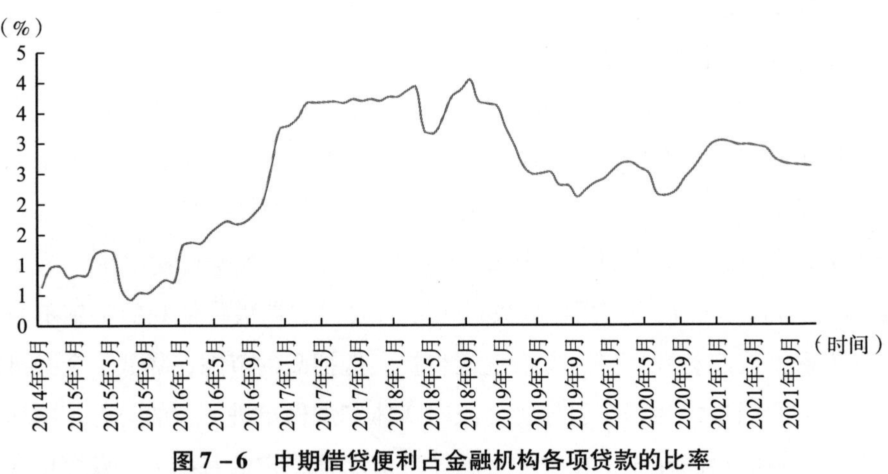

图 7 -6 中期借贷便利占金融机构各项贷款的比率

资料来源：中国人民银行官网和锐思数据库。

为波动上升。具体表现为，2014 年 9 月 ~2018 年 3 月中期借贷便利操作额的不断增大，中期借贷便利当期操作额占金融机构各项贷款余额的比例也在上升，2018 年 3 月当月投放 49170 亿元，2018 年 6 月回落至 44205 亿元，随后继续上升，2018 年 9 月份操作量达到 53830 亿元。2018 年 9 月 ~2019 年 8 月操作量连续下降，2019 年 8 月 ~2021 年 2 月波动上升。总体来看，央行投放流动性的力度在不断加大，其占金融机构各项贷款的比例也在不断增长，这说明中期借贷便利的实施不仅能够降低金融机构的融资成本，满足金融机构流动性，还能够引导资金流向实体经济。

4. 定向中期借贷便利（TMLF）

定向中期借贷便利创立于 2018 年 12 月，于 2019 年 1 月份开始实施。2019 年第一季度余额为 5249 亿元，第四季度末余额为 8226 亿元。定向中期借贷便利的创立旨在加大对小微和民营企业的扶持力度，相较于中期借贷便利具有更强的针对性。定向中期借贷便利虽然只操作一年期，但是到期后可以连续做两次，相当于三年期，资金使用时间长。且利率始终低于中期借贷便利利率。虽然到 2021 年底定向中期借贷便利只实施了五次，但是其实施针对性较强，且以更低成本打入那些对小微和民营企业贷款一定比例的金融机构，降低了金融机构融资成本，也直接将资金低成本地送到实体经济主体的门前，疏通了货币政策传导渠道。

表 7-4　　定向中期借贷便利操作情况汇总

日期	操作量	期限	利率	季度余额（亿元）
2019 年 1 月	2575	1 年	3. 15%	—
2019 年 4 月	2674	1 年	3. 15%	5249
2019 年 7 月	2977	1 年	3. 15%	8226
2019 年 9 月	—	—	—	8226
2019 年 12 月	—	—	—	8226
2020 年 1 月	2405	1 年	3. 15%	—
2020 年 3 月	—	—	—	8056
2020 年 4 月	561	1 年	2. 95%	—

续表

日期	操作量	期限	利率	季度余额（亿元）
2020 年 6 月	第三季度将到期的定向中期借贷便利以中期借贷便利的形式继续做			5943
2020 年 9 月	—			2966
2020 年 12 月	—			2966
2021 年 3 月	第一季度将到期的定向中期借贷便利以中期借贷便利的形式继续做			561
2021 年 6 月	第二季度将到期的定向中期借贷便利以中期借贷便利的形式继续做			0

资料来源：中国人民银行官网。

5. 定向降低法定存款准备金率

定向降低法定存款准备金是存款准备金制度的一种，由央行于 2014 年创设，在其创设初期专门用于助力“三农”和小微企业获取贷款。在其使用的中后期，才将其政策扶持范围逐渐拓展至普惠金融领域，以支持中小微企业的生存和发展。由表 7 – 5 可知，定向降准操作实施的主要对象为城市商业银行和县域及非县域的农村商业银行、农村合作银行、农村信用社及村镇银行这些中小银行。央行多次对这些中小银行采取降准操作目的是明确的，就是扶持“三农”、民营及小微企业的发展，为其获取贷款提供帮助。在 2018 年 1 月末，央行将定向降准的支持范围延伸至脱贫攻坚和“双创”等普惠金融领域，并且其对定向降准的操作也更加灵活。

表 7 – 5　　定向降低法定存款准备金率操作情况汇总

操作日期	扶持领域	作用对象	操作幅度
2014 年 4 月	“三农” 和小微企业	所有县域农商行及农村合作银行	县域农商行准备金率下调 2 个百分点，下调农村合作银行准备金率 0.5 个百分点

续表

操作日期	扶持领域	作用对象	操作幅度
2014年6月	“三农”和小微企业	对符合宏观审慎经营要求，且向“三农”或小微企业贷款达到政策标准的，除所有县域农商行及农村合作银行外的其余各类型商业银行	下调准备金率0.5个百分点
		对财务公司、金融租赁和汽车金融公司	下调准备金率0.5个百分点
2015年2月5日起	“三农”、小微企业、大型水利工程建设项目	符合定向降准政策规定的对小微企业贷款比例的城商行和非县域的农商行	下调准备金率0.5个百分点
		中国农业发展银行	下调准备金率4个百分点
2015年4月	“三农”、小微企业	中国农业发展银行	下调准备金率2个百分点
		达到定向降准政策要求的对小微企业贷款比例的城市商业银行和非县域的农村商业银行	下调准备金率0.5个百分点
		对农村合作银行、农信社、村镇银行和财务、金融租赁和汽车金融公司	下调准备金率1至1.5个百分点，统一下调至农村信用合作社水平
2015年6月	“三农”、小微企业	符合定向降准政策要求的对“三农”信贷规模的城市商业银行和非县域的农村商业银行	下调准备金率0.5个百分点
		符合定向降准政策规定对“三农”或小微企业贷款规模的国有大型商业银行、股份制商业银行及外资银行	下调准备金率0.5个百分点
		财务公司	下调准备金率3个百分点
2015年9月	“三农”、小微企业	对包括县域农村商业银行、农村合作银行、农村信用社和村镇银行等在内的农村金融机构	下调准备金率0.5个百分点
		金融租赁公司和汽车金融公司	下调准备金率3个百分点

续表

操作日期	扶持领域	作用对象	操作幅度
2018年1月25日	“三农”、小微企业、普惠金融领域	对单户授信不超过500万元的小微企业贷款、个体工商户和小微企业主经营性贷款，农户生产经营和创业担保贷款，建档立卡贫困人口及助学贷款在内的贷款增量或余额占全部贷款增量或余额达到1.5%的商业银行	准备金率在基准档基础上下调0.5个百分点
		对于一个特定领域的贷款增量或余额占全部贷款增量或余额大于或等于10%的商业银行	按照累进原则在第一档基础上再下调准备金率1个百分点
2018年4月	小微企业、以降准的方式对冲MLF	大型商业银行、股份制商业银行、城商行、非县域农商行及外资银行	下调准备金率1个百分点
2018年7月	小微企业融资、为支持“债转股”	大型商业银行、股份制商业银行、城商行、非县域农商行及外资银行	下调准备金率0.5个百分点
2019年1月	调整普惠金融定向降准小型及微型企业贷款考核标准至“单户授信小于1000万元”，比原来的标准提高500万元		
2019年5月15日	民营及小微企业	对只在本县域内经营，或在本县域内经营且在其他县级行政区域设有分支机构，但上一年年末的资产规模在100亿元以下的农商行	下调准备金率2~3.5个百分点
2019年9月	民营和小微企业	对只在省级行政区域内经营的城商行	下调准备金率1个百分点
2020年3月16日	普惠金融领域	参与机构中上一年度在普惠金融领域贷款达到政策标准的机构	优惠0.5个或1.5个百分点的准备金率
		对于上述得到0.5个百分点优惠的股份制商业银行	额外再降低准备金率1个百分点
2020年4月3日	中小微企业	县域农商行、农村合作银行和农信社，村镇银行及只在本省域内经营的城商行	下调准备金率1个百分点

资料来源：中国人民银行官网。

定向降准的实施不仅具有覆盖范围广、强度大的特点，更具备着鲜明的政策针对性。央行通过实际降准操作和政策宣布向金融机构发出支持实体经济发展的政策信号，并且明确规定了资金的用途，以这种精准滴灌的方式来支持重点领域发展，通过充沛金融机构的流动性来保证达成定向扶持的意图。

6. 抵押补充贷款

2014 年 4 月央行创设抵押补充贷款（PSL），通过向金融机构提供大额资金来支持“棚户区”改造。抵押补充贷款主要用于扶持经济发展的重点领域和薄弱环节，以及社会事业发展。在其创设并实施的当年，央行就通过抵押补充贷款形式释放流动性资金 3831 亿元。

从图 7－7 中可以看出，抵押补充贷款自 2015 年 5 月开始每月均有操作，并且操作额度不断上升，到 2019 年 5 月时达到最大值 35979 亿元，随后开始缓慢下降，但总体操作额度仍然维持较高水平。截至 2021 年 9 月，抵押补充贷款余额为 28178 亿元，是 2015 年 5 月操作额的 4. 3 倍。为适时发挥价格杠杆作用，适应存贷款基准利率调整，央行于 2014 年 9 月和 11 月及 2015 年 3 月和 5 月四次将 PSL 利率从 4. 50% 下调至 3. 10%。2015 年 5 月

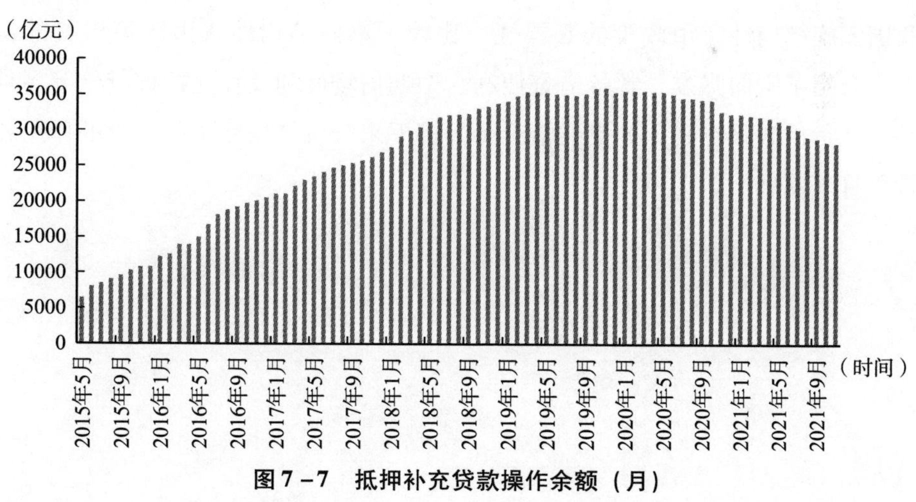

图 7－7　抵押补充贷款操作余额（月）

资料来源：中国人民银行官网。

抵押补充贷款利率为 3. 1%，低于贷款利率水平，7 月下调至 2. 85%，11 月继续下调至 2. 75%，利率水平低于同期国债利率。2021 年 11 月抵押补充贷款利率仍为 2. 75%。

可知抵押补充贷款的创设不仅有利于调整信贷结构，畅通融资，还能引导开发性和政策性银行以降低棚改等国民经济重点领域和薄弱环节的贷款利率。即其实施能够有效地促进开发性和政策性银行的信贷结构调整，促进政策性和开发性银行以国家相关政策和产业发展趋势为导向，加大对国计民生与经济发展中的薄弱环节的信贷调整力度，完善基础设施建设，畅通融资渠道，有效降低企业融资成本。

第四节 本章小结

本章主要对我国结构性货币政策理论和结构性货币政策的实践进行了论述。在我国结构性货币政策理论方面，主要从我国结构性货币政策的目标、传导渠道及其政策效果三个方面进行了阐述。从传统货币政策存在不足、传统货币政策效果减弱、经济调整需要、基础货币投放需要等四个方面阐述了我国实施结构性货币政策的必要性，比较了不同结构性货币政策工具的特点，介绍了定向降准、常备借贷便利、中期借贷便利及补充抵押贷款等多种结构性货币政策在我国的实践情况，为接下来分析结构性货币政策的作用和效果打下基础。

第八章

结构性货币政策的产业非对称效果

在经济“新常态”背景下，我国产业的结构性矛盾突出，资金布局与经济结构转型升级的要求不一致，是阻碍我国经济稳健发展的关建因素，因此，优化产业结构成为货币政策的重点目标之一。许多产业都存在不同程度的行政垄断，导致要素流动受限制，资源配置不合理，产业间利润差异长期存在。由于不同产业的要素密集度、信贷依赖程度、融资条件和融资成本存在明显区别，同一货币政策操作对不同产业的影响是截然不同的。在实施货币政策时，都需要考虑产业层面的异质性，避免拉大产业间的差距，恶化产业结构。而且，传统货币政策存在利率下限约束、低利率时传统货币政策渠道受阻、信贷市场受损与功能失衡等困境，需要与结构性货币政策的定向调节功能相互协调，兼顾经济总量稳定与结构优化的双重目标。

为了顺应目前“新常态”下保增长、调结构、促转型的调控需求，对实行结构性货币政策进行各种定向操作，疏通货币政策传导渠道，引导金融资源流向国民经济重点领域或薄弱环节，改变信贷资金结构与产业布局，抑制过剩产能，同时扶持高新技术与战略型产业。中央银行推出借贷便利、定向降准和抵押补充贷款等新型工具，不仅可以释放更多基础货币，而且能够定向扶持特殊领域和部分金融机构，产生了微刺激与结构调整作用，成为经济转型升级中新的发力点。在大量研究传统货币政策的产业非对称效应的文献中提倡有效结合传统与结构性货币政策，认为结构性货币政策有助于“新常态”背景下产业结构转型升级，然而少有研究对结构性货币政策的产业结构调整功能进行严谨的理论推演与实证检验。

鉴于此，本章将对比研究传统的和引入结构性货币政策的产业非对称效应，系统分析归纳货币政策的产业非对称效应的具体表现，并检验传统与结构性货币政策组合的效果，发挥结构性货币政策的定向微调功能，弥补传统货币政策总量调节过程中的不足，兼顾总量稳定与结构优化。除了分析三次产业层面以外，工业行业作为“调结构”重点行业，去产能任务繁重，所以，应该进一步研究分析货币政策对工业行业的非对称效应，为宏观调控、政策设计与制定提供有力支撑，更好地实现产业结构升级与经济结构转型。

本书通过对货币政策产业非对称效应的研究，加深了对货币政策体系的全面认识，在设计与实施过程中更加注重总量稳定与结构优化，考虑不同产业的特点及政策传导渠道，选择最优的政策组合，使各项政策协调配合成为可能，更好地通过货币政策实现资源的最优配置，更强有力地服务实体经济，为经济转型升级创造更好的金融条件。

当前我国正处于经济转轨的关键时期，尤其是经济进入“新常态”后，要实现经济增长方式的根本转变，货币政策的效果也将经受严峻的考验。“十四五”时期开启了全面建设社会主义现代化国家新征程，应该利用货币政策的理论来指导宏观货币信贷管理，尽可能地避免货币政策进一步扩大产业间差距，促进不同产业均衡发展。深入探讨货币政策的产业非对称效应，对于更好地运用相关理论合理制定并执行货币政策以达到宏观调控目标，加快提升我国整体经济发展水平和产业结构升级都有迫切的实际意义。

第一节 文献综述

一、传统货币政策产业非对称效应的相关研究

1. 传统货币政策的三次产业非对称效应研究

不少学者针对不同产业对货币政策冲击的响应速度和深度展开研究，均证实我国货币政策对三大产业存在显著的非对称效应，但具体观点不太一

致。王剑和刘玄（2005）借助 VAR 模型，发现第三产业和第二产业对货币政策反应更加敏锐，但第一产业反应比较迟缓。庞念伟（2016）认为货币政策对第三产业影响最大，对第一和第二产业影响较小，且对各产业内部行业结构调整存在局限性。张淑娟和王晓天（2016）根据“金融加速器”理论证明我国货币政策的产业非对称效应，建立了非线性的 STVEC 模型及广义脉冲响应函数，发现在信贷紧缩状态下货币政策会对各产业产生更大的影响，在利率政策调整时，利率上升对三次产业的影响大小依次是第三、第二和第一产业，而利率上升首先对第二产业冲击最大，其次是第三和第一产业。而且，杨达（2011）认为第二产业对货币政策的冲击存在较长时滞。然而，戴金平、金永军和陈柳钦（2005）基于 1995 年以来中国 6 个行业数据，验证了货币政策对我国三大产业的影响具有显著的非对称性，结果表明货币政策对第一、第二产业的影响较大，第三产业所受影响最小，并指出房地产对利率变动敏感，而餐饮业和批发零售业反应较小，结论与甘利和萨门（Ganley & Salmon，1997）的研究结果相似。曹永琴（2010）和吕光明（2013）分别用 VAR 模型、LSTVAR 模型和 SVAR 模型也得到类似的结果。

2. 传统货币政策的三次产业内部不同行业非对称效应研究

以上文献都是从三次产业划分角度对我国产业进行分类研究的，三次产业分类过于粗糙，不能很好地体现出不同产业差异化的特征，随着研究的逐步深入，很多学者将研究视角从产业结构角度转向具体行业。

早在 1995 年，伯纳克和格特勒（Bernake & Gertler）从资产负债表渠道和信贷渠道两个方面展开研究，认为货币政策对不同行业产出的影响并不完全相同，换言之，货币政策确实具有行业效应。哈欧和乌伦布洛克（Hayo & Uhlenbrock，1999）选取德国 1978～1994 年的月度数据，利用 VAR 模型检验了货币政策影响德国制造业内部 28 个次级行业存在的显著差异，其中利率对重工业影响最大，但对服装和食品业影响却相对较小。费尔斯和施瓦尔（Fares & Srour，2001）根据加拿大 1993～2000 年的行业数据进行脉冲响应分析，VAR 模型脉冲响应结果表明，紧缩的货币政策冲击小，建筑业产出水平相比于其他行业最先触底，而受影响最大的是制造业，其下降程度是建筑业的两倍，服务业的反应也比较显著，然而响应速度滞后于制造行业。阿诺德和威尔特（Arnold & Vrugt，2002）运用荷兰1973～1993年数据，以行业和区域的产出水平为研究对象，发现与区域效应的利率敏感性相比，行业效应的利率敏感性更强，行业结构对货币政策效应的影响较大。易卜拉欣（Ibrahim，2005）基于马来西亚1973～2003年数据，验证了货币政策冲击确实存在着行业效应。阿拉姆和艾哈麦德（Alam & Waheed，2006）根据巴基斯坦7个行业的时间序列数据，采用VAR模型对货币政策行业效应展开实证检验，发现货币政策传导确实具有明显的行业非对称性效应。乔治普洛斯和赫加兹（Georgopoulos & Hejazi，2009）基于加拿大1998～2003年的季度数据，分别从信贷渠道和资本成本渠道对货币政策的行业效应进行了研究，发现两种传导渠道在加拿大均较为顺畅，造成货币政策行业非对称效应存在的根源在于各行业中企业金融特征的差异。佩莱尼（Pellenyi，2011）建立一个结构因素模型实证分析匈牙利货币政策的行业效应，发现货币政策对建造业的影响较大，紧缩性货币政策将导致建造业发展明显收窄。

闫洪波和王国林（2008）认为制造业的30个次级行业对利率、汇率、信贷这三种传导路径的响应速度和程度都不一样，食品制造业和纺织业的反应程度最高。马海龙（2012）认为货币政策行业非对称效应明显，杠杆水平较高、流动资产周转率高、劳动密集度大、规模较小的行业反应更敏感。大量文献都是采用线性研究方法，而楚尔鸣和何鑫（2014）则采用平滑转换的非线性方法分析货币政策影响行业产出增长水平的非线性特点，发现在同一货币政策条件下，不同行业产出增长水平和固定资产投资有关，当大于行业平均投资额和投资增长速度的132%时，行业产出水平与货币政策变动呈现正相关关系。

大部分文献都是采用向量自回归和脉冲响应函数等模型，鉴于面板数据模型的优越性及近年来产业数据库的丰富和完善，也有不少学者用面板数据模型对货币政策的产业非对称效应展开实证检验，但结果并不完全一致。徐涛（2007）构建面板数据模型，其中有22个行业通过显著性检验，而且运用分组等价性检验进一步证实了货币政策存在明显的行业效应。龙薇和颜铭佳（2017）基于13个服务行业2005～2016年的季度数据构建VAR模型，研究发现我国货币政策对服务业的影响在反应程度、速度和持续时间上均存在显著非对称效应。除了基于宏观行业水平分析外，吉红云与干杏娣（2014）借用企业微观层面的数据，指出产业内部各要素的不同配置对货币政策实施的效果存在显著差异，货币政策对资本密集型行业的影响最大，技术密集型行业次之，对劳动密集型行业影响最弱。

二、结构性货币政策效果的相关研究

基于不同的经济背景和操作目标，国外实行了非常规货币政策，我国也学习国外经验，根据具体国情对具有结构调节功能的货币政策实行定向微调，国内一般称为结构性货币政策，且引起了一些学者的关注。

很多学者在深入剖析传统货币政策的产业效应后，指出了传统货币政策将进一步拉大各产业间的差距、资金分配不均国有企业挤出民营经济导致中小企业融资难、高新技术行业金融支持有限发展受阻等诸多不足，由此从理论上呼吁要更多实行差异化的定向货币政策，有效引导各种资源向需要重点支持的产业倾斜，但是缺少对政策调节效果的定量检验（孙若宁，2014；吴琼和张影，2016；侯继磊，2017）。

随着供给侧结构性改革的发展，大量学者开始对结构性货币政策的合理性及有效性展开讨论，但观点并不一致。在定性研究方面，刘伟和苏剑（2014）、管清友（2014）、陈炳才（2015）和张晓慧（2015）等学者结合我国目前的经济环境和政策实践，发现结构性货币政策有助于实现“新常态”下保增长、调结构、促转型的调控目标，并提出要兼顾数量型与价格型调控，同时强调财政政策和货币政策有效结合，降低实体经济部门融资成本。然而，钟正生（2015）表示，结构性货币政策实现危机救助，引导信贷资金流向和引进激励相容机制等作用，也会有最终目标很难明确、银行惜贷调和难度大、双重道德风险无法避免等不足，影响其政策效应的发挥。鲁雪岩和王一捷（2016）也认为结构性货币政策的实施是有条件限制的，而且长期实施容易过多投放流动性，导致结构性放松和总量性紧缩的政策矛盾产生，甚至使本该被市场自然淘汰的企业低效率运行，造成资源配置扭曲。

在定量分析方面，彭俞超和方意（2016）基于我国 1996 年 1 季度~2015 年 3 季度的数据，在 DSGE 模型中引入负外部性产业和为其提供大量信贷支持的垄断竞争型金融机构，选择实际 GDP、实际 M_2、通货膨胀率 CPI 和用二氧化碳排放量衡量的负外部性 4 个观测变量，采用贝叶斯方法估计模型相关参数，分析两类数量型和两类价格型结构性货币政策的有效性，结合脉冲响应结果和政策前沿曲线，结果表明非对称的实行结构性货币政策更加可以实现经济稳定和产业结构升级双重目标。

除上述对新型货币政策总体研究以外，部分学者对单个政策工具的操作机理、传导渠道、产业效应展开更加深入的分析。马理和刘艺（2014）结合国外借贷便利类货币政策工具的实践经验，发现我国常备借贷便利在熨平经济异常变动的过程中起到了至关重要的作用，但必须和其他货币政策工具协调配合才可以真正达到政策的预期效果。姜汝楠和程逸飞（2014）、余振等（2016）发现抵押补充贷款能够降低融资成本、改变中长期利率水平和支持“三农”经济、小微企业发展。张智景（2016）分析了定向降准、借贷便利类工具、抵押补充贷款这三类新政策在引导信贷流向和增加投资总量两方面功能，归纳其总量与结构效应的形成机制，进而以定向降准为例进行实证检验，选取金融机构各项贷款余额作为结构性货币政策总量的代理变量，农村贷款余额和小微贷款余额为结构效应的代理变量，设立定向降准的虚拟变量，并同时引入法定存款准备金率和定向降准来厘清普降存准率与定向降准的效果，结果表明，其整体上难以产生总量效应，虽有传导时滞但引导信贷流向的结构效应明显。

三、文献述评

国内外大量学者对传统货币政策的产业非对称效应从形成机理到实证检验及原因剖析，从三次产业到不同行业进行多层面的研究，也有结构性货币政策效果的分析，结论不完全一致，而且鲜有文献将结构性货币政策纳入货币政策产业非对称效应的研究框架中分析货币政策组合的效果。本章旨在分析货币政策在三次产业和工业行业间的非对称效应，以及将传统与结构性货币政策的互动关系进行经验总结和对比分析，考察引入结构性货币政策对于提升传统政策效果，优化产业结构。因此，本章将传统与结构性货币政策进行对比，研究政策组合产业非对称效应的具体表现及形成原因，根据具体的操作目标选择最优政策组合，更好地引导产业发展方向，实现产业结构升级。

第二节　货币政策产业非对称效应的理论基础

货币政策的产业非对称效应问题从根源上将是货币政策效应的问题，包含两个方面基本内容，即货币政策是否能够有效改变经济行为，以及如何通过一系列中间过程而实现的。一方面关系到货币政策的有效性，另一方面关系到货币政策产业非对称效应的形成机制。

一、传统货币政策产业非对称效应的形成机制

货币政策工具的实施改变货币政策供应量或者利率，进一步改变各产业产出水平。如果考虑到货币政策对产业结构的调控效果，即将其产业的非对称性因素纳入传导机制中，具体过程如下：货币政策工具的实施改变货币供给量和利率，然而各产业筹措资金和不同筹资方式相互替代的能力存在差异，真正的货币获取量差距明显而导致了不同产业产出变化不同；加之，由于各个产业提供的产品或服务包含的资本与劳动的比例不同，使其要素边际报酬率和利率敏感性不同，由此受货币政策影响与产业产出变化不一致。

本节通过深入分析我国货币政策影响各产业的传导途径，得出货币政策产业非对称效应的形成机制。图 8 - 1 展示了利率渠道、信贷渠道、成本传导渠道对我国货币政策产业非对称效应的具体作用过程。

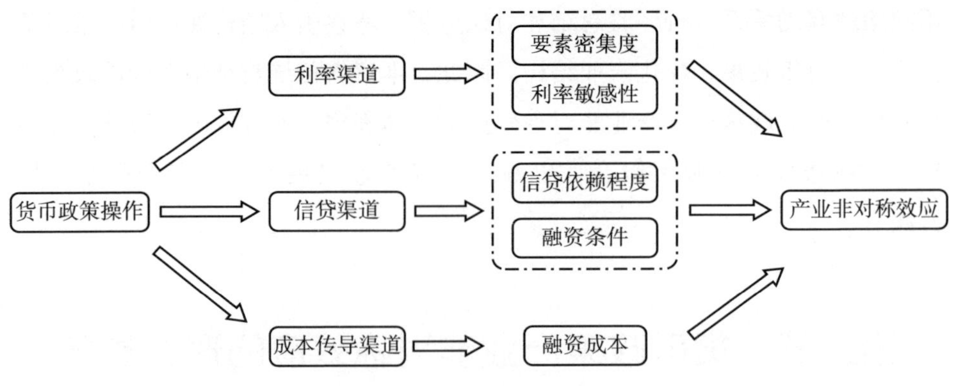

图 8-1　我国货币政策产业非对称效应的形成机制

1. 利率渠道与货币政策产业非对称效应

从利率渠道来看，央行改变基础货币、准备金，在乘数效应的作用下使货币供给成倍增加或减少，随后促使利率的上升与下降，引起企业筹集资金的代价发生变化，进一步导致各产业投资规模的扩张或紧缩，最终影响各产业产出的增减。要素密集度不同使各个产业对利率敏感性存在差异，且贯穿了整个传导过程。例如，对劳动密集型产业而言，其劳动力要素的需求量更大，因而对资本的可获得程度相对不敏感，对利率变动就比较迟缓；而对资本和技术密集型产业而言，资本在生产要素中具有很大比例，因而非常关注在金融市场中的资本可获得性，对利率非常敏锐。所以，要素密集度差异导致产业的利率敏感度不同的条件下，相同货币政策操作对属性特点差异较大的产业必定影响不同，进而存在非对称的政策效果。

2. 信贷渠道与货币政策产业非对称效应

信贷传导渠道产生作用的核心，是非利率因素对信贷规模存在显著影响，可以通过信贷依赖程度、融资条件来分析货币政策的产业非对称效应。央行主要通过法定存款准备金率等工具改变银行的可贷资金规模，进而改变投资和产出，但不同产业非利率因素差别明显，造成统一货币政策在产业间存在非对称效应。一方面，从我国的现实情况来看，由于资本市场发展滞后，企业融资中银行贷款与其他融资方式不能完全替代，直接融资在规模上还是明显落后于银行贷款，资金需求量大的产业更加依赖于银行信贷，对信贷渠道相对敏锐。

另一方面，银行可贷资金规模受到准备金和资本的双重约束，而且信贷市场上存在信息不对称，银行在贷款决策中不仅要考虑利率因素，还要考虑风险因素，同时使用非利率条件对借款人进行筛选，就形成了信贷配给。因此，企业经营规模和所能提供的抵押品这两方面情况不仅与贷款风险有着较为紧密的联系，同时相关信息的获取成本也很低，造成产业间融资条件的显著差异，成为实践中普遍使用的非利率条件。不同产业的企业在这两类融资条件上差异的表现，使第二产业要优于第一和第三产业。这不仅让第二产业在信贷融资上具有一定便利，而且导致货币政策通过信贷传导时，第二产业受到的影响更大。

3. 成本传导渠道与货币政策产业非对称效应

克里斯蒂亚诺等（Christiano et al. , 1997）、巴斯和拉米（Barth & Ramey，2001）都认为货币政策通过供给方面的渠道形成对不同产业的不同效应。基本的机理是：假定企业在获得销售收入之前，一般都是通过贷款来支付固定资产投资和生产要素费用，不同产业在生产成本方面存在差异。当名义利率提高时，生产成本上浮，但各个行业成本上浮的比率不一样，因此表现出对同一货币政策的差别响应。

从供给角度来看，货币政策通过影响企业的运营成本，进而改变产出和价格水平，因此，成本传导渠道主要是作用于微观企业，由于企业的所有制、规模大小、融资途径、市场地位等方面不同，相同产业的不同企业对货币政策冲击的响应差异显著。市场竞争程度体现产业市场结构，货币政策改变微观企业的融资成本，进而改变产业的产出水平，接近完全竞争市场结构的产业在金融市场上获得资本时面对的压力更大，筹集与运用资本所承担的成本更高，从而造成该产业对货币政策的敏锐性更强。

二、结构性货币政策产业非对称效应的形成机制

我国传统货币政策面临低利率时失效和信贷市场受损与功能失衡等困局，不能精确地调整信贷资金的流向，投资于最需要流动性支持的产业与部

门，将导致传统工业产能过剩、高新技术产业产能不足、工业生态环境和资源恶劣等一系列不合理问题。但是，结构性货币政策能有针对性地解决金融系统与产业结构中存在的问题，直接干预长期利率，甚至重构利率期限结构，缓解经济金融和实体部门面临的结构性问题，实现宏观调控目标。因此，结构性货币政策能够在一定程度上解决经济体不对称冲击、完善总量货币政策差异化效应和推进产业战略性布局等问题，可以成为总量货币政策的一种结构性补充，为经济结构转型创造一个良好的金融市场条件。

中央银行通过定向降准、常备借贷便利、中期借贷便利和抵押补充贷款等结构性货币政策工具影响金融资产价格和金融机构资产结构，定向引导信贷资源在金融机构和金融市场的重新配置，进而改变产业的生产成本和固定资产投资，最终影响实体经济中产品的有效供给与需求，具体的传导路径如图8－2所示。结构性货币政策主要从抑制过剩产能行业和支持经济重点领域和薄弱环节两个方面发挥结构调节作用。

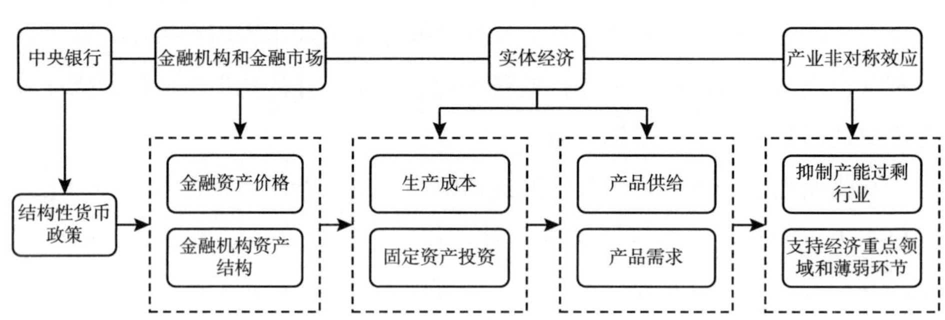

图8－2　结构性货币政策产业非对称效应的形成机制

一方面，通过结构性货币政策提高过剩产能行业的生产成本，缩减固定资产投资，避免盲目扩大投资，进而抑制过剩行业。另一方面，对特定产业提供低价格资金，引导信贷资源流向经济重点领域或薄弱环节，能够显著降低高新技术行业、战略性新兴行业及“三农”与小微企业融资成本，增强其获得资金的能力，从而导致造成政策传导在不同领域反应程度存在差异；或者通过向符合条件的金融机构投放流动性，降低这些金融机构的资金成本，并促进它们增加对实体经济的信贷。以定向降准为例，央行为引导信贷资源流向特定区域和产业，进而减少符合有关条件的银行业金融机构的存款准备金，提高信贷能力。现阶段，我国实行定向降准的核心目标在于构建优化信贷结构的正向激励机制，促使部分银行将更多比重的资金投入“三农”和中小企业领域，在不大幅增加贷款总量的同时，使其获取更多信贷支持。

对单个机构而言，货币政策工具减少目标金融机构的存款准备金率，提高可贷资金规模，进而提升对实体经济的信贷支持水平；对整个银行业而言，货币政策减少部分机构存款准备金的同时，整个银行体系中超额存款准备金扩张，相当于央行向金融市场中提供了更多的基础货币，而且这些资金从目标金融机构以贷款方式流出后将在银行体系中流转并形成派生货币，并由正向激励构建信贷投放机制，提升目标领域的信贷支持比重。

三、货币政策产业非对称效应的影响因素

由于不同产业要素密集度、外部融资条件、所获政策支持等均存在自身特征，因此对同一货币政策操作的敏锐性具有很大差距。中央银行设计并实行的货币政策，借助以上不同传导渠道改变实体经济发展趋势，各个产业的具体走向将有所差异，换言之，这将产生货币政策的产业非对称效应。

（一）产业的要素密集度

根据要素密集度的不同，可以分为资本密集型、劳动密集型和技术密集型三大产业。一般来说，资本密集型产业和技术密集型产业对货币政策的反应敏感度较高，资本密集度可以看作是产业的资本与劳动力之比，比例越高，说明产业所需要的资本量越多，对资本的依赖程度越高。资本规模变动会给该产业产出带来较大的影响，大部分资本密集型产业的外部融资渠道主要是银行贷款，从银行信贷传导渠道层面来说，在实施紧缩性货币政策的情况下，银行信贷规模缩减，产业获得的信贷量减少，而由于利率上升，其资本成本相应提高，因此该产业所受货币政策影响较大；如果产业资本密集程度小，则表示其对资本的依赖性较低，受货币政策的影响也越小。

一般地，对资本依赖性较大的产业内部企业的利息负担较重，说明企业负债比重过大，杠杆效应和财务风险更大。利息负担与成本传导渠道密切相关，中央银行若把货币政策转变为成紧缩性的，这些企业的利息负担将不断增加，还本付息成本增加，借贷信用等级逐渐恶化，更难获得充足的资本支持，受货币政策的影响将更显著。

（二）产业的融资条件

在我国，大多数企业的融资渠道以间接融资为主，不同产业的企业所具有的融资条件不同，其获得银行贷款的难易程度不同，产业融资条件主要由企业规模、抵押品价值决定。对于企业规模来说，一般情况下银行贷款给大企业的风险较小，在业务处理层面，大企业贷款总量和单笔数额均较大，银行的利息收入可观，但收集相关信息、对借款企业进行评估和监督的成本并不会随企业规模的上升同比例上升，因此分摊到单位贷款额或收益上的成本是相对较低的。企业规模这一融资条件主要通过信贷配给下银行信贷渠道产生作用。在央行实行扩张性货币政策的情况下，提高了银行可贷资金规模，促使银行通过适当降低非利率条件来扩大信贷规模。此时，一部分在规模上略低于原标准的企业最有可能获得贷款。根据不同产业的企业规模状况，第二产业的企业应该是这部分新增贷款的主要受益方，因为第一和第三产业中的大量小微企业、个体工商户及分散经营的农户，其资产规模远低于银行要求的水平，即使在扩张型货币政策影响下要求有所降低但仍然无法达到。在紧缩性货币政策下，因银行收缩贷款规模而受到负面影响的，同样是处于银行要求边缘的企业，同样以第二产业企业为主。

对于抵押品来说，银行对其的要求可以防范贷款风险并降低损失，不同的产业作为抵押品的资产通常有所差异，第一产业总体上是缺乏合适的贷款抵押品的，第三产业各行业的情况有所不同，房地产业、运输仓储业的情况与第二产业接近，但其他行业的资产中，固定资产特别是单件价值高的固定资产则较少，比例较高的小微型企业、个体工商户等主体也缺乏可用作贷款抵押品的资产，这使得其获得贷款较难，对货币政策敏感性差。但是，第二产业的工业企业资产中，厂房和大型设备等固定资产由于价值高、使用寿命长、容易变现等优点可作为贷款抵押品，满足了银行设定的非利率条件。当实施扩张性货币政策时，抵押品的资产价格上涨，企业融资条件优化，获得贷款的能力增强。

（三）产业的垄断程度和所获政策的支持力度

一方面，产业的垄断程度受市场垄断度更高的行业影响。如第三产业中的金融保险业和房地产业，整体实力更强、声誉良好，相较于其他行业能够获取更充分的流动性支持，这部分削弱了货币政策的行业效应。另一方面，第一产业所提供的产品为一国居民所必需的粮食和食品等，具有重要战略性意义，我国持续出台多项政策支持农业发展，大部分以补贴为主，可减少农业领域的融资成本，保证农业产业健康发展。符合国家发展战略，中央及地方政府在政策层面给予重视和支持的一些新兴产业也可获得政府的支持。所获政策支持程度越高的产业在面临紧缩性货币政策时，有政府支持资金来源，受货币冲击影响较小，对货币政策的反应敏感度越小。

第三节 我国货币政策与产业发展状况分析

一、2007～2008 年货币政策与产业发展状况分析

为防止经济过热，更快转换经济发展模式，实现产业结构合理布局，2007～2008 年，央行货币政策由稳健转为适度从紧、防通胀的总体基调。2007 年，央行连续 6 次上浮存贷款基准利率，连续 10 次上浮存款准备金率，并于 2008 年上半年连续 5 次上浮存款准备金率到 17.50% 的高水平①。同时，在发行中央银行票据的基础上，中央银行不断使用正回购进行公开市场操作。我国的货币政策逐步由稳健向防通胀从紧转变。如图 8－3 可知，利率上升且货币供应量同比增加较快，三次产业增加值的增长率在 2007 年

① 资料来源：笔者根据历年《货币政策执行报告》整理所得。

维持相对较高的水平，并在2008年增长率出现下跌趋势，尤其是第三产业增加值增长率下跌程度最大。

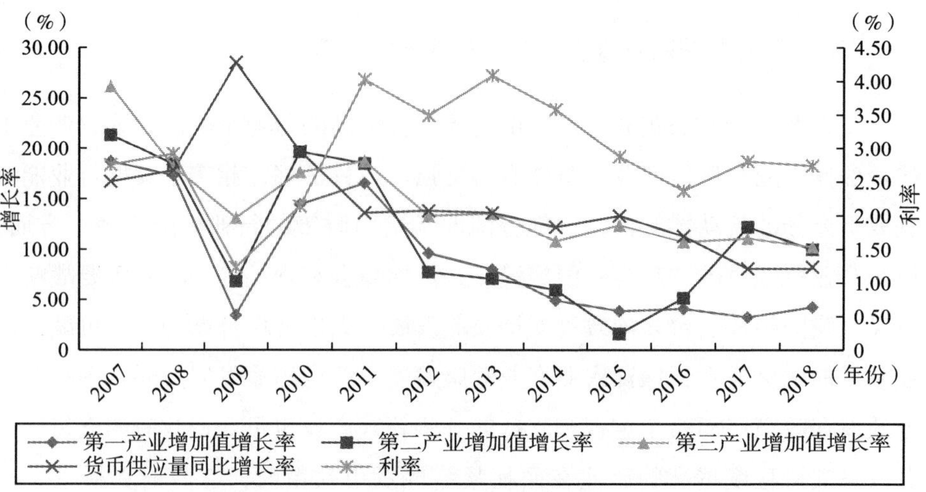

图8-3 三次产业增加值增长率与货币供应量同比增长率、利率的趋势

资料来源：笔者根据历年《中国统计年鉴》计算所得。

二、2008~2012年货币政策与产业发展状况分析

2008年下半年，央行连续四次下调银行存款准备金率，货币政策由适度从紧转为适度宽松，金融市场中货币供应量有迅速增加的趋势，增长率由17.8%上升至28.5%，利率由2.92%下降至1.23%，以此来应对因国际次贷危机引起的经济衰退和国内有效需求不足，2010年三次产业有了明显回升，与次贷危机前持平，第一和第二产业尤为突出①。2010~2011年，为抑制通货膨胀，央行货币政策由适度宽松转变为稳健的总体基调。央行共实施了12次上调存款准备金率的操作来解决银行体系流动性过剩的困局，由图8-3可知，货币供应量增长率下降6.1%，利率水平翻一番。考虑到经济增长速度放缓及物价上涨幅度回落的趋势，2012年中央银行两次下调了存款

① 资料来源：笔者根据历年《货币政策执行报告》整理所得。

准备金率，每次0.5%，同时下浮存贷款基准利率，对市场上的货币供应量进行微调，以加快银行信贷合理增长，三次产业发展比较平缓。

三、2013~2018年货币政策与产业发展状况分析

从2013年开始由高速增长期转入中速发展阶段，国内需求下降，企业生产成本上升，必须改变经济发展动力，由投资驱动转变为消费驱动的增长模式。如图8-3可知，货币供应量基本稳定，在2016年出现小幅缩减，而利率在2013~2016年大幅下降后有所回升。在三次产业发展方面，到2017年第一产业增速小幅波动下滑趋势，第二产业则在2015年下降到最低点1.61%，之后增长率迅速回升至12.21%，甚至超过2013年7.08%的增长水平，而第三产业增长率波动较小。

为应对经济增速持续放缓的局面，央行继续实施稳健的货币政策，对存款准备金率和存贷基准利率从上调转为下调，在方向上更注重定向调控和预调微调，逐步提高宏观调控对经济增长的支持力度。2014年4月以来央行多次实行定向降准，下调部分金融机构存款准备金率，加大“三农”和小微企业等重点领域或薄弱环节的信贷投资，降低企业融资成本。2018年末“支农”“支小”再贷款余额分别为1048亿元、2172亿元，是2014年“支农”“支小”再贷款总和的三倍多①，结构性货币政策的定向微调效果突出，能有效促进金融机构加深对国民经济核心项目、现代服务业、战略型产业等领域的资金支持，满足实体经济流动性需要。

从图8-4可以看出，三次产业占比波动相对平稳，第一产业占比一直保持平稳下降趋势，2012年第三产业占比超过第二产业，且在2015年变化最大，第三产业比重比2014年增加2.42%，产业结构优化速度较快，第二产业向第三产业转变的速度不断加快，具有结构调整功能的政策产生了一定的效果。但2016~2018年，第三产业占比增长缓慢，第二产业占比反而回升，产业结构升级困难重重。

---

① 资料来源：笔者根据历年《货币政策执行报告》整理所得。

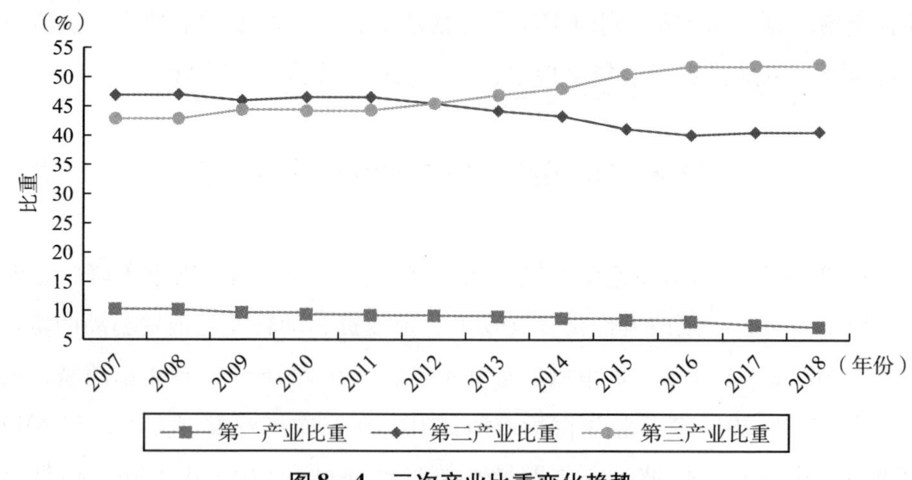

图 8-4 三次产业比重变化趋势

资料来源：笔者根据历年《中国统计年鉴》计算所得。

综上所述，从 2007 年开始，我国货币政策由防通胀的适度从紧到适度宽松再到稳健，就总体的波动幅度而言，三次产业对货币政策的响应程度存在较大差异，第二产业对货币政策最敏锐，利率和货币供应量的小幅波动会引起第二产业产出增速的大幅变化，而第一产业和第三产业则相对比较平缓。就结构性货币政策效果而言，定向降准确实很大程度上增加了支农支小再贷款，对“三农”和小微企业有很大的金融支持，有利于加快重点领域发展。2015 年三次产业占比明显优化，产业结构升级速度有很大提升，但是 2016 年之后第二产业占比出现一定回升趋势，第三产业增长缓慢，产业结构升级仍然需要更强有力的政策支持。

货币政策对产业的宏观调控效果显著，整体达成总量稳定，结构优化目标。继续实施稳健的货币政策，按照经济趋势动态或逆周期调整，适当熨平经济周期性变动。从数量上来讲，广义货币供应量增速应与名义 GDP 增速大致相符；从价格上来讲，利率水平需要满足维持经济潜在产出水平的需求。在保持总量适度的前提下，合理利用结构性货币政策工具实现定向微刺激目标，重新统筹流动性投向和布局，加快产业结构升级。

第四节 我国三次产业间货币政策非对称效应的实证分析

一、变量选择与数据说明

理论分析说明传统和结构性货币政策对三次产业存在非对称效应，历年政策实践与产业发展状况之间的客观规律也反映了货币政策产业非对称性的客观存在性。根据数据的可获得性，本节将单独使用传统货币政策和不同政策组合的效果进行对比研究，以定向降准为例，从实证角度分析货币政策对三次产业影响的非对称性，选择最优的政策组合方式，兼顾总量稳定和结构调整功能，促进产业间均衡协调发展。

本节用三次产业产出增长衡量产业发展状况，记为 value，分别用第一产业、第二产业和第三产业增加值的同比增长率来表示，记为 AGR、IND、SER。货币政策记为 monetary policy，传统货币政策选择利率和货币供应量为代理变量，其中，利率指标选用的是上海银行间 7 天同业拆借利率，记为 RATE；广义货币供应量的同比增长率作为反映货币信贷变化指标，记为 M_2；结构性货币政策以定向降准为例进行实证对比分析，设立虚拟变量，记作 MP，操作当期取值为 1，其他期为 0。宏观控制变量记作 control，由于现阶段定向降准均与普遍降低存准率同步实行，为厘清定向降准与普降存准率的政策效应，在变量中加入法定存款准备金率为控制变量，记作 RR，通过定向降准虚拟变量观察结构性货币政策工具的有效性。在实行差额存款准备金政策之后，中小和大型金融机构准备金率存在差异，因此采用两者平均值来考察存款准备金变化对金融机构普适性。本章借鉴聂志鹏（2016）的做法，选取宏观控制变量为政府支出，用公共财政支出同比增速表示，记为 GOV，三次行业的固定资产增速，分别记为 INV_1、INV_2、INV_3（见表 8－1）。

表 8－1　　变量含义说明

类别	变量名称	变量符号	变量含义
产出（value）	第一产业产出增长率	AGR	第一产业增加值的同比增长率
	第二产业产出增长率	IND	第二产业增加值的同比增长率
	第三产业产出增长率	SER	第三产业增加值的同比增长率
货币政策（monetary policy）	货币供应量	M_2	广义货币供应量同比增长率
	利率	RATE	上海银行间 7 天同业拆借利率
	定向降准政策	MP	定向降准虚拟变量，操作当期取值为 1，其他期为 0
控制变量（control）	法定存款准备金率	RR	大型金融机构和中小金融机构准备金率的均值
	政府支出	GOV	政府公共财政支出的同比增长率
	第一产业固定资产投资	INV_1	第一产业固定资产投资的同比增长率
	第二产业固定资产投资	INV_2	第二产业固定资产投资的同比增长率
	第三产业固定资产投资	INV_3	第三产业固定资产投资的同比增长率

下面拟采用 Eviews 8.0 分析软件构建 VAR 模型进行对比分析，数据区间为 2007 年第一季度至 2018 年第四季度，资料来源于中国人民银行、国家统计局网站和 WIND 数据库。定向降准的实施情况依据《中国货币政策执行报告》归纳总结所得。

二、平稳性检验

在构建 VAR 模型前，需要检验时间序列数据的平稳性，本节运用 ADF 方法，结果如表 8－2 所示。

表 8－2　　各变量的 ADF 平稳性检验结果

	水平值		一阶差分	
变量	ADF 值	结果	ADF 值	结果
AGR	－1. 5336	不平稳	－6. 1451 ***	平稳
IND	－1. 5589	不平稳	－3. 4526 ***	平稳
SER	－1. 9601 **	平稳	－4. 8140 ***	平稳
M_2	0. 6961	不平稳	－2. 8626 ***	平稳
RATE	－0. 4875	不平稳	－7. 2055 ***	平稳
RR	－0. 4349	不平稳	－3. 0672 ***	平稳
MP	－3. 1537 ***	平稳	－10. 8167 ***	平稳
GOV	－1. 4187	不平稳	－11. 2790 ***	平稳
INV_1	－3. 7207 ***	平稳	－6. 4032 ***	平稳
INV_2	－1. 3970	不平稳	－6. 1485 ***	平稳
INV_3	－1. 1374	不平稳	－3. 8560 ***	平稳

注：***、**、*分别表示在 1%、5%、10% 的显著性水平下显著。

由表 8－2 检验结果可以得出，部分变量的水平值非平稳，但全部变量的一阶差分在 1% 的显著性水平下皆为平稳的。

三、协整检验

本节采用 Johansen 协整检验法，验证货币政策与三次产业产出各变量间是否存在长期均衡的关系，而且也便于进行之后展开实证研究（见表 8－3）。

表 8－3　　货币政策变量与三次产业产出增速的协整检验结果

原假设	Eigen 值	迹统计量	0. 05 临界值	P 值
None *	0. 9231	479. 3316	285. 1425	0
At most 1 *	0. 8628	361. 3548	239. 2354	0

续表

原假设	Eigen 值	迹统计量	0.05 临界值	P 值
At most 2 *	0.7826	269.9643	197.3709	0
At most 3 *	0.7471	199.7646	159.5297	0.0001
At most 4 *	0.5842	136.5227	125.6154	0.0091

在做协整检验之前先确定模型的最佳滞后阶数，参照 FPE、AIC 及 SC 标准，VAR 模型的最佳滞后阶数是 2。检验结果如表 8－3 所示，在 5% 的置信水平上变量之间存在着长期稳定均衡关系，可以构建 VAR 模型，如下所示：

$$Y_t = A_1 Y_{t-1} + A_2 Y_{t-2} + \varepsilon_t;\quad Y = \begin{pmatrix} \text{value} \\ \text{monetary policy} \\ \text{control} \end{pmatrix} \tag{8-1}$$

其中，Y_t 为内生变量，A_1，A_2 为待估计的参数矩阵，滞后期为 2，ε_t 为随机误差项。为了将传统与结构性货币政策进行对比分析，分别构建了 VAR 模型。

四、脉冲响应分析

1. 三次产业产出增速对货币供应量的脉冲响应结果

由脉冲响应结果能够得知，当货币政策出现一个单位的标准差正向冲击时，三次产业所作出的反应存在显著异质性。

由图 8－5 和表 8－4 可知，就传统货币政策而言，货币供应量对第二产业的影响最大，其次是第三产业，第一产业次之。第二产业在第 2 期作出正向反应，并快速上升分别在第 3 期达到峰值 0.8154，且连续响应 12 期；第三产业反应也很迅速在第 2 期就达到峰值 0.4660，但只响应 4 期后逐渐趋于零，政策效果的持续性不强；而第一产业对货币供应量正向冲击的初始响应为负，滞后两期才出现正向响应，在第 5 期上升至峰值 0.1851，但快速下降到第 9 期又呈现负向效应，说明货币供应量刺激并不能带来第一产业长期稳定增长。

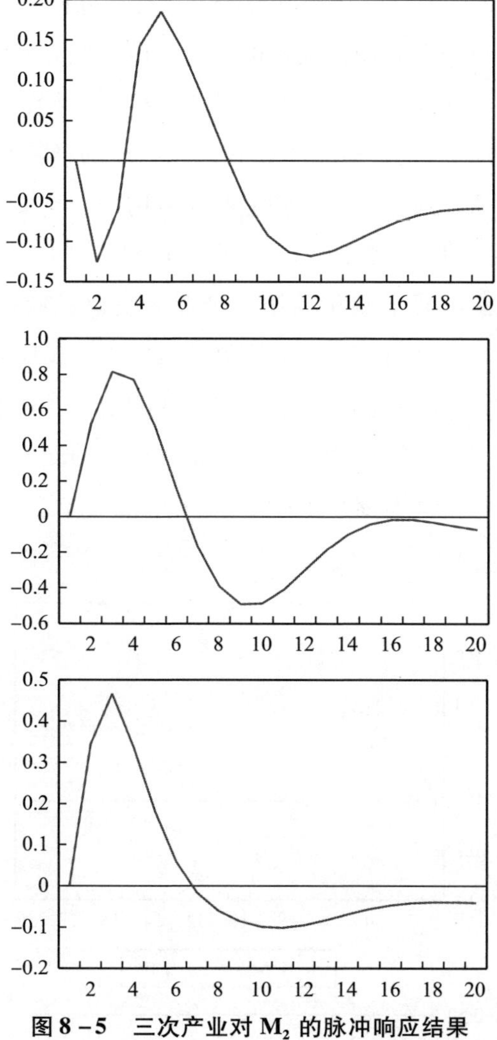

图 8-5 三次产业对 M_2 的脉冲响应结果

表 8-4　　三次产业对 M_2 的脉冲响应特征汇总

三次产业	出现正向响应时期	出现负向响应时期	峰值	峰值时期	响应时期数
第一产业	4	2	0. 1851	5	12（2~13）
第二产业	2	7	0. 8154	3	12（2~13）
第三产业	2	7	0. 4660	2	4（2~5）

从图8－5和图8－6、表8－4和表8－5对比分析发现，定向降准政策的引入改变了三次产业对货币供应量的反应，最显著的变化在于，第二产业在第4期达到峰值0.3253，连续响应18期，第三产业在第3期就达到峰值0.4299，且连续响应12期，第二产业和第三产业的峰值减小且达到峰值的时间延迟，但对货币供应量冲击的响应时期数增加，政策效果的持续性明显增强。而且，第一产业在第2期就出现正向响应，且在第5期达到峰值0.3701，说明加入定向降准政策使第一产业对货币供应量冲击响应更加迅速，影响程度加深。由此可知，定向降准政策与货币供应量组合的产业结构调整功能比较突出，一定程度上抑制第二产业和第三产业发展，但也增强了政策效果的持续性，同时提高货币政策对第一产业的促进作用，有助于减小产业间差距，使三次产业发展更加均衡。

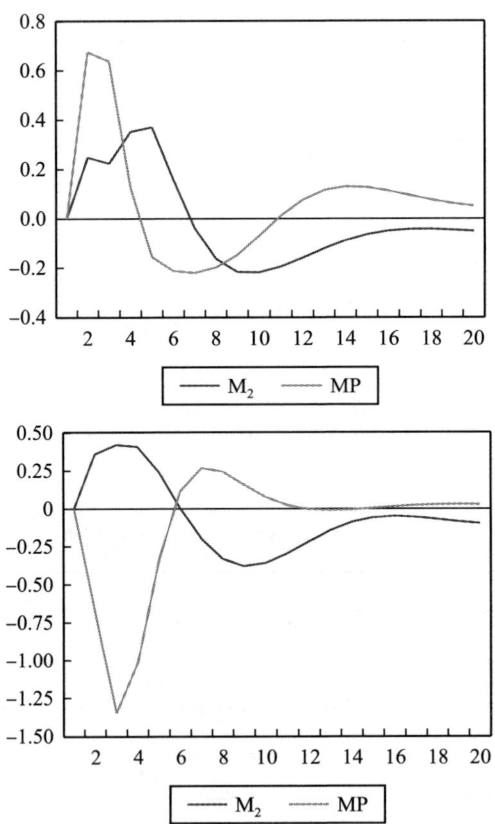

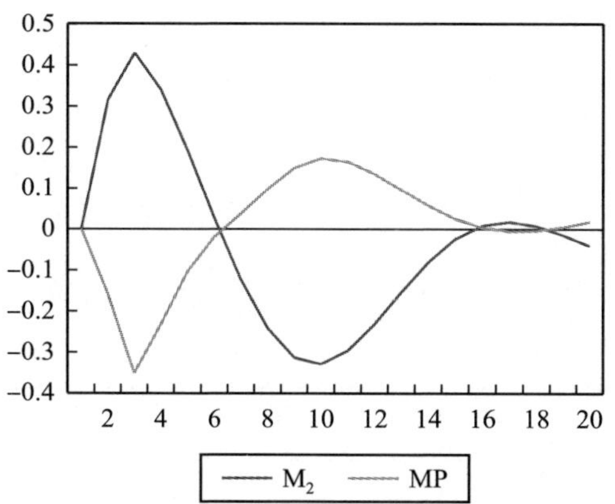

图 8－6　第一产业、第二产业和第三产业分别对 M_2 与 MP 政策组合的脉冲响应结果

表 8－5　三次产业对 M_2 与 MP 政策组合的脉冲响应特征汇总

产生冲击的变量名	三次产业	出现正向响应时期	出现负向响应时期	峰值	峰值时期	响应时期数
M_2	第一产业	2	7	0.3701	5	12（2～13）
	第二产业	2	7	0.3253	4	18（2～19）
	第三产业	2	7	0.4299	3	12（2～13）
MP	第一产业	2	5	0.6754	2	15（2～16）
	第二产业	5	2	0.4876	6	15（2～16）
	第三产业	7	2	0.1729	10	11（2～12）

2. 三次产业产出增速对利率的脉冲响应结果

从图 8－7 和表 8－6 可知，就传统货币政策而言，利率对三次产业的影响存在非常明显的时滞，说明利率传导渠道不够畅通，第二产业对利率冲击在第 3 期出现负向响应，相当于提高利率对第二产业的抑制作用滞后两个季度，在第 6 期达到峰值－1.7574，响应程度大且连续响应 19 期，说明提高利率对第二产业产出增速有明显的抑制作用，且持续性强。第一和第三产业对利率冲击分别在第 4 期、第 3 期出现负向响应，响应程度更小。

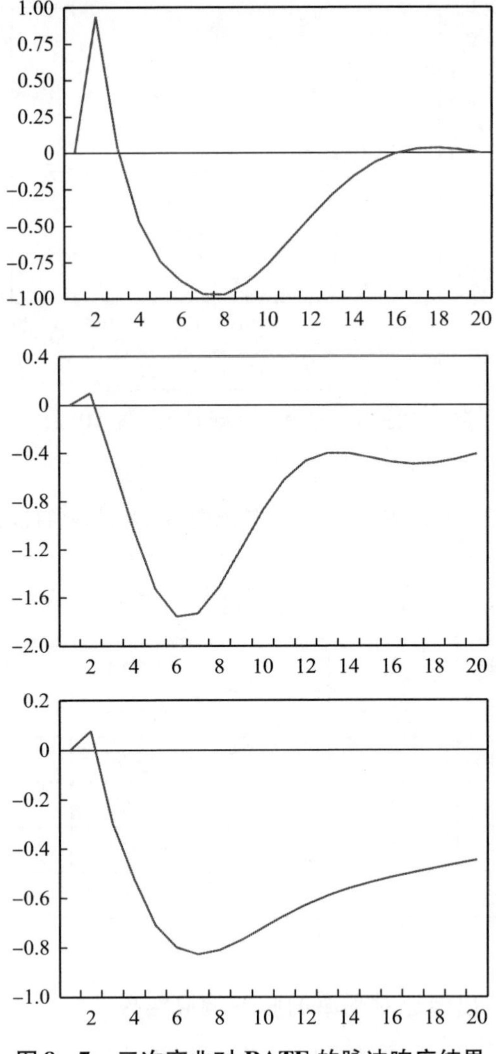

图 8-7　三次产业对 RATE 的脉冲响应结果

表 8-6　三次产业对 RATE 的脉冲响应特征汇总

三次产业	出现正向响应时期	出现负向响应时期	峰值	峰值时期	响应时期数
第一产业	2	4	-0.9744	8	13（2~14）
第二产业	2	3	-1.7574	6	19（2~20）
第三产业	2	3	-0.8272	7	19（2~20）

从图 8－7 和图 8－8、表 8－6 和表 8－7 对比分析发现，引入定向降准政策后，三次产业对利率冲击的反应发生变化，第一产业和第二产业的政策时滞延长了一个季度，削减了三次产业的峰值，第二和第三产业达到峰值的时期更晚。此外，第一产业响应时期延长了 6 个季度，货币政策作用效果延续周期更长。由此可见，定向降准政策与利率的组合削弱了三次产业对利率的响应速度和响应程度，但延长了第一产业的响应时期，使政策效果更加持续。

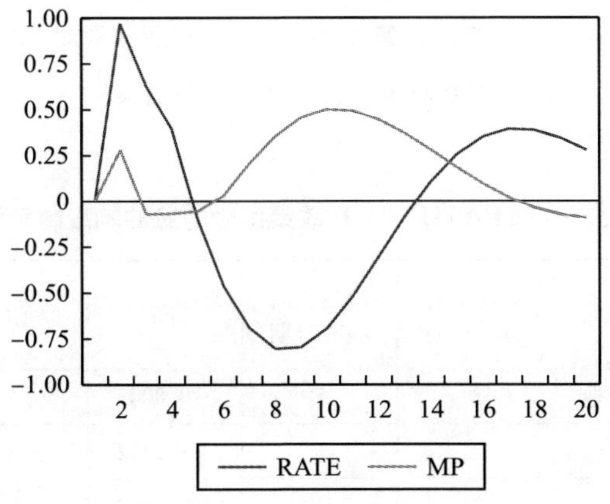

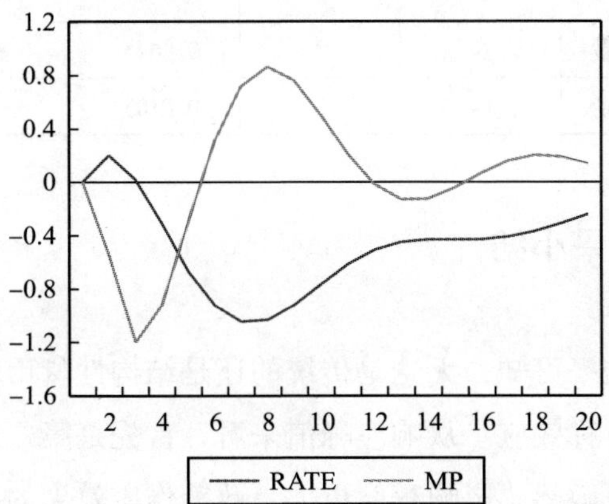

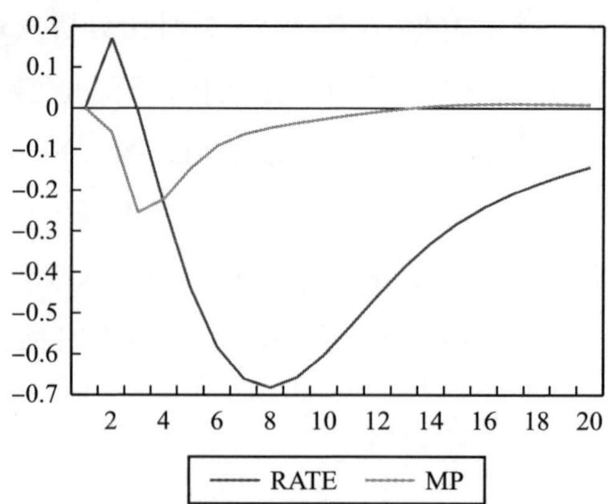

图 8-8　第一产业、第二产业和第三产业分别对 RATE 与 MP 政策组合的脉冲响应结果

表 8-7　三次产业对 RATE 与 MP 政策组合的脉冲响应特征汇总

产生冲击的变量名	三次产业	出现正向响应时期	出现负向响应时期	峰值	峰值时期	响应时期数
RATE	第一产业	2	5	-0.8043	8	19（2~20）
	第二产业	2	4	-1.0472	7	19（2~20）
	第三产业	2	3	-0.6832	8	19（2~20）
MP	第一产业	2	3	0.5001	10	19（2~20）
	第二产业	6	2	0.8645	8	19（2~20）
	第三产业	14	2	0.0103	17	17（2~18）

五、实证结果小结

从上述实证结果可知，无论是传统的还是结构性货币政策，对三次产业均存在明显的非对称效应。从响应峰值来看，首先是第二产业对货币供应量和利率均表现得更敏感，影响程度更大，政策作用效果的持续时间更长，其次是第三产业，第一产业响应次之。就响应速度而言，第二和第三产业对货币供应量响应迅速，但第一产业存在时滞效应；三次产业对利率的响应都表现出较明显的时滞。

引入结构性货币政策有显著的结构调节作用，传统与结构性货币政策组合能够熨平峰值，缩小三次产业间的差距，有利于优化产业结构。而且，在不同的政策组合效果上，定向降准与货币供应量的组合结构优化效果更明显，能够显著抑制第二产业，对第三产业的抑制程度不大但持续效果更显著，同时增强对第一产业支持力度，提高其对货币政策的敏感性。因此，货币政策的实施应该考虑不同产业层面因素，不同货币政策优化组合，才能更好地实现操作目标。

六、货币政策对三次产业存在非对称效应的原因分析

上述脉冲响应结果证实了我国三次产业间确实存在货币政策的非对称效应，其主要原因可能在于不同产业在要素密集度、获取外部融资的难易程度和在国民经济中的战略地位及所获政策支持的力度等方面的特点。

货币政策首先对第二产业影响最大，其次是第三产业，第一产业次之。主要原因在于，其一，产业的要素密集度不同，对外部资本的依赖性有所差异。第二产业主要是以资本密集型行业为主，其中钢铁、冶金、汽车、石油、化工等重工业行业对于资金需求量极大，对资本投入的依赖程度较第一和第三产业高，第二产业获得更多的外部资本将对产出增加产生较大的推动作用，而第一和第三产业则对资本要素的依赖程度较小而对劳动要素的依赖较大，即使获得更多的外部资本支持，劳动要素的制约也会使产出增加的效应小于第二产业。此外，在我国第三产业中，批发零售、仓储物流、餐饮等行业所占比例仍然比较大，这些行业的利润率一般都高于第一产业和第二产业的行业，自身发展大部分可以依靠于自有资金，对于货币供应量和利率的响应偏弱。

其二，各产业获取外部融资的难易程度不同。这一点与理论基础的分析正好符合。相比于第一产业和第三产业，第二产业在企业规模和抵押品价值两个方面均存在明显的优势，融资条件更优，获取贷款的能力更强，货币政策通过信贷渠道改变抵押品价值进一步放大政策效果，这也是导致第二产业对传统货币政策操作响应较为剧烈的一种可能机制。

其三，产业所获政策支持的力度不同。第一产业提供居民生活必需品，具有重要战略意义，我国已经实行了多项农业扶持与保护措施，如种粮农民直接补贴、农资综合补贴及国家农业综合开发产业化经营中央财政贷款贴息项目等。第三产业中教育、水利、环境和公共设施管理业，卫生、社会福利和保障业等，由于涉及保障民生、提供基本公共服务等政府职能，均能得到政策和财政资金的支持。第一和第三产业受到政策扶持，能够获得足够的信贷支持及利率优惠，充分享受信贷便利，相对于第二产业企业利息负担较小，受到货币供应量和利率的冲击就较小。因此，第一产业和第三产业表现出对外部融资环境变化、信贷资金成本及可获得性等的低敏感性，对货币政策较为不敏感。

传统与结构性货币政策组合对三次产业具有结构优化效果，而且与货币供应量的组合效果更佳，可能是因为结构性货币政策的引入增加符合条件的金融机构的信贷规模，改变金融资产价格和金融机构资产结构，定向引导资金流向小微、民营企业的重点领域和薄弱环节，降低这些产业的生产成本，增加固定资产投资，有效鼓励创新型产业发展同时抑制产能过剩产业的投资扩张，对“落后”产业进行有效打压，为了更好地实现经济稳步提高与产业结构优化创造适合的金融条件。结构性货币政策具有产业和机构倾向性，通过定向调整金融机构流动性和经营成本，释放中长期资金，优化信贷结构，增强资金支持的针对性和有效性，缓解由利益驱动导致的投资潮涌现象，引导金融资源合理配置，鼓励战略性新兴产业，减少对需抑制产业的资金支持，促进产业结构转型升级。而且，结构性货币政策的精准滴灌作用有利于培育小微企业，为经济增添创新发展动力，成为第二产业中大型企业的改革试点与突破口，也给第三产业中的新兴行业提供示范效应，发展为技术进步中最活跃的创新主体。目前，我国利率市场化机制还不够完善，利率传导渠道不够通畅，未能实现利率的价格发现功能，引起金融资产价格扭曲，进而导致资金错配，削弱货币政策调控经济的成效。因此，货币政策组合的选择和具体操作过程中，不仅要在总量上保持合理充裕，而且也要考虑产业结构调整作用的发挥，更加具有方向性的疏通货币政策传导渠道，将大量金融资源引导至实体经济部门。

第五节 我国工业行业间货币政策非对称效应的实证分析

从前文分析可得，货币政策对第二产业影响程度最大，而且作为“调结构”重点行业，去产能是工业行业的重要任务，能够在优化整个国民经济结构中有举足轻重的作用。因此，有必要进一步分析货币政策对工业行业的非对称效应，以期优化货币政策组合调控效果，实现总量稳定与结构优化。本节采用34个工业行业2007年第1季度~2018年第4季度的面板数据，将传统货币政策与引入定向降准的政策组合在工业行业间的非对称效应进行对比研究，检验结构性货币政策作为补充性政策的有效性，给稳增长、调结构创造中性适度的货币金融环境，使资源配置尽可能达到最优状态，引导产业均衡发展。

一、行业界定、方法和变量说明

1. 行业界定

在研究货币政策对不同工业行业的非对称影响之前，就必须先将本节考察的行业范围进行界定。考虑到数据的可得性和一致性，主要包括34个行业，如表8-8所示。

表8-8　34个工业行业范围的界定

煤炭开采和洗选业	文教、工美、体育和娱乐用品制造业	印刷业记录媒介的复制
黑色金属矿采选业	非金属矿物制品业	医药制造业
有色金属矿采选业	金属制品业	通用设备制造业
非金属矿采选业	石油和天然气开采业	专用设备制造业

续表

农副食品加工业	酒、饮料和精制茶制造业	铁路、船舶、航空航天和其他运输设备制造业
食品制造业	造纸及纸制品业	电气机械及器材制造业
纺织业	石油加工炼焦及核燃料加工业	计算机、通信和其他电子设备制造业
纺织服装、鞋、帽制造业	有色金属冶炼及压延加工业	仪器仪表制造业
皮革、毛皮、羽毛及其制品和制鞋业	电力、热力的生产和供应业	烟草加工业
木材加工及木竹藤棕草制品业	燃气生产和供应业	化学原料及化学制品制造业
家具制造业	水的生产和供应业	化学纤维制造业
黑色金属冶炼及压延加工业		

2. 方法、变量和数据说明

这部分的实证分析内容包括 34 个工业行业，既有时间序列上的增长率数据，又包含不同行业的截面数据，所以选用面板数据模型研究货币政策对不同行业的非对称效应。

被解释变量采用了 34 个工业行业产值同比增长率，记作 IGDP；核心解释变量是传统货币政策，选择货币供应量和利率为代理变量，其中，广义货币供应量的同比增长率并滞后 2 期，记为 M_2；利率指标选用的是上海银行间 7 天同业拆借利率并滞后 4 期，记为 RATE；结构性货币政策以定向降准为例进行实证对比分析，设立虚拟变量，记作 MP，操作当期取值为 1，其他期为 0。宏观控制变量记为 control，包括法定存款准备金率，记作 RR；不同行业固定资产投资同比增速，记作 INV。样本区间为 2007 年第 1 季度 ~ 2018 年第 4 季度，数据均来源于国家统计局、中国人民银行和 WIND 数据库，估计分析软件为 Eviews 8.0。

二、面板单位根和面板协整检验

在研究传统与结构性货币政策非对称的改变不同于工业行业产出之前，为检验变量平稳性，采用 LLC 检验和 Fisher 检验对样本数据进行单位根检验，前者假设所有的面板单位包含共同的单位根，后者放宽了同质性假设条件，但两者原假设都是存在单位根过程。对各变量的单位根检验结果如表 8－9 所示。在 1% 的显著性水平下均能拒绝原假设，各变量序列是平稳的。

表 8－9　　面板单位根检验结果

变量名	LLC	Fisher
IGDP	－8.0609***	－6.5142***
M_2	－6.8508***	－10.3077***
RATE	－2.5058***	－5.2129***
MP	－18.3113***	－16.5678***
RR	－2.5537***	－5.4586***
INV	－8.0629***	－7.1975***

注：*** 表示在 10% 的显著性水平下显著。

使用面板数据做回归分析之前做协整检验，主要是避免出现伪回归。面板协整检验一般使用以下两种方法：第一种以 Pedroni 检验和 Kao 检验为代表，以 E－G 两步法为基础；第二种是以 Johansen 检验为基础，以面板数据的同阶单整为前提的协整检验。本章运用 Pedroni 检验和 Kao 检验方法对面板数据进行协整检验。检验结果如表 8－10 所示。

表 8－10 中 Kao 检验结果表明 P 值小于 0.01，说明变量间存在协整关系；Pedroni 检验结果显示，假设不同截面具有相同的自回归系数的 Panel PP 和 Panel ADF 统计量对应的 P 值，以及假设不同截面具有不同的自回归系数的 Group PP 和 Group ADF 统计量对应的 P 值均小于 0.01，说明 Pedroni 检验支持变量间存在协整关系。

表 8-10　　面板数据 Kao 检验和 Pedroni 检验结果

检验方法	统计量名	统计值
Kao 检验	ADF	-8.1675***
Pedroni 检验	Panel PP - Statistic	-8.2307***
	Panel ADF - Statistic	-3.3260***
	Group PP - Statistic	-8.5878***
	Group ADF - Statistic	-2.9388***

注：*** 表示在 10% 的显著性水平下显著。

综上所述，工业行业产值同比增速、广义货币供应量、利率、定向降准虚拟变量、法定准备金率、各行业固定资产投资同比增速之间存在协整关系。以此为基础，本节将展开下一步面板回归分析。

三、模型估计

1. 模型形式的设定

这部分实证将传统货币政策与引入定向降准政策后在不同工业行业间的非对称效应进行对比分析。因此，建立如下回归方程：

$$IGDP_{it} = \alpha_i + \beta_{i1} M_{2_{i(t-2)}} + \beta_{i2} M_{2_{i(t-2)}} \times MP_{i(t-2)} + \beta_{i3} RR_{i(t-2)} + \beta_{i4} INV_{it} + \mu_{it} \tag{8-2}$$

$$IGDP_{it} = \alpha_i + \beta_{i1} RATE_{i(t-4)} + \beta_{i2} RATE_{i(t-4)} \times MP_{i(t-4)} + \beta_{i3} RR_{i(t-4)} + \beta_{i4} INV_{it} + \mu_{it} \tag{8-3}$$

其中，$IGDP_{it}$代表不同行业季度产出增加值的同比增速（i 代表不同行业，t 代表样本区间）。$M_{2_{i(t-2)}}$和 $RATE_{i(t-4)}$代表传统货币政策，分别为滞后 2 期广义货币供应量同比增速和滞后 4 期利率，MP_{it}和 RR_{it}代表定向降准政策，分别为定向降准虚拟变量和法定存款准备金率，INV_{it}为宏观控制变量，分别为各行业固定资产投资同比增速。μ_{it}为随机误差项。α_i、β_{i1}、β_{i2}、β_{i3}、β_{i4}为待估参数。

通过似然比检验说明适合选用的固定效应模型，进一步用 F 检验来确定面板模型的具体形式。F 检验的假设分别表示如下：

$$H_1: \beta_1 = \beta_2 = \cdots = \beta_N \tag{8-4}$$

$$H_2: \alpha_1 = \alpha_2 = \cdots = \alpha_N, \ \beta_1 = \beta_2 = \cdots = \beta_N \tag{8-5}$$

若接受 H_2，则为不变参数模型，检验结束。若拒绝 H_2，则进一步检验 H_1，此时若接受 H_1，则为变截距模型；若拒绝 H_1，则为变参数模型。

假设 H_2 对应的检验统计量 F_2 如下所示：

$$F_2 = \frac{(S_3 - S_1)/[(n-1)(k+1)]}{S_1/(nt - n(k+1))} \sim F[(n-1)(k+1), n(t-k-1)] \tag{8-6}$$

假设 H_1 对应的检验统计量 F_1 如下所示：

$$F_1 = \frac{(S_2 - S_1)/[(n-1)k]}{S_1/(nt - n(k+1))} \sim F[(n-1)k, n(t-k-1)] \tag{8-7}$$

其中，S_1、S_2、S_3 为残差平方和，t 为样本区间，n 为截面数，k 为变量数。

如表 8 - 11 所示，F 检验结果均在 5% 的显著性水平下大于其对应的临界值。所以，拒绝假设 H_1、H_2，建立固定影响变参数模型。

表 8 - 11　　F 检验结果

类别	方程（8 - 2）	方程（8 - 3）
样本区间 t	48	48
截面数 n	34	34
变量数 k	4	4
S_1	21643.68	22067.02
S_2	32267.40	33177.55
S_3	39341.66	39141.00
F_1	5.4365	5.5765
F_2	9.0566	6.8557
临界值	1.2229 1.2009	1.2229 1.2009
模型形式	变参数	变参数

2. 回归估计结果

由于不同行业之间的经济发展差异较大，可能存在横截面异方差，为了减少由此造成的影响，采用截面加权面板校正标准误 PCSE 估计方法进行回归，可以有效处理复杂的面板误差结构，如同步相关、异方差、序列相关等问题，估计分析软件为 Eviews 8.0。为了方便对比分析，将核心指标的回归结果单独列出来如表 8－12 所示。

表 8－12　　　　回归估计结果

序号	行业	方程（8－2）		方程（8－3）	
		M_2(－2)	M_2(－2)×MP(－2)	RATE(－4)	RATE(－4)×MP(－4)
1	煤炭开采和洗选业	0.7056***	－0.1217	－1.7702	－0.7894
2	黑色金属矿采选业	1.2363***	－0.1783	－4.7047**	－0.8047
3	有色金属矿采选业	0.4596**	－0.1144	－0.4677	－0.7712
4	非金属矿采选业	0.8985***	－0.0843	－3.0778**	－0.5680
5	农副食品加工业	0.1032	－0.1369	0.5202	－0.1755
6	食品制造业	0.2070	－0.1756*	－1.0909*	－0.6468*
7	纺织业	0.3427**	－0.1494	1.7811*	－0.9490*
8	纺织服装、鞋、帽制造业	0.2593**	－0.2058**	－0.6899	－0.5677
9	皮革、毛皮、羽毛（绒）及其制品业	0.4007***	－0.1544	－2.2526***	－0.8256*
10	木材加工及木、竹、藤、棕、草制品业	0.6782***	－0.1083	－0.9641	－0.0716
11	家具制造业	0.5710***	－0.1666	－2.5158**	－0.9137
12	文教体育用品制造业	0.0341	－0.3390***	0.6727	－1.3901**
13	非金属矿物制品业	0.6148***	－0.0861	－2.6868***	－0.5137
14	金属制品业	0.5070***	－0.122592	－2.1124**	－0.8041
15	石油和天然气开采业	0.1979	－0.2606*	2.3811***	－1.1407**
16	酒、饮料和精制茶制造业	－0.0352	－0.2280**	－0.0993	－0.3275
17	造纸及纸制品业	0.5994***	－0.0240	－1.6180*	－0.4884

续表

序号	行业	方程（8－2）		方程（8－3）	
		$M_2(-2)$	$M_2(-2) \times MP(-2)$	RATE(－4)	RATE(－4)×MP(－4)
18	石油加工、炼焦及核燃料加工业	0.3073***	0.1571	－0.8650	0.1349
19	有色金属冶炼及压延加工业	0.4604***	0.0782	－0.4050	－0.2143
20	电力、热力的生产和供应业	0.3727***	－0.1169	－2.0837***	－0.2543
21	燃气生产和供应业	0.2959	－0.2962*	2.3360**	－0.6049
22	水的生产和供应业	－0.1359**	0.0248	0.1628	0.2773
23	印刷业记录媒介的复制	0.0937	－0.3097***	－0.3286	－1.2095***
24	医药制造业	－0.1549	－0.1153	0.6842	－0.1732
25	通用设备制造业	0.4598***	－0.2877**	－3.3413***	－0.7143
26	专用设备制造业	0.2001	－0.2419*	－2.6571***	－0.2066
27	铁路、船舶、航空航天和其他运输设备制造业	0.8762***	0.0540	－1.5780	－0.9729
28	电气机械及器材制造业	0.2211*	－0.1481	－0.2663	－0.9488**
29	计算机、通信和其他电子设备制造业	－0.0547	－0.0826	－0.7342	－0.2074
30	仪器仪表制造业	0.0687	－0.1200	－2.4481***	－0.1470
31	烟草加工业	0.1687	－0.6912***	0.5295	－2.8994***
32	化学原料及化学制品制造业	0.6354***	0.0512	－3.2521***	0.0295
33	化学纤维制造业	0.2596	0.0081	－1.8922*	－0.8096
34	黑色金属冶炼及压延加工业	0.4979***	－0.1337	－0.9658	－1.6396**
R^2		0.6707		0.6620	
F 统计量		16.8007		15.3686	
似然比检验		3.2769***		6.0539***	

注：***、**、*分别表示在1%、5%、10%的显著性水平下显著。

（1）传统货币政策对工业行业的非对称效应。

方程（8－2）和方程（8－3）的估计结果显示，在受影响显著的21个行业中，除了水的生产和供应业以外，其他20个行业产出增速均与货币供应量存在显著的正相关关系；在受影响显著的17个行业中，除了纺织业、石油和天然气开采业、燃气生产和供应业以外，其他14个行业产出增速均与利率存在显著的负相关关系，表明传统货币政策对工业行业影响的显著程度、影响方向和影响程度不同，确实存在明显的非对称效应，且存在明显的政策时滞。

（2）传统货币政策和传统与结构性货币政策组合的对比分析。

从表8－12可以看出，一方面，定向降准与传统货币政策的交互项通过显著性检验的系数估计值均是负数，与部分工业行业产出存在显著的负相关关系，说明定向降准能够使产出受货币供应量的影响减弱，受利率的影响反而增强，进而表明结构性货币政策有利于促进货币政策由数量型为主向价格型为主转变，突出市场化利率的政策引导作用，逐步弱化货币供应量的操作目标职能，使其回归中介目标的本质。

另一方面，结构性货币政策在工业行业内部结构调整的效果并不太明显。学术界用产能利用率来测度产能过剩，工业行业中造纸及纸制品业，石油加工炼焦及核燃料加工业、化学原料及化学制品制造业、化学纤维制品业、非金属矿物制品业、黑色金属冶炼及压延加工业、有色金属冶炼及压延加工业等七大行业产能过剩。在定向降准与传统货币政策交互项的系数估计值中，除了黑色金属冶炼及压延加工业以外，对其他六大行业的影响并未通过显著性检验，说明定向降准政策并不能有效抑制产能过剩行业。

综上所述，我国货币政策对工业行业存在明显的非对称效应，相比于三次产业间的结构转型升级的显著效果，传统与结构性货币政策组合对工业行业内部的结构调整作用有限，但是可以促进货币政策由数量型为主向价格型为主转变，发挥市场化利率的调控作用。

四、货币政策对工业行业存在非对称效应的原因分析

货币政策对工业行业存在非对称效应是由各行业的要素密集度、融资条件、市场竞争程度等因素综合影响造成的。一般情况下，对货币政策冲击影响程度较大的行业其资本密集度较高，对资本有较强的依赖性，利息负担较重，行业规模和抵押品价值的优势使其能够获得更多的金融资源，而且行业市场竞争度越高，在金融市场上的竞争压力越大，对货币政策的反应就更加剧烈。对于部分系数估计值未能通过显著性检验的行业，即行业的产出增速对货币政策的反应不明显的行业，如计算机、通信和其他电子设备制造业等，可能是因为这些行业本身具有某种刚性，使产品供给与需求、出口贸易或是价格等在短期内很难发生改变，导致货币政策对部分行业的影响被削弱。但是，各行业对货币政策均存在明显的时滞，主要原因在于货币政策传导渠道不够顺畅，引起金融资产价格扭曲，进而导致资金错配，影响货币政策调控经济的效果。

传统与结构性货币政策组合能够在一定程度上促进货币政策由数量型为主向价格型为主转变的主要原因在于，结构性货币政策不仅能够为市场提供中长期流动性支持，弥补基础货币的投放缺口，有效维持金融市场稳定；而且优化社会资金配置，将流动性供给与信贷投放紧密联系起来，利用激励相容机制引导金融机构进一步服务实体经济，减少了货币市场的利率波动，充分发挥利率走廊上限的作用，降低了企业的融资成本，促进经济结构调整。

对于产能过剩行业资源的过度配置，必然会导致在高端消费品和服务及高精尖技术装备及零部件、原材料等领域的短缺，出现产能过剩与短缺并存的结构性问题，产能利用率偏低，严重降低了资源配置效率。传统与结构性货币政策组合在工业行业间结构调整作用并不太明显，可能存在以下的深层次原因推动了我国投资过快增长，产能过剩问题严重且治理措施收效甚微。第一，经济增长方式不合理。在转轨经济体制中，我国主要依靠投资来拉动的粗放式经济增长方式，使通过投入更多的生产要素产出更多的产品成为经济增长的主要形式，因此我国的产能过剩问题存在着深刻的体制背景。第

二，由利益驱动导致的投资潮涌。林毅夫认为，我国所处的经济发展阶段特征也是产能过剩现象必然出现的重要原因之一。随着我国工业化、城镇化进程的加快，全社会对于钢铁、水泥等几个行业的良好外部环境存在很强的共识，大量社会投资涌入几个主要行业，各地出现了盲目规划，竞相投资建设项目的现象，产能迅猛扩张，带动了钢铁等产业的快速发展，出现了史无前例的工业扩张。第三，地方政府对微观经济主体的不当干预，导致了企业投资行为的扭曲。地方政府迫于行政压力、辖区竞争和政绩考核利用各种优惠政策招商引资，尤其是以低于市场价格甚至是零地价将土地提供给生产企业，企业则进一步以地价获得的土地作抵押从银行获得投资所需资金，这极大地降低了企业投资成本，导致全行业产能过剩。

因此，针对不同产业的自身特征、发展要求及战略定位设定相应的政策目标，避免“一刀切”的货币政策对我国不同产业经济发展造成负面影响，结合传统货币政策与具有结构调整功能的结构性货币政策，完善货币信贷投放机制，降低小微企业、民营企业等经济薄弱环节和重点领域的综合融资成本，精准有效支持实体经济，保持总量适度的同时促进产业转型升级。

第六节　结论和对策建议

一、结论

1. 货币政策三次产业间非对称效应研究的结论

本章基于货币政策的相关理论，分析了我国货币政策与产业发展状况，大致把握两者之间的关系，结合我国 2007 年第 1 季度 ~ 2018 年第 4 季度数据，在三次产业层面，通过构建 VAR 模型，以定向降准为例，对比分析传统的与结构性货币政策的产业非对称效应，得到以下结论：

第一，货币政策在三次产业间存在显著的非对称性，首先是第二产业受货币政策冲击的影响最大，其次是第三产业，第一产业响应最弱。

第二，三次产业产出增速受货币政策的影响存在较明显的时滞，尤其是对利率冲击的响应滞后 3 期或 4 期，说明政策传导渠道不够顺畅。

第三，传统与结构性货币政策组合能够熨平峰值，缩小三次产业间的差距，有利于优化产业结构。在不同的政策组合效果上，定向降准与货币供应量的组合结构优化效果更明显，能够显著抑制第二产业，对第三产业的抑制程度相对较小而持续效果显著，同时增强了第一产业的支持力度，提高其对货币政策的敏感性。

2. 货币政策工业行业间非对称效应研究的结论

货币政策对第二产业的影响程度最大，而且第二产业以工业行业为主，去产能和调结构任务重大，在优化整个国民经济结构上有举足轻重的作用，因此有必要深入研究货币政策对第二产业内部工业行业的非对称效应，为优化产业结构提供新的思路。采用34 个工业行业2007 年第1 季度～2018 年第4 季度的面板数据，将传统货币政策与引入定向降准政策的效果进行对比分析，得出以下结论：

第一，无论是传统货币政策还是货币政策组合，不同工业行业受货币政策影响的显著程度和方向均有明显差异，确实存在非对称效应。

第二，传统与结构性货币政策组合有利于促进货币政策由数量型为主向价格型为主转变，突出市场化利率的政策引导作用，但在工业行业内部结构调整的效果并不太明显。

二、对策建议

1. 实施定向补充机制，提高货币政策组合的针对性和前瞻性

实施定向补充机制，灵活使用差别化的货币政策组合，对于缩小产业间差距，优化产业结构也至关重要。货币政策的产业非对称效应很大程度上是由产业的要素密集度、融资条件、所获政策支持力度等因素决定的，产业间的这些属性差异难以消除。因此，要改善货币政策对不同产业的非对称性，应从金融体系、金融服务适应产业发展与结构转型的现实需要入手，把各种社会资源引导至传统货币政策作用盲区。

一方面，强化结构性货币政策的定向结构调节作用，提升货币政策组合的针对性。为了促进产业结构升级，中央银行应当避免“大水漫灌”式强刺激恶化产业结构失衡问题，制定差别化的货币政策，实施定向补充机制，发挥“定向滴灌”功能，使结构性货币政策成为传统政策的有力补充。根据产业异质性，灵活改变政策实行广度和深度，受货币政策调控不明显的产业，且国家产业政策的支柱产业，提高定向货币政策扶持水平；同时对货币政策冲击反应比较敏感但发展过热的产业，采取比较缓和的货币政策，这样才能保证控制经济过热产业盲目投资的同时，其他产业的合理投资不受影响。在实际执行中，保持松紧适度的稳健的货币政策，广义货币供应量和社会融资规模增速要与产业发展增速相匹配，并通过结构性货币政策减少对产能过剩、资源浪费等项目的信贷与产业政策便利，避免信贷资源向低端产业盲目投资，始终保证流动性合理充足，更好地解决实体经济尤其是民营与中小企业融资难、融资贵的困局，提高金融机构对涉农、中小企业的倾斜支持，积极引领信贷资源投向转略性新兴产业。

另一方面，中央银行应多措并举，注重传统与结构性货币政策的协调配合，提高政策的前瞻性。一是创新提供流动性货币政策工具用来满足维持经济稳步发展的需要，给经济增长和结构优化营造稳定的货币金融环境。丰富流动性期限种类，不仅重视预调微调银行体系的短期操作，而且应该保证中长期流动性，及时应对资本流动易变特征带来的冲击，为形成中央银行短期政策利率、利率走廊和包含中期政策利率的完善体制创造条件。二是拓展宏观审慎政策框架。为最大限度提高宏观审慎政策的逆周期调控效果，必须在政策工具设定里引入大量负反馈因素，减少短期内金融条件的频繁大幅变动对经济发展造成负面效应。而且，拓宽宏观审慎管理的范畴，把金融机构资本扩张活动和短期资本流动视为其发挥功能的核心领域。三是重视货币政策的时滞性。央行在实施具体的货币政策时应该把握时间滞后规律，尽量避免相应措施发挥作用是由于宏观经济形势变化而导致成效不佳，并积极疏通传导渠道、加强沟通推广力度，引领金融机构准确把握政策目的，及时有效落实，缩短货币政策时滞，进而提高货币政策组合的前瞻性。

2. 健全金融市场组织基础，疏通货币政策传导渠道

为了进一步加强传统和结构性货币政策总量与结构调控的效果，而且实证研究结果表明货币政策具有明显时滞性，疏通货币政策传导渠道至关重要，从本章重点分析的利率渠道、信贷渠道和成本传导渠道三方面提出一些可行性建议。

（1）加快利率市场化改革，疏通利率传导渠道。

在市场化程度较高的金融市场上，利率具有较强的价格发现功能，利率的变化能反映出金融市场资金的供求状况，改变经济主体投资行为，进而达到金融资源的最优配置。各类金融机构可以按照不同企业的自身经营状况、信誉情况、信贷风险等，自主设定差别化的贷款利率，有利于各金融机构扩大自主定价权利与空间，增强金融机构贷款定价能力，确保各金融机构可获得合理的利差收入，促使金融机构对中小企业进行信贷扶持。通过经济效益好、产品适销对路的企业得以生存，而落后产能和产品的企业将会被淘汰的方式，促进产业结构不断优化。

加快推进利率市场化改革，需要进一步提高针对存款利率的改革力度，建立以央行基准利率为指导、以货币市场利率为渠道、以资本市场利率为杠杆的利率机制，让存款利率的变化如实反映市场资金供求，能够提升利率渠道传导效果，将货币政策的实行和信贷政策、财政政策、产业政策协调配合，进而最大限度地实现货币政策总量与结构的最佳管控作用。在保证利率传导渠道有效的前提下，合理运用结构化利率政策。对利率敏感性相对较低的产业，利率优惠程度应该较高，政策福利主要向经济薄弱环节及重点布局的战略型新兴产业倾斜，促进三次产业和工业行业结构转型。

（2）优化银行业结构，疏通信贷传导渠道。

目前我国的融资体系是间接融资为主导，企业融资基本都来源于银行信贷，而我国银行业市场集中度较低，几大国有银行具有非常明显的垄断优势，因此，大银行在选择放款对象时，往往优先考虑国家重点建设项目和大型优质企业，以便实现自身经济利益最大化，而小微企业普遍存在融资约束。

不论从增强货币政策在短期熨平经济周期性波动的有效性，还是从促进中长期经济结构转型的角度，缓解小微企业、民营企业融资难都是必要的举措，其关键在于完善银行业结构，改善信贷传导渠道。这就必须大力发展小额信贷机构、合作金融组织等适应“三农”需求特点的中小金融机构，研发出各种具有市场竞争力的金融产品，实现适度集中、调配乡村地区比较分散的经济资源，提高乡村金融服务水平。从这个层面上来说，中小商业银行的发展能产生积极的效应，这需要政府的扶持，尤其在政策上给予相应的优惠，降低各种非常严格的准入制度，让中小商业银行在银行机构中的比重获得提升，以缓解存贷款过分集中的现象，优化社会融资结构，有助于减少货币政策差异效应引发的各种不利因素。

此外，要通过完善征信制度和信用体系，提高信用贷款在全部贷款中的比例，减少银行贷款中对抵押品的要求。尤其是要加快建立针对第一产业、第三产业中的小微企业、农户、个体工商户等小规模经营者的征信体系，可考虑将这类主体的企业经营信用记录与企业主个人的信用记录合并累积，以实现对其信用状况的综合、真实反映。

（3）完善企业信息披露制度，疏通成本传导渠道。

由于成本传导渠道主要通过改变微观企业的融资成本，进一步改变产业产出。因此，疏通成本传导渠道的关键在于完善企业信息披露制度，如实反映企业的融资成本变化，特别是中小企业，减少信息不对称造成的政策效果扭曲。强化企业社会责任，培养信息披露意识，可以结合较先进的互联网科技、大数据、云计算等平台，建立透明的信息渠道，降低借贷双方信息不对称造成的交易成本，市场主体既能够降低搜集信息的成本，而且能更准确便捷的作出投资决策。因此，政策效果能够更快传导至各主体的投资行为，影响相应产业的产出水平。

3. 完善结构性货币政策操作，促进产业结构转型升级

结构性货币政策在解决经济体不对称冲击、完善传统货币政策异质效应和加快产业战略布局等问题，可以成为总量型货币政策的一个结构性补充，给经济结构调整和优化升级创造一种适宜的经济条件。我国结构性货币政策的实施尚处于初级阶段，为了更好地实现货币政策组合在总量和结构上的调控，必须进一步改善结构性货币政策的操作方式和运作模式，使其规范化、常态化。

第一，实现结构性货币政策的目标时必须满足宏微观激励相容原则，避免正向效应漏损。结构性货币政策的终极目的是刺激银行发放更多贷款，尤其是面向“三农”和小微企业提供信贷支持，然而这些跟银行商业化经营目标存在着难以调和的矛盾。因此，在政策设计上，保证结构性管控措施和金融市场中长期资产配置倾向性、实体经济的生产流通周期互相匹配，并且能够激励银行放贷的有效机制，从而实现政策目标。

第二，必须提高结构性货币政策的透明程度。结构性货币政策主要作用于供给端，较少涉及需求方的管理，且信息披露程度较低，对操作的具体对象、各银行获得的资金规模都未进行披露。信息不透明会影响货币政策向市场传递的信号作用，进而改变市场预期。因此，央行能够加大政策推广与沟通力度，提升有关政策的信息透明度，引导市场形成合理预期，刺激并提升政策最终所指的微观需求，进而达到供给与需求的均衡。同时，在具体措施上，完善合格抵押品范畴与征信机制，部分化解市场的不对称矛盾；在实施过程中存在着信息不对称和监管缺位的问题，使得银行存在一定的套利空间，对此可利用事前、事中和事后的动态效果监测与反馈机制，减少“指定机构”和“特定企业”的“道德风险”。

第三，丰富结构性货币政策工具，适时扩大操作对象的范围。根据我国具体国情，积极推出定向降准、短期流动性调节工具、定向再贷款、常备借贷便利、抵押补充贷款、中长期借贷便利等多种创新型的结构性货币政策工具，借鉴欧美等国家的经验，将更多的银行纳入操作范围内，对资金用途进行更精准的设定，拓宽流动性供给渠道，发挥对金融机构信贷投放的宏观审慎逆周期调节功能，使各工具发挥差别化的作用效果，降低部分产业的融资成本，助力经济结构调整。

特别地，由于结构性货币政策资金投放的指向性和支持领域的特殊性，财政政策的配套支持是结构性货币政策可持续和有效的根本保障。因此，也必须加强不同货币政策的搭配使用、货币政策与财政政策的协调性、金融监管政策的辅助等。现阶段，我国经济大概在相当长时间内历经调整和转型升级过程，原本的发展动力被削弱和新型产业发展同时存在，面对抑制产能过剩和扶持新型产业发展的多重目标。在保证总量稳定的前提条件下，必须更深层次地加快结构转型升级，运用调结构的方法有目的性地缓解经济发展过程中的主要矛盾。作为重要的总量政策，货币政策也能够在助力经济结构转型与重新战略布局上充分发挥边际和辅助性功能，因此，必须完善并创新货币政策工具以更好地引领流动性的投资方向和结构。

第七节　本章小结

由于传统货币政策在低利率时传导渠道受阻，需要结构性货币政策的定向微调功能协调配合，满足资金布局与经济结构转型升级的要求，实现“总量稳定，结构优化”。本章将传统与结构性货币政策纳入一个分析框架，对比分析不同政策组合的产业非对称效应，有利于提升政策效果，促进产业结构升级。

通过梳理和归纳传统货币政策和结构性货币政策的产业非对称效应的形成机制和影响因素，并对 2007 ~ 2018 年我国货币政策与产业发展状况进行回顾，发现第二产业对货币政策最敏感。在理论基础和客观规律的基础上，本章从三次产业和工业行业两个层面进行实证检验，结构性货币政策以定向降准为例，建立 VAR 模型，并进行脉冲响应分析，结果发现其理论和客观规律一致，货币政策在三次产业间存在显著的非对称效应，首先是第二产业受货币政策冲击的影响最大，其次是第三产业，第一产业响应最弱，但存在明显的政策时滞。传统与结构性货币政策组合能够熨平峰值，缩小三次产业间的差距，有利于优化产业结构。

货币政策对第二产业的影响最大且持续性强，为了进一步分析货币政策对第二产业的非对称效应，运用 34 个工业行业的面板数据对比分析传统货币政策与加入定向降准后政策组合的非对称效应，结果发现，第一，无论是传统货币政策还是货币政策组合，在工业行业间确实存在非对称效应。第二，传统与结构性货币政策组合有利于促进货币政策由数量型为主向价格型为主转变，突出市场化利率的政策引导作用，但在工业行业内部结构调整的效果并不太明显。

结合理论分析与实证检验的结果，本章从实施定向补充机制，提高货币政策组合的针对性和前瞻性；健全金融市场组织基础，疏通货币政策传导渠道；完善结构性货币政策操作，促进产业结构转型升级等方面提出对策建议。

参考文献

[1] [圣卢西亚] 阿瑟·刘易斯. 施炜等译. 二元经济论 [M]. 北京: 北京经济学院出版社, 1998.

[2] [圣卢西亚] 阿瑟·刘易斯. 现代国外经济学论文选第八辑 [M]. 北京: 商务印书馆, 1984: 48-95.

[3] 白俊红, 江可申, 李婧. 中国区域创新效率的收敛性分析 [J]. 财贸经济, 2008 (9): 119-123.

[4] 步单璐, 石翔燕, 狄灵瑜. 晋升压力、资本市场效率与产能过剩 [J]. 北京工商大学学报 (社会科学版), 2017 (1): 8-18.

[5] 曹泽洲. 中国城镇居民基本消费需求及收入弹性研究 [J]. 广西财经学院学报, 2010 (5): 55-58.

[6] 陈广汉, 张光南. 中国劳动力市场的二元结构及其工资差异研究 [J]. 中山大学学报 (社会科学版), 2010 (1): 195-202.

[7] 陈梦涛, 王维安. 我国非常规货币政策机理及政策效果研究 [J]. 华东经济管理, 2020, 34 (8): 1-16.

[8] 陈书涵, 黄志刚, 林朝颖. 定向降准货币政策传导路径与效果研究 [J]. 投资研究, 2019, 38 (3): 38-50.

[9] 陈晓光, 龚六堂. 经济结构变化与经济增长 [J]. 经济学 (季刊), 2005 (2): 583-604.

[10] 陈学彬, 杨凌, 方松. 货币政策效应的微观基础研究——国居民消费储蓄行为的实证分析 [J]. 复旦大学学报 (社会科学版), 2005 (1): 42-54.

[11] 成学真, 陈小林, 吕芳. 中国结构性货币政策实践与效果评

价——基于数量型和利率导向型结构性货币政策的比较分析［J］. 金融经济学研究，2018，33（1）：36－47.

［12］楚尔鸣，曹策，李逸飞．结构性货币政策：理论框架、传导机制与疏通路径［J］. 改革，2019（10）：66－74.

［13］楚尔鸣，何鑫．统一货币政策能为不同行业带来相同的产出效应吗？——基于投资的角度对工业行业36个分类进行研究［J］. 经济问题探索，2014（8）：55－62.

［14］代军勋，李琢，李俐璇．产业异质性与货币政策传导——基于GVAR模型的实证分析［J］. 中南大学学报（社会科学版），2018，24（3）：96－105.

［15］［美］戴维·罗默．王根蓓译．高级宏观经济学（第2版）［M］. 上海：上海财经大学出版社，2004.

［16］董敏杰，梁泳梅，张其仔．中国工业产能利用率：行业比较、地区差距及影响因素［J］. 经济研究，2015（1）：84－98.

［17］杜两省，李秉祥．货币政策与经济结构的调整［J］. 求是学刊，1996（4）：36－41.

［18］［美］多恩布什，费希尔著．范家骧等译．宏观经济学［M］. 北京：中国人民大学出版社，2000.

［19］樊纲，王小鲁，朱恒鹏．中国市场化指数——各地区市场化相对进程2006年报告［M］. 北京：经济科学出版社，2007.

［20］范从来．论货币政策中间目标的选择［J］. 金融研究，2004（6）：123－129.

［21］付宏，毛蕴诗，宋来胜．创新对产业结构高级化影响的实证研究——基于2000—2011年的省际面板数据［J］. 中国工业经济，2013（9）：56－68.

［22］付凌晖．我国产业结构高级化与经济增长关系的实证研究［J］. 统计研究，2010（8）：79－81.

［23］傅元海，叶祥松，王展祥．制造业结构优化的技术进步路径选择——基于动态面板的经验分析［J］. 中国工业经济，2014（9）：78－90.

[24] 干春晖，郑若谷，余典范. 中国产业结构变迁对经济增长和波动的影响 [J]. 经济研究，2011，46 (5)：4-16，31.

[25] 高铁梅. 计量经济分析方法与建模——EViews 应用及实例 (第2版) [M]. 北京：清华大学出版社，2009 (5)：267-299.

[26] 葛兆强. 区域经济与货币政策区域化 [J]. 金融科学，1995 (3)：12-18.

[27] 辜玉璞. 我国上市公司营运资本政策的实证分析 [D]. 北京：首都经济贸易大学，2006：22-23.

[28] 顾海峰. 技术创新视角下产业结构高级化的金融支持机理研究 [J]. 软科学，2010，24 (1)：17-20.

[29] 顾六宝，肖红叶. 基于消费者跨期选择的中国最优消费路径分析 [J]. 统计研究，2005 (11)：39-43.

[30] 顾六宝，肖红叶. 中国消费跨期替代弹性的两种统计估算方法 [J]. 统计研究，2004 (9)：8-11.

[31] 郭碧云. 中期借贷便利对企业融资成本的影响研究 [J]. 金融与经济，2020 (3)：21-27，34.

[32] 郭继强. 农民劳动供给行为的统一性解读 [J]. 经济学家，2008 (2)：11-17.

[33] 韩国高，高铁梅，王立国等. 中国制造业产能过剩的测度、波动及成因研究 [J]. 经济研究，2011 (12)：18-28.

[34] 胡鞍钢，郑京海，高宇宁. 考虑环境因素的省级技术效率排名 (1999-2005) [J]. 经济学 (季刊)，2008 (3)：933-960.

[35] 胡育蓉，范从来. 结构性货币政策的运用机理研究 [J]. 中国经济问题，2017 (5)：25-33.

[36] 黄达. 金融学 (第2版) [M]. 北京：中国人民大学出版社，2008.

[37] 黄宇. 我国城镇居民跨期消费行为实证分析 [J]. 财经科学，2010 (3)：45-52.

[38] 吉红云，干杏娣. 我国货币政策的产业结构调整效应——基于上市公司的面板数据分析 [J]. 上海经济研究，2014 (2)：3-10，22.

[39] 简新华，许辉．产业结构调整与扩大内需 [J]．首都经济贸易大学学报，2003 (1)：58-62.

[40] 姜松．我国货币政策是否应承担产业结构调整之责？[J]．河北经贸大学学报，2018，39 (2)：34-45.

[41] 蒋益民，陈璋．SVAR 模型框架下货币政策区域效应的实证研究：1978-2006 [J]．金融研究，2009 (4)：180-195.

[42] 鞠蕾，高越青，王立国．供给侧视角下的产能过剩治理：要素市场扭曲与产能过剩 [J]．宏观经济研究，2016 (5)：3-15，127.

[43] 阚景阳．二元金融结构背景下的现代农村金融体系建设分析 [J]．长白学刊，2010 (1)：120-122.

[44] 孔丹凤，Bienvenido S. Cortes，秦大忠．中国货币政策省际效果的实证分析：1980-2004 [J]．金融研究，2007 (12)：17-25.

[45] 孔丹凤．货币政策框架理论的一般分析 [J]．上海金融，2008 (10)：35-38.

[46] 李宾，曾志雄．中国全要素生产率变动的再测算：1978-2007 年 [J]．数量经济技术经济研究，2009 (3)：3-15.

[47] 李波，伍戈，席钰．论"结构性"货币政策 [J]．比较，2015 (2).

[48] 李博．产业结构优化升级的综合测评和动态监测研究 [M]．武汉：华中科技大学出版社，2013.

[49] 李成，马文涛，王彬．通货膨胀预期与宏观经济稳定：1995-2008——基于动态随机一般均衡模型的分析 [J]．南开经济研究，2009 (6)：30-53.

[50] 李崇淮，黄宪，江春．西方货币银行学（增订本）[M]．北京：中国金融出版社，2003.

[51] 李京文，钟学义．中国生产率分析前沿（第 2 版）[M]．北京：社会科学文献出版社，2007.

[52] 李琼．我国货币政策"信贷—成本"渠道探讨 [D]．武汉：华中科技大学，2011.

[53] 李琼．信贷配给视角下的县域金融异象分析 [J]．湖北工业大学

学报，2008（12）：72－74.

[54] 李琼．中国银行业市场结构与经济增长［J］．价值工程，2005（2）：121－124.

[55] 李相栋．利率政策价格效应的国际比较——基于中国、美国、欧元区和日本的数据［J］．南京审计学院学报，2009（4）：5－10.

[56] 李扬．中国经济发展的新阶段［J］．财贸经济，2013（11）：5－12.

[57] 李真，李茂林，黄正阳．研发融资约束、融资结构偏向性与制造业企业创新［J］．中国经济问题，2020（6）：121－134.

[58] 廖国民，钟俊芳．中国货币政策的效力差异（1978－2007）——以工业部门和农业部门为例［J］．当代经济科学，2009（1）：72－80.

[59] 林朝颖，黄志刚，杨广青，杨洁．基于企业视角的定向降准政策调控效果研究［J］．财政研究，2016（8）：91－103.

[60] 林毅夫．潮涌现象与发展中国家宏观经济理论的重新构建［J］．经济学动态，2007（1）：126－131.

[61] 刘航，孙早．城镇化动因扭曲与制造业产业产能过剩［J］．中国工业经济，2014（11）：5－17.

[62] 刘慧宏．不确定性、流动性约束与我国城乡居民消费的实证分析［J］．宁波大学学报（人文科学版），2007（11）：86－90.

[63] 刘金全．虚拟经济与实体经济之间关联性的计量检验［J］．中国社会科学，2004（4）：80－90.

[64] 刘金山．利率为纲：通胀预期管理的政策取向［J］．市场经济与价格，2010（5）：4－6.

[65] 刘澜飚，尹海晨，张靖佳．中国结构性货币政策信号渠道的有效性研究［J］．现代财经（天津财经大学学报），2017，37（3）：12－22.

[66] 刘启华，樊飞，戈海军，许丙胜．技术科学发展与产业结构变迁相关性统计研究［J］．科学学研究，2005（2）：160－168.

[67] 刘伟，张辉，黄泽华．中国产业结构高度与工业化进程和地区差异的考察［J］．经济学动态，2008（11）：4－8.

[68] 刘伟，张辉．中国经济增长中的产业结构变迁和技术进步 [J]．经济研究，2008 (11)：12－32.

[69] 卢岚，邓雄．结构性货币政策工具的国际比较和启示 [J]．世界经济研究，2015 (6)：3－11，127.

[70] 路遥．供给侧改革背景下结构性货币政策有效性实证研究 [D]．广州：广东财经大学，2018.

[71] 吕建，陈瑶雯，范祚军．信贷渠道在产业结构调整中的有效性分析——以产能过剩行业为例 [J]．中央财经大学学报，2019 (1)：37－50.

[72] 罗斯．公司理财 [M]．吴世农，沈艺峰，译．北京：机械工业出版社，2002.

[73] 马红旗，黄桂田，王韧等．我国钢铁企业产能过剩的成因及所有制差异分析 [J]．经济研究，2018，53 (3)：94－109.

[74] 马贱阳．结构性货币政策：一般理论和国际经验 [J]．金融理论与实践，2011 (4)：111－115.

[75] 马军，窦超．我国钢铁行业产能利用率的测度及产能过剩影响因素分析 [J]．经济问题，2017 (2)：85－90.

[76] 马理，刘艺．借贷便利类货币政策工具的传导机制与文献述评 [J]．世界经济研究，2014 (9)：23－27，87－88.

[77] 马理，娄田田，牛慕鸿．定向降准与商业银行行为选择 [J]．金融研究，2015 (9)：82－95.

[78] 毛蕴诗，李田，吴斯丹．从广东实践看我国产业的转型、升级 [J]．经济与管理研究，2008 (7)：16－21，41.

[79] 米什金．货币、银行和金融市场经济学 [M]．郑艳文，译．北京：北京大学出版社，2007.

[80] 彭俞超，方意．结构性货币政策、产业结构升级与经济稳定 [J]．经济研究，2016，51 (7)：29－42，86.

[81] 齐杨，柳欣．货币政策成本渠道传导机制——来自制造业的实证研究 [J]．上海经济研究，2011 (2)：3－10.

[82] 屈耀辉，傅元略．优序融资理论的中国上市公司数据验证：兼对

股权融资偏好再检验 [J]. 财经研究, 2007 (2): 108 - 118.

[83] 阮陆宁, 康柳婷, 熊玉莹. 中部地区产业结构高级化测度及效应分析 [J]. 财会月刊, 2018 (10): 11 - 17.

[84] 沈坤荣, 钦晓双, 孙成浩. 中国产能过剩的成因与测度 [J]. 产业经济评论, 2012 (4): 1 - 26.

[85] 沈利生. 我国潜在经济增长率变动趋势估计 [J]. 数量经济技术经济研究, 1999 (12): 3 - 6.

[86] 宋晨曦. 我国中小上市公司营运资本对盈利能力的影响研究 [D]. 天津: 天津财经大学, 2009: 17 - 19.

[87] 苏星, 王军, 王梦潇. 通胀预期的形成及其管理 [J]. 金融教学与研究, 2010 (2): 6 - 9.

[88] 宿伟健, 赵婧. 产业结构高级化与合理化: 银行竞争的"力量" [J]. 财经科学, 2019 (11): 25 - 38.

[89] 孙凤. 预防性储蓄理论与中国居民消费行为 [J]. 南开经济研究, 2001 (1): 54 - 58.

[90] 孙亮, 何淼. 信贷错配对产能过剩的影响研究——基于 35 个工业行业的经验证据 [J]. 成都理工大学学报, 2018, 26 (2): 62 - 70.

[91] 孙少岩, 刘芮嘉. 我国结构性货币政策执行效果的检验 [J]. 商业研究, 2019 (10): 43 - 54.

[92] 孙焱林, 温湖炜. 我国制造业产能过剩问题研究 [J]. 统计研究, 2017, 34 (3): 76 - 83.

[93] 万冲, 朱红. 中国结构性货币政策的效果评估及优化思路 [J]. 学术论坛, 2017, 40 (4): 83 - 91.

[94] 万里鹏, 曹国俊, 翁炀杰. 结构性货币政策有效吗? ——基于支农再贷款的实证研究 [J]. 投资研究, 2019, 38 (7): 21 - 38.

[95] 汪川. "新常态" 下我国货币政策转型的理论及政策分析 [J]. 经济学家, 2015 (5): 35 - 42.

[96] 王倩, 路馨, 曹廷求. 结构性货币政策、银行流动性与信贷行为 [J]. 东岳论丛, 2016, 37 (8): 38 - 52.

[97] 王任. 成本传导机制、企业行为与货币政策 [J]. 金融研究, 2014 (4): 17-29.

[98] 王韧, 马红旗. 信贷资源配置与非周期性产能过剩: 微观数据的实证 [J]. 财经理论与实践, 2019, 40 (1): 25-32.

[99] 王文倩. 结构性货币政策、企业融资成本和投资规模 [J]. 金融理论与实践, 2018 (9): 17-20.

[100] 王贤彬, 陈春秀. 中国产业政策对产能过剩的治理效应及机制研究 [J]. 南方经济, 2020 (8): 17-32.

[101] 卫平, 郭江. 供给侧视角的我国高技术产业产能过剩测度与影响因素 [J]. 产经评论, 2017, 8 (5): 123-132.

[102] 位雪丽. 非常规货币政策研究: 有效性、调控机制及退出路径 [D]. 北京: 中央财经大学, 2017.

[103] 吴琼, 张影. 货币政策的结构性效应与结构性货币政策研究述评——基于货币政策的银行风险承担传导渠道视角 [J]. 东岳论丛, 2016, 37 (8): 53-60.

[104] 夏飞龙. 产能过剩的概念、判定及成因的研究评述 [J]. 经济问题探索, 2018 (12): 56-58.

[105] 肖坤, 刘永泽. 债务结构对股权代理成本的影响——来自中国上市公司的经验证据 [J]. 山西大学学报, 2010 (7): 84-88.

[106] 谢太峰, 李文韬. 我国货币政策传导的产业结构效应研究——基于 DAG-SVAR 模型的分析 [J]. 郑州大学学报 (哲学社会科学版), 2020, 53 (4): 57-63, 127.

[107] 修宗峰, 黄健柏. 市场化改革、过度投资与企业产能过剩——基于我国制造业上市公司的经验证据 [J]. 经济管理, 2013, 35 (7): 1-12.

[108] 许道文. 结构性货币政策内涵与传导 [J]. 中国金融, 2016 (20): 53-55.

[109] 闫力, 刘克宫, 张次兰. 通胀预期形成方式及中央银行的应对策略 [J]. 中国金融, 2010 (3): 75-76.

[110] 杨立勋. 对产能过剩若干理论问题的再认识 [J]. 上海经济研究, 2018, 2 (10): 23-24.

[111] 杨小军. 中国货币政策传导的行业效应研究——基于利率政策的经验分析 [J]. 上海财经大学学报, 2010 (8): 50-57.

[112] 易鑫富, 穆琳. 产业结构高级化升级过程中金融要素的贡献 [J]. 广西大学学报 (哲学社会科学版), 2020, 42 (2): 105-113.

[113] 余淼杰, 金洋, 张睿. 工业企业产能利用率衡量与生产率估算 [J]. 经济研究, 2018, 53 (5): 56-71.

[114] 余振, 顾浩, 吴莹. 结构性货币政策工具的作用机理与实施效果——以中国央行 PSL 操作为例 [J]. 世界经济研究, 2016 (3): 36-44, 69, 134.

[115] 余振, 顾浩, 吴莹. "质化宽松"货币政策的作用机理与实施效果——基于美日中比较的视角 [J]. 国际经济评论, 2016 (2): 142-155, 8.

[116] 远德玉, 马强. 技术创新与产业结构的演化 [J]. 社会科学辑刊, 2004 (2).

[117] [美] 约翰·希克斯. 厉以平译. 经济史理论 [M]. 北京: 商务印书馆, 1987.

[118] 张晶. 国外货币政策区域效应研究的新进展 [J]. 上海金融, 2006 (12): 32-35.

[119] 张景智. 新型货币政策工具总量与结构效应比较研究——基于定向降准的实证 [J]. 上海金融学院学报, 2016 (4): 5-16.

[120] 张军, 施少华. 中国经济全要素生产率变动: 1952-1998 [J]. 世界经济文汇, 2003 (2): 17-24.

[121] 张军, 吴桂英, 张吉鹏. 中国省际物质资本存量估算: 1952-2000 [J]. 经济研究, 2004 (10): 35-44.

[122] 张世伟, 周闯. 中国城镇劳动力市场中劳动参与弹性研究 [J]. 世界经济文汇, 2009 (5): 39-48.

[123] 张晓晖. 中国利率政策时滞效应的实证研究 [J]. 工业技术经

济，2010（2）：159－161.

［124］赵慧卿，郝枫．我国农业剩余劳动力流动效应分析［J］．天津商业大学学报，2009（7）：47－50.

［125］中国人民银行淮安市中心支行课题组．我国结构性货币政策作用机制及国际经验研究［J］．上海金融，2019（12）：86－88，91.

［126］钟正生．通货膨胀的惯性特征及其货币政策启示［J］．上海金融，2008（7）：43－47.

［127］周炎，陈昆亭．劳动弹性的均衡估计法［J］．安徽理工大学学报（社会科学版），2004（3）：29－31.

［128］周英章，蒋振声．货币渠道、信用渠道与货币政策有效性——中国1993－2001年的实证分析和政策含义［J］．金融研究，2002（9）：34－43.

［129］朱磊，章杉杉．微观主体投资效率、信贷配置与货币政策传导效率［J］．上海金融，2012（12）：65－70，76，122.

［130］朱璇．产能过剩行业信贷风险传导分析及控制策略研究［J］．科学与管理，2018，38（6）：47－54.

［131］邹一南，石腾超．产业结构升级的就业效应分析［J］．上海经济研究，2012，24（12）：3－13，53.

［132］Arnold I. J. M. The Regional Effects of Monetary Policy in Europe［J］. Journal of Economic Integration，2001，16（3）：399－420.

［133］Attanasio O. P.，Weber G. Is Consumption Growth Consistent with Intertemporal Optimization? Evidence from the Consumer Expenditure Survey［J］. Journal of Political Economy，1995（103）：1121－1157.

［134］Barth M. J. I.，Ramey V. A. The Cost Channel of Monetary Transmission［A］. In：Bernanke B. S.，Rogoff K. S.（eds.），NBER Macroeconomics Annual 2001［M］. MIT Press，Cambridge，MA. 2001：199－240.

［135］Basu S. Procyclical Productivity：Increasing Returns or Cyclical Utilization［J］. NBER Working Papers，1995.

［136］Bernanke Ben S. and Alan S. Blinder. Credit，Money，and Aggregate

Demand [J]. The American Economic Review, 1988, 78 (2): 435 -439.

[137] Bernanke Ben S. and Alan S. Blinder. The Federal Funds Rate and the Channels of Monetary Transmission [J]. American Economic Review, 1992, (82) 4: 901 -921.

[138] Bernanke Ben S. and Mark Gertler. Inside the Black Box: the Credit Channel of Monetary Policy Transmission [J]. Journal of Economic Perspective, 1995, 9 (4): 27 -48.

[139] Bernanke B., Gertler M. Agency Costs, Net Worth, and Business Fluctuations [J]. American Economic Review, 1989, 79 (1).

[140] Blanchard Olivier, Danny Quach. The Dynamic Effect of Aggregate Demand and Supply Disturbances [J]. American Economic Review, 1989, 79: 655 -673.

[141] Blanchard O. What Do We Know About Macroeconomics that Fisher and Wicksell Did Not [J]? Quarterly Journal of Economics, 2000, 115 (4): 1375 -1409.

[142] Blinder A. Inventories and Sticky Prices: More on the Microfoundations of Macroeconomics [J]. The American Economic Review, 1982, 72 (3): 334 -348.

[143] Blinder Alan S. Credit Rationing and Effective Supply Failures [J]. The Economic Journal, 1987, 97 (386): 327 -352.

[144] Boivin J., Kiley M. T., Mishkin F. S. How has the Monetary Transmission Mechanism Evolved Over Time? [J]. Handbook of Monetary Economics, 2011, 3: 369 -422.

[145] Borio C., Disyatat P. Unconventional Monetary Policies: An Appraisal [J]. Manchester School, 2010, 78 (suppl): 53 -89.

[146] Carlino G., DeFina R. The Differential Regional Effects of Monetary Policy: Evidence from the US States [J]. Journal of Regional science, 1999, 39 (2): 339 -358.

[147] Chowdhury I., Hoffmann M. & Schabert A. Inflation Dynamics and

the Cost Channel of Monetary Transmission [J]. European Economic Review, 2006 (50): 995 -1016.

[148] Chow Gregory. Capital Formation and Economic Growth in China [J]. The Quarterly Journal of Economics, 1993 (3): 809 -842.

[149] Christiano L., M. Eichenbaum and C. Evans. Sticky Price and Limited Participation Models of Money: A Comparison [J]. European Economic Review, 1997, 41 (6): 1201 -1249.

[150] Christiano L. & M. Eichenbaum. Liquidity Effects and the Monetary Transmission Mechanism [J]. American Economic Review, 1992, 82 (2): 346 -353.

[151] Churm R., Radia A., Leake J., et al. The Funding for Lending Scheme [J]. Bank of England Quarterly Bulletin, 2012, 52 (4): 306 -320.

[152] Cole R., Wolken J., Woodburn L. Bank and Non - bank Competition for Small Business Credit: Evidence From the 1987 and 1993 National Surveys of Small Business Finances [J]. Federal Reserve Bull, 1996 (82): 983 - 995.

[153] Covitz D., Liang N. and Suarez G. The Evolution of the Financial Crisis: Panic in the Asset - Backed Commercial Paper Market [R]. Finance and Economics Discussion Series, Washington D. C. Federal Reserve Board, 2009.

[154] David Card. Intertemporal Labor Supply: An Assessment [J]. NBER Working Paper No. 3602, 1991.

[155] Ehrmann M., Gambacorta L., Martinez - Pages J., et al. Financial Systems and the Role of Banks in Monetary Policy Transmission in the Euro Area. Working Paper, 2001, 105: 1 -59.

[156] Eichenbaum M. Comment to Kashyap A. K. and Stein J. C. Monetary Policy and Bank Lending [A]. In Mankiw, N. G. (eds), Monetary Policy [M]. Chicago: Chicago University Press, 1994.

[157] Eurilton Araujo. Supply - side Effects of Monetary Policy and the Central Bank's Objective Function [J]. Economics Bulletin, 2009, 29 (2): 680 -692.

[158] Farmer R. A New Theory of Aggregate Supply [J]. American Economic Review, 1984, 74 (5): 920 -930.

[159] Freixas G. & J. C. Rochet. Microeconomics of Banking [M]. Cambridge MA: MIT Press, 1997.

[160] Friedman Benjamin M. A Theory of Consumption Function [M]. Princeton: Princeton University Press, 1957.

[161] Friedman Benjamin M. The Roles of Money and Credit in Macroeconomic Analysis [J]. In James Tobin (eds), Macroeconomics, Prices and Quantities. Washington D. C.: The Brookings Institute, 1983: 161 -189.

[162] Fuerst T. Liquidity, Loanable Funds, and Real Activity [J]. Journal of Monetary Economics, 1992, 29 (1): 3 -24.

[163] Gaiotti E., Secchi A. Is There a Cost Channel of Monetary Policy Transmission? An Investigation into the Pricing Behaviour of 2000 Firms [J]. Journal of Money, Credit, and Banking, 2006, 38 (8): 2013 -2037.

[164] Ganley J., Salmon C. The Industrial Impact of Monetary Policy Shocks: Some Stylized Fact [J]. Bank of England Working Paper, 1997 (68).

[165] Goodhart C. A. Financial Innovation and Monetary Control [J]. Oxford Review of Economic Policy, 1986 (2): 75 -91.

[166] Hahm J. Consumption Adjustment to the Real Interest Rates: Intertemporal Substitution Revisited [J]. Journal of Economic Dynamics and Control, 1998 (22): 293 -320.

[167] Hall R. E. Stochastic Implications of the Life - Cycle Permanent Income Hypothesis. Theory and Evidence [J]. Journal of Political Economy, 1988 (86): 971 -987.

[168] Harris R. and Taylor J. The Measurement of Capacity Utilization [J]. Applied Economics, 1985, 17: 849 -866.

[169] Henzel S. et al. The Price Puzzle Revisited: Can the Cost Channel Explain a Rise in Inflation After a Monetary Shock? [J]. Journal of Macroeconomics, 2009, 31 (2): 268 -289.

[170] Hülsewig O., et al. Bank Behavior, Incomplete Interest Rate Pass - through, and the Cost Channel of Monetary Policy Transmission [J]. Economic Modeling, 2009, 26 (6): 1310 - 1327.

[171] Janus J. The Transmission Mechanism of Unconventional Monetary Policy [J]. Economic Copernicana, 2016, 7 (1): 7 - 21.

[172] Kashyap A., Stein J., and Wilcox D. Monetary Policy and Credit Conditions: Evidence from the Composition of External Finance [J]. The American Economic Review, 1993 (83): 78 - 98.

[173] Kaufmann S., Scharler J. Financial Systems and the Cost Channel Transmission of Monetary Policy Shocks [J]. Economic Modeling, 2009, 26 (1): 40 - 46.

[174] Kydland F. E., Prescott E. C. Time to Build and Aggregate Fluctions [J]. Econometrica, 1982 (50): 1345 - 1370.

[175] Lawrence R. Klein, Vincent Su. Direct Estimates of Unemployment Rate and Capacity Utilization in Macro - econometric Models [J]. International Economic Review, 1979, 20 (3): 725 - 740.

[176] Lawrence R. Klein, Virginia Long, Alan Greenspan, Douglas Greenwald, Nathan Edmonson and George Perry. Capacity Utilization: Concept, Measurement, and Recent Estimates [J]. Brookings Papers on Economic Activity, 1973, (3): 743 - 763.

[177] Lionel Robbins. On the Elasticity of Demand for Income in Terms of Effort [J]. Economica, 1930 (6): 123 - 129.

[178] Liosa L., Tuesta V. Learning about Monetary Policy Rules When the Cost Channel Matters [J]. Journal of Economic Dynamics & Control, 2009, 33 (11): 1880 - 1896.

[179] Long J., Plosser C. I. Real Business Cycles [J]. Journal of Political Economy, 1983 (91): 39 - 69.

[180] Mankiw G. N., Campbell J. Y. The Response of Consumption to Income: A Cross - Country Comparison [J]. European Economic Review, 1991

(35): 723 –756.

[181] Mankiw N. G. Real Business Cycles: A New Keynesian Perspective [J]. Journal of Economic Perspectives, 1989 (3): 79 –90.

[182] Mark Gertler, Simon Gilchrist. Monetary Policy, Business Cycles, and the Behavior of Small Manufacturing Firms [J]. Quarterly Journal of Economics, 1994: 309 –340.

[183] Orley Ashenfelter, James Heckman. The Estimation of Income and Substitution Effects in a Model of Family Labor Supply [J]. Econometrica, 1974, 42 (1): 73 –85.

[184] Oscar Lewis. The Culture of Poverty [J]. Scientific American, 1966, 215 (4): 19 –25.

[185] Prescott E. C. Theory ahead of Business Cycle Measurement [J]. Federal Reserve Bank of Minneapolis Quarterly Review, 1986 (10): 9 –22.

[186] Raddatz C. , Rigobon R. Monetary Policy and Sectoral Shocks: Did the FED React Properly to the High – Tech Crisis? [J]. Policy Research Working Paper, 2016.

[187] Ravenna F. , Walsh C. E. . Optimal Monetary Policy with the Cost Channel [J]. Journal of Monetary Economics, 2006 (53): 199 –216.

[188] Richard Blundell, Costas Meghir, Pedro Neves. Labour Supply and Intertemporal Substitution [J]. Journal of Econometrics, 1993, 59 (1 – 2): 137 –160.

[189] Robert E. Lucas, Leonard Rapping. Real Wages. Employment and Inflation [J]//E. S. Phelps. ed. Microeconomic Foundations of Employment and Inflation Theory [C]. New York: Norton, 1970.

[190] Roberto Tamborini. The "Credit – Cost Channel" of Monetary Policy—A Theoretical Assessment [J]. Economics: The Open – Access, Open – Assessment E – Journal, 2009.

[191] Shaikh A. M. , Moudud J. K. Measuring Capacity Utilization in OECD Countries: A Cointegration Method [J]. Economics Working Paper Archive,

2004.

[192] Sims C. A. Interpreting the Macroeconomic Time Series Facts: The Effects of Monetary Policy [J]. European Economic Review, 1992 (36): 975 - 1000.

[193] Sims C. A. Macroeconomics and Reality [J]. Econometrica, 1980 (48): 1 - 48.

[194] Stephen D. Oliner, Glenn D. Rudebusch. Is There a Broad Credit Channel for Monetary Policy [J]. FRBSF Economic Review, 1996 (1): 3 - 13.

[195] Stiglitz Joseph E. , Weiss, Andrew. Credit Rationing in Markets with Imperfect Information [J]. The American Economics Review, 1981, 71 (3): 393 - 410.

[196] Taylor J. Discretion Versus Policy Rules in Practice [J]. Carnegie - Rochester Series on Public Policy, 1993 (39): 195 - 214.

[197] Tillmann P. Do Interest Rates Drive Inflation Dynamics? An Analysis of the Cost Channel of Monetary Transmission [J]. Journal of Economic Dynamics & Control, 2008, 32 (6): 2723 - 2744.

[198] Tillmann P. Optimal Monetary Policy with An Uncertain Cost Channel [J]. Journal of Money, Credit and Banking, 2009, 41 (5): 885 - 906.